PUTIN BIOGRAPHY

普京传

他为俄罗斯而生

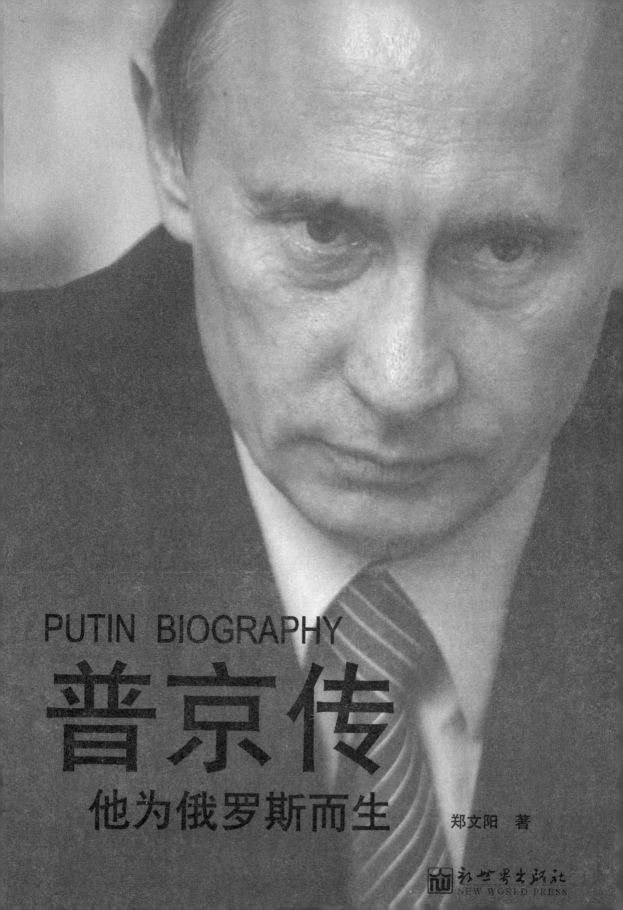

PUTIN BIOGRAPHY

普京传

他为俄罗斯而生

郑文阳 著

新世界出版社
NEW WORLD PRESS

图书在版编目（CIP）数据

普京传：他为俄罗斯而生 / 郑文阳著 .—北京：新世界出版社，2012. 4（2014.3 重印）

ISBN 978-7-5104-2366-6

I . ①普… Ⅱ . ①郑… Ⅲ . ①普京–传记 Ⅳ . ①K835.127=5

中国版本图书馆CIP数据核字（2012）第041419号

普京传：他为俄罗斯而生

作　　者：郑文阳

责任编辑：邓　婧

责任印制：李一鸣　黄厚清

出版发行：新世界出版社

社　　址：北京市西城区百万庄大街 24 号 (100037)

发 行 部：（010）6899 5968　（010）6899 8733　（传真）

总 编 室：（010）6899 5424　（010）6832 6679　（传真）

http://www.nwp.cn

http://www.newworld-press.com

版权部电话：+8610 6899 6306

版权部电子信箱：frank@nwp.com.cn

印　　刷：三河市航远印刷有限公司

经　　销：新华书店

开　　本：787 × 1092　1/16

字　　数：395 千字

印　　张：22

版　　次：2012 年 4 月第 1 版　2014 年 3 月第 14 次印刷

书　　号：ISBN 978-7-5104-2366-6

定　　价：39.80 元

他让俄罗斯中了毒
——告诉你一个真实的普京

是他拯救了俄罗斯，还是俄罗斯造就了他？

也许只有历史会给出最终答案！

——题记

整整一个时代，最少14~20年，俄罗斯的一切都与普京有关！2012~2018年，普京的又一个总统任期，他将会把俄罗斯带向何方？俄罗斯又将怎样影响世界？每个人都想提前得到答案。

当第三次当选俄罗斯总统的时候，普京这个传奇又增加了更加耀眼的光芒。普京成了俄罗斯人民的偶像，成为俄罗斯国家的符号。他用自己卓著的政绩，以及强硬、霸气、坚韧、冷静、正直的个人魅力赢得了全俄罗斯人的爱戴和尊重。

当年，普京接手的俄罗斯，饱受"休克疗法"之苦、"寡头干政"之害、"车臣战乱"之痛和"自由民主"之乱。政治上"国家机器失灵"；经济上"面临沦为二三流国家的危险"；军事上衰势渐现；外交上被迫退缩，俄罗斯被国际媒体戏称为"泥足巨人"。面对这种状况，普京说出了一句气冲云天的话："给我20年，还你一个奇迹般的俄罗斯！"8年执政，他初步实现了自己的诺言——俄罗斯重新崛起了。现在，再次当选总统，开始6年甚至是12年的任期，他要给自己的诺言画一个更加完美的句号。

政治是一个荆棘丛生、布满陷阱的领域，参与其中进行角逐的人都是高手中的高手，精英中的精英。然而，在这一危险的领域，普京却如鱼得水、大获成功：从一个名不见经传的普通官员，几年时间悄无声息地执掌了世界上最复杂、最棘手也是最不稳定的国家大权。而且，这种大权在握不是昙花一现，而是10年、20年地持续，并创造了一个时代——普京时代。

在这个时代，普京让俄罗斯中了"毒"。一种难以言表的"普京情结"深深地扎根在俄罗斯人的内心深处。也许在俄罗斯领袖崇拜的历史中，普京并不是一个特例，但大多数俄罗斯民众"非他不可"的依赖感，却是前所未有的。这种对元首的迷恋来自于"大俄罗斯民族"情结。"尽管早已告别了君主制度，但俄罗斯人至今仍把彼得大帝、叶卡捷琳娜二世等使俄罗斯成为一流强国的独裁者作为崇拜的偶像。这样说来，让俄罗斯再度崛起的普京被人追捧也就不难理解了。"莫斯科国立大学政治学教授柯瓦伦克·伊万诺维奇说。

但是，也有一些人反对普京。他们害怕俄罗斯中"毒"太深，形成普京专政的局面。于是游行示威来了，媒体的质疑来了，反对派的批评来了……他们喊出了"俄罗斯不要普京"的口号。难道俄罗斯真的不需要普京了吗？时势造就英雄，选择普京是俄罗斯历史发展的大趋势，是由俄罗斯国情所决定的。反对普京不是主流，支持普京才是主流。

大多数俄罗斯人认为，只有普京才能带来一个强大的俄罗斯，才能给予他们光明的未来，普京就是"救世主"。

对于这样一个"强人"，我们很有必要了解、研究和探讨。曾经有人说：看不懂普京，就看不懂俄罗斯；看不懂俄罗斯，就看不懂世界。现在就让我们通过本书来看懂俄罗斯和"为俄罗斯而生"的普京。

普京拥有怎样的家庭背景？

普京青少年时期的成长与别人有什么不同？

普京的特工生涯有什么传奇？

普京最落魄的时候有什么样的奇遇？

叶利钦为什么选择普京作为接班人？

面对上任之初的重重危机，普京如何做出最佳选择？

面对接连不断的恐怖袭击，普京如何应对？

普京如何规划自己的权力曲线？

梅普组合如何轻松自如地玩转权力切换？

普京的权力金字塔建立在什么基础之上？

普京获得俄罗斯人民追捧的奥秘在哪里？

作为大国总统，普京如何度过工作之外的时间？

普京的对外策略为何总是那么强硬？

普京内心里又有怎样的一个大国梦想？

……

本书将通过详尽而全面的叙述，告诉你一个真实的普京。其实普京对于很多人都像是一个谜，普京的生平，普京的成长、成熟、成功过程中的点点滴滴，普京对俄罗斯政治、经济、军事、外交等领域的策略和手腕，以及普京在这些事件中的重要作用等。本书作者希望把一个鲜活、真实、清晰的普京呈现给每位读者。现在的世界充满变数，曾经的超级大国俄罗斯会不会重现辉煌，让我们从普京身上寻找答案吧！

谜一样的普京
——你为什么读普京

　　普京是一个奇迹，从政治影响力的角度说，他绝对超越了奥巴马等当代政治人物，必将成为新世纪的一个新的政治传奇；普京是一个谜，他的克格勃背景让他披上了一层神秘的外衣；普京是一块黑板，每一个人都可以在上面写下自己的期望，所以谁都认为普京可以接受；当然，普京也是一本书，无论你是白领高官，还是贩夫走卒，都可以从中读到不同的感悟。

　　美国前总统小布什读普京，是因为强硬。"有时候，他骄傲自大，有时候，他又充满了魅力，但更多的时候，他表现得十分强硬。"

　　央视主持人董卿读普京，是因为力量。"他有着鹰一样的眼睛，走路的姿态也很有男性的力度。女性的力量虽然不需要外在的表现，但我渴望有力量的人。"

　　那么，你为什么要读普京？

管理者为什么要读普京

　　在传统观念中，普京的身份无疑是一位英明的政治家、"民族之父"，然而却有俄罗斯学者提出，普京其实更应该被认为是一个高效率的现代管理者。普京曾经在一篇日记中，描述了他作为一名管理者的感慨。

从普京的心理定位看，他有"主人"型管理者的典型特征——硬汉形象，他总是倾向于团队精神和集体努力，让为他卖命的人能够从工作中得到快感和满足感。延伸到管理者也是如此，如果管理者具有硬汉形象，也往往能对部下形成感染力，其责任感、坚毅的性格以及精神面貌都能激励部下迎着困难走下去。

普京行事雷厉风行、令出如山，这显然与他长期在克格勃工作的经历有关。中国有不少企业管理者都是退伍军人，如华为的任正非，这些企业早期或多或少都带有军事化管理的色彩。

此外，普京还具有亲民的柔性魅力，自2000年成为俄罗斯总统以来，普京已经形成了每年都通过电视直播和民众交流的习惯。他曾亲自过问老大妈家安装电话的事宜，还和莫斯科大学女生喝过"交杯酒"。管理需要力度，但亲民同样重要，没有普通员工的支持，管理者迟早要倒台。

无疑，作为俄罗斯政府的最高管理者，普京算得上是拥有杰出管理智慧和独到管理心得的管理大师，相信即便他没有成为总统或总理，也能够带领一个企业走向辉煌，而这，正是一名现代企业的管理者需要借鉴之处。

生意人为什么要读普京

生意人应具备的第一项能力是会交朋友，会交朋友是生意人的处世之道。懂得了先做朋友后做生意的道理，你就不会钻进唯利是图的死胡同，而是与自己的客户朋友双赢。普京虽然没有做生意，但他的朋友遍天下，朋友圈子甚至发展成为"圣彼得帮""西罗维基"等权力团体。

谈判是生意场上不可或缺的一环，每一个生意人都应该是一个谈判高手，而普京显然精通谈判之道。与乌克兰的天然气贸易谈判，一谈就是十多年，时不时还以停气相要挟，争取俄罗斯最大的经济政治利益。同样，普京与日本、朝鲜、韩国和中国的能源贸易谈判也是旷日持久，不达最大利益绝不轻易松口。

生意场上没有永远的朋友，利益始终是第一位的，这也是普京心中处理国际事务的惟一标准。为了利益，他可以转而支持利比亚反对派；为了利益，他可以对布什一忍再忍；为了利益，他也可以在格鲁吉亚挑衅开战时，拔出马刀血溅五步。

普京还拥有生意人最重要的灵魂——自信。当美国戴尔电脑公司总裁戴尔问普京"我能为俄罗斯的IT发展做些什么"时，普京回答说："不需要帮助。我们不是患者，我们的知识能力是无限的。"强大的气场让戴尔无地自容。

当然，普京并不是一个传统意义上的生意人，然而他却拥有许多生意人不得不服气的经商智慧。

公务员为什么要读普京

作为一名公务员，如何获得领导青睐是第一堂课，而普京被叶利钦临危任命的经历，则能为你讲述领导与被领导的艺术。

作为一名公务员，人脉无疑是重中之重，你必须弄明白哪些人脉救命，哪些人脉要命。普京出任代总统后，立即将老乡团体"圣彼得帮"安排在安全会议秘书、总统办公厅副主任等政府的一些要害部门。同时，他任命年轻的卡西亚诺夫担任第一副总理，主管政府事务。这些亲信成为普京实际控制政权的主要力量。

作为一名公务员，当然要学会在各大力量中等距离交往，掌握权力的平衡艺术。普京上台后，对叶利钦的亲信敬而远之，把叶利钦的小女儿季亚琴科等人或降或免；不重用右翼亲政府的丘拜斯等人；告诫金融寡头们不要干预政府决策；一面批评俄罗斯共产党的政策主张，一面在议会内与俄罗斯共产党合作。因此，左中右力量都视普京为可信赖者，甚至图列耶夫、波德别廖兹金等左翼候选人最后都让自己的选民支持普京，而不是久加诺夫。

越往上走，越要讲政治，而政治的最高境界就是自然而然地进入艺术。普京绝对是游刃有余地穿梭政治和艺术的政客，他的政治手腕颇有点艺术范儿，值得每位身在官场的公务员思考和揣摩。

男人为什么要读普京

作为一个政治领袖，作为新时代的一个伟大男人，普京以其突出的政绩和自己的人格魅力赢得了国民的信任与尊重。爱开政治玩笑的俄罗斯人甚至戏言，由于普京的独特魅力，俄罗斯妇女中已经出现了一种"迷恋普京综合征"，并"成为俄罗斯离婚率上升的一个重要因素"。如何才能做一个像普京那样的成功男人？如何才能实现事业和家庭的双丰收？

做男人，就是要像普京那样，心里充满着自信、理想与抱负。普京有套"打架哲学"：不到万不得已，不会轻易卷入任何冲突。但一旦有什么事情发生，就会全力以赴去面对，想成为胜者，就要咬牙坚持到底。不打则已，打则必赢！

做男人，就是要像普京那样，机智幽默、热爱生活。普京是克格勃出身，行动果敢、意志坚定，加之年富力强，无论是身着运动服翻腾在柔道场上，还是亲驾战机飞赴格罗兹尼，都与前领导人的老态形成鲜明对照，这无疑会赢得民众好感。

做男人，就是要像普京那样，关键时刻要懂得给对手致命一击，绝不可心慈手软轻易放过。普京出任总理之日，正是普里马科夫民望最高之时，对普京攀登总统宝座构成威胁。普京先以"釜底抽薪"之术，让紧急事务部长绍伊古组建竞选联盟"团结运动"，肢解普里马科夫的支持力量，致使普里马科夫领导的"祖国——全俄罗斯"在议会大选中失利。接着普京以"落井下石"之招，在新杜马中出人意料地支持"团结运动"与俄罗斯共产党合作，控制了议会领导层，迫使普里马科夫宣布退出总统大选。

做男人，就是要像普京那样，深藏不露、高深莫测。俄罗斯媒体称普京为"黑盒子"，因为清癯、冷峻的他像谜一般；与他私交甚深的俄罗斯著名歌手米盖尔·博亚尔斯基这样形容："普京喜怒不形于色。他好比一座冰山：你只看得见顶端，底下有多大谁都不知道。"

做男人，就是要像普京那样，坚守自己的底线，不轻易向恶势力妥协和低头。普京最欣赏彼得大帝的一句话："给我20年，我将给你一个奇迹般的俄罗斯。"

做男人，就是要像普京那样，拥有伟大的胸襟，学会放眼未来，不为个人权力、地位、荣誉所累。

普京在俄罗斯国内几乎变成了偶像式人物，变成了年轻人心目中的"变形金刚"——符合各种人的胃口和嗜好。像普京那样做男人，不是要求你成为"007"式的传奇人物，你应看到的是，普京的胸怀和能力，他的理想和将之实现的勇气。

女人为什么要读普京

在俄罗斯女人心中，普京是最佳丈夫的惟一候选人。一位已经人到中年、五短身材的秃顶已婚男人，却照样能俘获众多女人的芳心，主要在于他周身都散发出的一种优质男人的魅力。

普京的才干是让众多女性着迷的关键因素。他主持了向恐怖主义宣战的车臣战争，并取得胜利，保持了国家的基本稳定；他把公民生活水平提高到前所未有的地位；他活跃、务实的外交政策使公民们看到了重振大国雄风的希望，其执政能力赢得俄罗斯人民的信任。

想从普京的私生活中寻找到污点的人们总是失望的，吃喝嫖赌的负面新闻中很少出现普京的名字。

对于他的家庭，普京流露出数不尽的浓浓爱意。他爱他的妻子，爱他那两个宝贝女儿。只要休假，他总是和他的家人们在一起度过。

尽管普京成为了民众心目中的偶像，他却坚决反对个人崇拜，始终保持真挚、自然、深得民心的平民心态。他说话幽默风趣、不打官腔，极富人格魅力。尽管他曾经身穿柔道服摔跤，身穿海员服出海，驾驶战斗机上天，但他却说他从政前的最大愿望是当一名出租车司机。这样一个亲切的普京怎能不让女人为之疯狂？

那么，你要不要读普京？

普京语录
Quotations

最个性的总统　最鲜明的语录

1. 给我二十年，还你一个奇迹般的俄罗斯！

2. 俄罗斯只有两个盟友——陆军和海军。

3. 我有一个梦想，希望能有这么一天，俄罗斯人能够说："我为生在俄罗斯而感到自豪。"

4. 我本人有一些原则，其中之一就是，永远都不后悔。

5. 谁不为苏联解体而惋惜，谁就没有良心；谁想恢复过去的苏联，谁就没有头脑。

6. 我希望公民把我看作政府雇来打工的人，在我视察俄罗斯军队时不需要保镖。

7. 如果上苍赐予我为自己的国家和人民工作的机会，那就是对我最大的奖赏。

8. 俄罗斯永远拥有未来！对此，我深信不疑。

9. 反对我们的人其实并不希望我们制定改革计划……他们希望俄罗斯越弱小越好，他们想让俄罗斯无组织无目标，这样他们才能在幕后动手脚，坐享其成。

10．如果在厕所里遇到恐怖分子,就把他溺死在马桶里。

11．为什么不把拉登请到白宫，问问他想要什么，然后给他想要的，让他安静地离开！

12．我习惯于分出必要的时间，做点自己想做的事。

13．从事柔道是我一生中自觉自愿的事，它不仅是一项运动，而且还是一门哲学，它教会我对待对手也要心怀敬意。

14．书——当然很重要，但在你生活的周围，还有更重要的东西——家庭和朋友。

15．我觉得，没有弱点的人是不存在的，每一代新人都将是更优秀的。

16．事情做得越多，人就越会得出这样的结论：还有许多事没有做。

17．我不是什么救世主，而是俄罗斯的一名普通公民，我的感受和俄罗斯的任何一个公民都是相同的。

18．我们要在可以预见的将来让俄罗斯在世界上经济发达、力量强大且富有影响力的国家中占有一席之地，我们的全部决策，我们的全部举措都要服从于此。

19．绝不向恐怖分子妥协，任何人都不能要挟国家！

20．我将与军队、舰队同在，也将与人民同在。我们大家不仅要一起来重振军队、舰队，还要振兴国家。

目　录
Contents

Part 1

重回权力巅峰：普京的又一个振兴梦

Part　2

草根本色：普京不为人知的青春岁月

Part 3

初露峥嵘：从克格勃到总统的铁血蜕变

Part 4

拯救俄罗斯：给我 20 年，还你一个奇迹般的俄罗斯

Part 7

无可替代：普京掌控俄罗斯的四大权力支柱

Part 1

重回权力巅峰：
普京的又一个振兴梦

是时代造就了普京，还是普京造就了一个全新的时代，对于世人已不重要，重要的是俄罗斯在普京再次掌舵下是否真的能迎来历史上最辉煌的时代。

第一章
CHAPTER1

操纵还是博弈：
总统竞选背后的铁血与权谋

他是时代选择的俄罗斯当然的领袖，他是为俄罗斯而生的铁腕强人，他主宰了13年来俄罗斯政坛的风云变幻。他就是普京，当之无愧的俄罗斯政治"操盘手"。

为俄罗斯而生：大选的最后赢家又是普京

　　公元2012年3月5日，受全世界瞩目的俄罗斯总统大选统计结果终于揭晓，普京获得了60％以上的得票率，以绝对优势在第一轮选举中直接胜出，在他的政治生涯中第三次当选俄罗斯总统，其他4名候选人——俄罗斯共产党领袖久加诺夫得票率17.19％，独立候选人普罗霍罗夫得票率7.82％，自民党领袖日里诺夫斯基得票率6.23％，公正俄罗斯党领袖米罗诺夫得票率3.85％。为了庆祝当选，普京的支持者前往莫斯科马涅什广场集会，硬汉普京在登台演说时竟然眼含热泪。他因激动而略带沙哑但却铿锵有力的声音久久回荡在广场上空：

　　"曾经，我问你们，我们会赢吗？现在，我们赢了！""这不仅是一场总统的选举，而是一个对我们所有人、对俄罗斯人民极其重要的测试——俄罗斯人在政治上成熟了，独立、自主。没有任何人、没有任何东西是可以强加于我们的！"

　　"票选表明，俄罗斯人民能够明辨'求新、求改革的意愿'与'政治离间'的区别，能明辨政治离间的惟一目的是摧毁俄罗斯。"面带泪光，言语稍许哽咽，普京以手指台下："我们获得了压倒性的支持，获得了公

普京含泪宣布大选获胜！

平的胜利。"

自2000年"入主克宫"以来，冷峻、铁腕是普京十多年留给人们的印象。关于他的眼泪，似乎只有"硬汉普京观看车臣战争电影流泪"的记录。胜选的泪，确令不少人吃惊。这个上天下海骑马打枪唱歌弹琴似乎无所不能的男人，这个喜怒不形于色，甚至被嘲笑只有一种表情的男人居然流泪了。普京的新闻发言人佩斯科夫当夜对媒体说，集会现场已有记者追问普京为何流泪，普京的解释竟是："当时冷风吹到脸上了。"

面对寒夜摇旗呐喊的11万支持者，不轻言许诺的普京最后说："我曾向你们保证，我们会胜利，现在，我们胜利了。这是俄罗斯的光荣！"随后，他前往设在"全俄人民阵线"的竞选总部，庆祝胜利。

这次俄罗斯总统选举于远东地区时间2012年3月4日8时在俄罗斯最东部的楚科奇自治专区率先开始。这次选举登记选民1.1亿，全国设有投票站9.5万个，投票率高于2008年总统选举。由于俄罗斯领土横跨多个时区，从远东地区开始投票到西部地区结束投票共持续21个小时。

寻遍俄罗斯政坛，除了普京没有其他选择。剩下的三个多月，似乎只是为已确立的结果走一下过场。不过，俄罗斯独立以来跌宕的历史，让人不得不关注这出选举大戏的细节。因为，这里有一个比其他故事更像戏剧的地方——可以操纵剧情的导演。时势选择了普京，而时势又是此前历史进程的产物，人们不妨回首前尘，细索往事。

1999年的最后一天，俄罗斯前总统叶利钦辞职，于是一个不为世人所熟知的中年人成了俄罗斯的代总统，以有利的位置获得了2000年总统选举的胜利。当时人们还在怀疑他对国家的领导能力，如今，他事实上掌控着这个国家，甚至可以说，他为俄罗斯而生。这个人就是普京，他全盘操控了13年来俄罗斯的政局变化。

普京上台执政之初，俄罗斯社会有着两个最强烈的民意期盼：一是期盼稳定，所谓"苦乱久矣，人心思定"，多数人厌倦了政治作秀、党派纷争，希望有一个强势政府和政治强人扮演主持社会公正、平定天下的角色；二是期盼重振俄罗斯的大国地位，恢复民族自豪感，这一情感在俄罗斯人的精神中有着很深的历史根基，在艰难挫顿之际表现得更为强烈。在这一民意背景下，普京可谓应运而生、顺时而行，获得了极高的民意支持。

普京继承了宪法赋予总统的巨大权力，"决定国家内外政策的基本方针"，"武装力量的最高统帅"，可以任免包括总理在内的国家重要行政官员。而对他的惟一制约就是任期的限制——宪法规定，总统每任4年，只能连选连任一次。

2004年，尽管对自己连任很有把握，普京还是在总统选举前几周，突然解除了总理卡西亚诺夫的职务，令没什么波澜的选战倏然翻出些浪花来。

在俄罗斯，普京的旗帜是秩序、法治和社会公正。为此，他不惜向经济寡头开刀，向地方诸侯收权，得罪于巨室。普京强化中央集权和社会调控的做法赢得了许多人，特别是弱势群体的欢迎。

此后，普京完全掌控了俄罗斯政坛的走向。在他8年任期期满的2008年，人们对俄罗斯政局将要发生的变化产生了无数的猜测：下一任是谁，普京不当总统后会去做什么？而普京则在大选之前高调宣布：完全支持梅德韦杰夫参选，自己则出任新政府的总理。

于是梅德韦杰夫的美德被一下子发掘出来：低调、实干、人品好、忠诚、有修养、从政经验丰富。一瞬间，一个有能力的好人形象展现于世人面前，其民调支持率也从11％跃升至45％。在普京的包装下，梅德韦杰夫在2008年的俄罗斯总统大选中成功胜出，成为俄罗斯政治舞台的新任主角。

但是，梅德韦杰夫并没有自己独立的政治人格，换句话说，他只是普京的傀儡。在任期间，梅德韦杰夫修改宪法，将俄罗斯总统的任期由4年调整为6年，为此后普京的王者归来埋下伏笔。

2011年12月5日，俄罗斯国家杜马选举落下帷幕，执政的统一俄罗斯党以近乎半数的比例再次成为俄罗斯国家杜马（下议院）的第一大党。这次俄罗斯国家杜马选举的格局，为普京在俄罗斯政坛的卷土重来提供了强有力的政治保障。

然而，普京再次走向台前的道路并不十分平坦。在杜马选举之后，俄罗斯共产党主席久加诺夫指出，在莫斯科等地的一些投票站有许多选票在投票前就被放进票箱了。一些投票站，有些人"冒充"俄罗斯共产党监督员进入投票站，真正的监督员则被禁止入内。俄罗斯自由民主党则提出，一些地区"根本没有进行选举"。欧盟安全组织的选举观察员则表示，选举筹备工作"干预了政治竞争，使竞选缺乏公平"，他们也注意到了选举中的欺诈行为，包括有人"堵住投票箱"等。美国国务卿希拉里2011年12月5日在欧洲安全与合作组织外长会议上表示，俄罗斯这次国家杜马选举"既不公平也不自由"。而且，苏联前领导人戈尔巴乔夫在12月7日接受国际文传通讯社的采访时也表示，选举"存在大量弄虚作假和舞弊"，"结果没有反映出人民的意愿"，必须"重新举行选举"。

2011年11月5日晚上，莫斯科爆发了数千名示威者走上街头的示威抗议活动。抗议人群指责选举中存在舞弊，反对普京继续对俄罗斯统治，他们高喊"俄罗斯不需要普京""窃贼普京"等口号。此后的12月10日和12月24日，俄罗斯两次爆发大规模抗议大潮，波及的地域从圣彼得堡到西伯利亚。一些西方媒体甚至预测，普京正在失去对国家政权的控制。然而，他们错了。

面对西方国家和国内民众的质疑，普京并未直接回应，仅是其发言人佩斯科夫向世界传达了普京的立场——杜马选举结果依然有效。大选的进程完全由普京掌控，尽管有媒体报道很多俄罗斯民众已经"厌倦"了普京，但这种说法缺乏事实上的依据。很多俄罗斯老百姓非常实际，只要能够带来实实在在的好处，他们并不介意普京继续干下去，这一点在2012年3月4日的大选中表露无遗。

3月的莫斯科依然寒冷，虽然总统大选如期举行，但是毫无悬念的选举使得俄罗斯人对此事的关注度如气温一样低迷。普京如愿以偿地再度成为总统大选的最后赢家，开始了自己的第三个总统任期，而一些俄罗斯媒体也以调侃的语调评价普京的强势归来："你还能把选票投给谁呢？"

神一样的普京：普京导演下的梅普权力轮回与默契

普京和梅德韦杰夫谁会参加俄罗斯2012年的总统选举呢？这是一个让全世界都猜了很久的政治谜团。

2011年9月24日，梅德韦杰夫和普京一同出席统一俄罗党第十二次代表大会。在会上，梅德韦杰夫提议，由普京作为统一俄罗斯党候选人参加下一任总统大选。普京也正式表态说，如果他当选的话，梅德韦杰夫将出任总理。也就是说，"梅普"组合变成了"普梅"组合，借用国际象棋的招数来说，俄罗斯政坛将会出现"王车易位"，而按照中国东北的说法，这是一场完美的"二人转"。

让我们将目光投向2012年3月结束的俄罗斯总统大选，正如许多人事前猜测的那样，普京顺利当选，这意味着从2012年起的6年至12年，或者是更长的时间，俄罗斯仍然会是"普梅"组合执掌

普京在莫斯科的一个投票站内投下了自己的选票，当然这并不是重点，值得注意的是他那充满政治智慧的深邃目光和嘴角那无比自信的完美笑容。

政局的时代，这对俄罗斯的未来到底意味着什么？梅德韦杰夫又为何会让贤呢？答案其实并不难猜，普京导演下的这部"二人转"大戏，其实每个情节都早已安排好，一切皆是为了普京权力的延续。

普京重返总统宝座的局面，解开了俄罗斯政坛的一大政治疑团。在普京的导演下，"梅普"组合极有默契地实现了权力轮回，俄罗斯政坛将继续沿着普京早已规划好的路径前进。按照俄罗斯政治分析师维亚·切斯拉夫·尼克诺夫的说法："我们已经看到了2036年前的俄罗斯政治格局。"对于这种可以预见的政治格局，俄罗斯社会各界反响不一。

俄罗斯自然资源部部长克鲁克聂夫："梅普分别出任总统、总理，能为俄罗斯稳定提供保障，而这是国家经济发展所必须的。"

俄罗斯副总理茹科夫："普京再次参加总统大选的决定无疑是十分正确

的，对于选举和政府工作有利。"

相比之下，俄罗斯的几个反对党表态则各不相同。

俄罗斯共产党领导人久加诺夫："梅普早就达成了协议，现在不过是落到了明处，这对刷新俄罗斯政治毫无益处，统一俄罗斯党必将最终失败。"

俄罗斯"亚博卢"党领导人亚夫林斯基："'梅普'希望将现状再维持12年。这是一种对俄罗斯民主政治的践踏。"

俄罗斯自由民主党领导人日里诺夫斯基："'梅普'一直是一个团队，看不出有什么新的东西，也不会给俄罗斯国家和人民带来什么新的好处。"

此外，一些西方媒体认为，"梅普"互换位置的做法对于俄罗斯来说，可能不是最佳的选择。

英国《每日电讯报》："'梅普'二人此前种种不和，现在看来大都是假的，他们本质上是在同唱一份歌单上的歌。"

路透社则用"沮丧"一词来形容梅普二人的权力轮回："普京打破了俄罗斯重启长远改革的希望，而这种改革对俄罗斯来说是如此迫切。"

无论他人如何评价，普京和梅德韦杰夫依然成功地自导自演了一次权力"二人转"。其实这种政治局面的出现，受到了特定历史因素的影响。由于叶利钦时代留下的宪法羁绊，当普京第一次站在俄罗斯政治舞台的中心时，他的总统任期只有4年，且只能连任一届。在普京做满两届8年总统后，只能根据宪法将总统之位交给他精心选定并大力扶持的梅德韦杰夫，自己转而当起了总理。而梅德韦杰夫在任期内，连宪法都为普京量身修改，虽然总统仍然只能连任一届，但每届的任期却已增至6年，普京再做两届总统，就可以做上整整12年，相当于以前的三个任期。

梅德韦杰夫修改宪法，将每届总统的任期延长两年的举措，很容易让人联想到普京之前曾经做出的承诺："给我20年时间，还你一个奇迹般的俄罗斯！"普京已做完8年总统，再做两届12年，加起来正好是20年。没办法，这就是俄罗斯，一个渴望救世主，而且在恰当的时候，总是会恰当地冒出救世主的民族。显然，这一次的救世主是普京。

崇尚东正教的俄罗斯民族，向来存在一种"救世情结"，习惯性地将救世的重担、期待和荣光统统交给某个救世主。联想到俄罗斯历史上的诸位救世主：第一位沙皇伊凡大帝、最伟大的沙皇彼得大帝、打通黑海出海口的叶卡捷琳娜二世、中兴俄罗斯的亚历山大二世、创建苏联的列宁、打赢卫国战争的斯大林和朱可夫，我们便很容易理解俄罗斯民族的这种典型的东方式"救世情结"。

这样看来，普京之所以会成就现在的地位，是俄罗斯这个民族本身造就的。俄罗斯民众不仅把选票给了他，还一再用高企的选票，鼓励和推动他往威权主义的方向狂奔。这也是"梅普""普梅"二人转，有人鼓掌有人沮丧，但俄罗斯国内还是鼓掌的人比较多的原因所在。

显然，梅普权力轮回，是梅德韦杰夫事先和普京商量好的，因为他们本来就是师兄弟的关系，原来就在一起工作，甚至可以说梅德韦杰夫是普京一手扶持起来的。从技术层面上来说，梅普权力轮回是保证俄罗斯政策连续性的一种手段。这种政治默契在普京的政治生涯中绝非第一次出现，普京在1999年接过叶利钦的总统权杖时，就对叶利钦做过承诺："永远不对前届政府的人进行清算。"时至今日，普京显然用自己的方式遵守了承诺。

普京无疑是一位枭雄。他从叶利钦手中接过俄罗斯这个烂摊子，凭借非凡的手腕和魄力，很快就平定了车臣的动乱，基本遏制住了日益高涨的恐怖活动。普京还使出铁腕整顿俄罗斯经济，把石油天然气资源企业收归国有，凭借国际油价的节节攀升，俄罗斯连续十年基本保持了5%左右的经济增长率，GDP由2000亿美元增至16000多亿美元，民众的收入和生活水平也随之大幅提高。经济形势好转了，普京开始反哺军队，俄罗斯的军事实力也走出低谷，重新向世界亮出军事大国的锋芒。

这就是普京，一个神一样的传奇。不管是"梅普"组合，还是"普梅"组合，普京都是其毫无疑问的核心。套用西方媒体的一句话："不管是权力轮回还是政权更替，普京从来都不曾离开。"

莫斯科不相信眼泪：强权背后不仅是铁腕和铁血

弗拉基米尔·弗拉基米罗维奇·普京，这个目光如炬的领导人，强硬地站在俄罗斯政治舞台的中心，通过大选重新赢回属于自己的总统宝座，宣告了普京时代的延续。然而，这个在人们眼中象征着铁腕与铁血的政治强人，为了赢得2012年总统大选的胜利，多次使用一些饱含权谋的柔性政治技巧，向世人展示了他作为大国领导人的政治智慧。

作为一个曾经担任过两届俄罗斯总统的候选人，普京竞选道路上的最大障碍无疑是关于他有碍俄罗斯民主进程的言论。为了打消民众对他可能走向独裁的顾虑，普京在黑海海滨城市索契会见瓦尔代国际辩论俱乐部成员时，巧妙地将美国前总统富兰克林·罗斯福作为挡箭牌，强调只要符合宪法规定，自己连任并不会损及俄罗斯的民主进程。"罗斯福连续4次当选，因为当时这不违反美国宪法。罗斯福1933年当选美国总统，之后连任3次，直至1945年8月死于任内。美国随后修改宪法，规定总统任期不得超过两届，每届4年。但是在此之前，罗斯福的三次连任无疑是符合宪法规定的。"

同时，为了打消民众对权力长期集中到一个人手中的顾虑，他还主动坦言："我同意由一个人掌握所有权力是不对的，因此我选择与梅德韦杰夫分享权力。"

在普京巧妙跨过"独裁"这道障碍后，俄罗斯的政治力量分布出现了微妙的变化。在俄罗斯第六届国家杜马选举投票中，普京代表的执政党统一俄罗斯党仅以49.6％的选票获胜，保住下议院450席中的220席，但成绩较4年前大幅下滑。有些媒体开始宣称普京已经失去了对俄罗斯政治局势的全面控制，这也造成了一些民众对普京重新竞选前景的担忧。

为了挽回对自己的不利影响，普京在名为"继续与普京对话"的直播节目中对国家杜马的选举结果进行了解析。他说："执政党统一俄罗斯党丢掉部分选票是很正常的现象，因为俄罗斯刚刚经历了'非常困难的危机时期'，金融危机使民众生活水平下降，失业率上升，因此部分民众将选票投给了反对派。尽管如此，统一俄罗斯党依然保持领先地位，也获得了很好的得票率。因此，俄罗斯民众完全没有必要对总统选举的结果过度担忧。"

由于在杜马选举中，统一俄罗斯党被曝有舞弊行为，部分俄罗斯的中产阶级纷纷走上街头，表示对选举结果的质疑和抗议。对此，普京一方面强硬宣称杜马选举结果有效，不予更改，正面击退了反对派的又一次进攻，另一方面也通过媒体向民众解释了关于杜马选举舞弊传言的由来。他说："这是反对党在选举之前的一次政治阴谋，任何国家在任何时候都可能发生这样的现象。这些政党和反对派举行集会，主要目的是为总统选举造势。反对派应把对选举结果的质疑带上法庭，而不是进行游行抗议。"

同时，依据普京的建议，2012年3月4日总统大选的所有投票点都设置了监控摄像头，所有民众都能拥有对投票过程的监督权，最大程度上杜绝了舞弊行为，确保了普京当选的合法有效。

当然，政绩是检验一个领导者的最好标准，普京强硬背后的底气自然是他执政以来俄罗斯经济发生的翻天覆地的变化。

2000年以来，俄罗斯社会经济发展取得了显著成就。在过去的十余年里，俄罗斯在社会领域中的成就最为显著。2000年，俄罗斯贫困人口比例为29%，如今这一比例下降至12.5%，并继续保持下降趋势。2000年，俄民众每月平均工资为2232卢布（约合当时的82美元），如今平均工资水平为2.34万卢布（约合745美元）。

21世纪初，俄罗斯的年通胀率达到30%，而2011年只有6.5%。在国际货币储备规模上，俄罗斯排在中国和日本之后，居世界第三。

2011年12月16日，俄罗斯结束了长达18年的马拉松式谈判，正式获准成为世贸组织新成员，迎来了对外经贸合作和自身经济发展的崭新起点，这也是对"梅普组合"的最好肯定。

基于对普京执政的政绩肯定，美国《时代》周刊将其选为该刊2007年"年度人物"。《时代》周刊执行主编施滕格尔在谈到普京当选的原因时说："普京将处于混乱中的俄罗斯重新带回世界强国之列，取得了非凡的领导成就。"而普京在大选获胜后也承诺，自己会继续加强政治体系建设，促进经济多元化发展，推动经济创新现代化，并继续关注民生发展，创造一个俄罗斯历史上最辉煌的时代。

用强权回击挑战，用权谋安抚民心，用政绩赢得选票，或许这才是普京赢得总统博弈的秘密所在。

谁在反对普京？谁能替代普京！

2011年底，俄罗斯杜马选举大战之前两周的一个晚上，弗拉基米尔·普京身着蓝色西装，没打领带，一身轻松，来到奥林匹克体育中心，观看一场重量级格斗比赛。国家二台电视直播画面上，不时有扫过普京的镜头。

这是在美俄两名大力士之间的无规则终极格斗，身上纹有"自由"与"团结"的美国壮汉，被俄方对手打得鼻青脸肿。赛事终局哨声响起，裁判高举俄壮汉的胜利之手。坐在最前排的普京，此时跨进角斗场，向败者致敬，向胜者祝贺。来自华盛顿州的美国大力士，已经无法站立，被架着拖出了赛场。

当普京在角斗赛场高声赞扬俄大力士是"真正的男人"之时，观众吹起了喝倒彩的口哨。这前所未有的"叛逆"，令普京胆寒，身后的支持者，会一如既往支持他吗？

2011年12月4日，俄罗斯迎来了总统大选前的最后一次杜马选举。在这次杜马选举中，执政党统一俄罗斯党虽再夺议会第一大党的地位，但并不是绝对的赢家。相比于上一届议会，他们痛失70多张议席，沦为不怎么强势的第一大党和多数党。从基本面上看，赢家应属俄罗斯共产党和公正俄罗斯党，他们的议席较上次有了增进。胜负其实并不是最重要的，重要的是普京领导的统一俄罗斯党被质疑存在舞弊现象。

12月10日，俄罗斯各地均出现抗议大潮，波及的地域从圣彼得堡到西伯利亚，光是莫斯科博洛特纳亚广场上的示威者，人数就超过2万人。

2011年12月24日，苏联解体20周年纪念日的前一天，一场20年来最大的"民意怒火"在莫斯科熊熊燃烧，超过5万人聚集在莫斯科街头举行名为"为了诚实的选举"的示威集会，这也是普京执政12年来遭遇的最大规模反抗。从传唱大街小巷的"嫁人就要嫁普京这样的人"到革命广场的大标语"普京下台"，显然，2011年的这个冬天，普京并不好过。

普京的反对者们两次走上莫斯科的街头，在西伯利亚的冷空气中游行，向媒体和政府提出他们的两个诉求：一是重新举行选举，二是中央选举委员会主席下台。此后，支持普京的民众也发起了游行集会，声称"反普"就是"叛国"。对于国内两个阵营民众的各自示威，普京并未直接回应，仅是其发言人佩斯科夫向世界传达了普京的立场——杜马选举结果依然有效。

或许会有读者产生这样的疑惑：究竟哪些人"看不惯"普京？"挺普派"和"反普派"的街头较量究竟有何深意？其他政党纷纷推出各自的总统候选人，是否会对普京胜选造成威胁？

35岁的玛利亚·米哈伊洛夫在银行工作，穿着考究的她戴着精致的Gucci墨镜出现在莫斯科的博洛特纳亚广场。头发上束的白丝带表明，她是游行抗议者的一分子。"我们不希望出现任何暴力，也无意扳倒普京政府。我们只是希望，政府能听到我们的声音。没有人想要革命，我们只是想要公平的选举和一个能真正代表我们利益的政府。"说起自己的游行意图，米哈伊洛夫表现得十分平静："我们来到这里，因为这是惟一与当局对话的形式。"

在莫斯科留学的中国学生小张是这场"反普京"运动的直接见证者，最令他惊讶的是集会的有序和平静，没有骚乱也没有冲突，"人们握手，笑着打招呼，就像是过节一样"。"很多示威者手拿苹果手机，一边游行一边拍照片传到社交网站上分享。看起来，参加示威的人都挺有钱的，大多衣着考究，应该是中产阶级"。

很明显，走上街头的普京反对者主要由俄罗斯中产阶级构成，城市精英在拥有了富足的生活之后，开始向政府表达他们的政治诉求。"这场抗议示威并非一场革命，它更像是中产阶级从纳税人向公民的转变。"英国杂志《经济学人》对此评论道。不可否认，这些普京的反对者们背后有来自西方的支持，他们对普京及统一俄罗斯党一直不满，想借此机会游行宣泄。

有很多反对派成员是从苏联体制中走出来的，这些人不希望俄罗斯总是一个人执政。然而，这些反对力量不足以对普京造成威胁。这一点从梅德韦杰夫和普京应对此次反对示威的淡定态度中可见一斑。

2011年12月12日，时任俄罗斯总统的梅德韦杰夫在自己的"脸谱"主页上表示："宪法规定俄罗斯公民有权表达自己的立场，而他们（普京的反对者）正是这么做的。一切都依法进行，这很好。但我不同意集会的口号和声明。"

　　普京则表示出自己愿意与反对派进行对话的宽容态度，随后他却提出了一个令反对者们无法回答的问题："跟谁对话呢？"这个问题的背后，折射出普京及统一俄罗斯党的极度自信——放眼俄罗斯，谁能替代普京？是俄罗斯共产党的领导人久加诺夫？是现任圣彼得堡州长马特韦延科？还是人称"最后的寡头"的普罗霍罗夫？

　　久加诺夫曾经离总统宝座很近。1996年，他作为俄罗斯共产党候选人竞选俄总统，得票率超过40%，却惜败于当时的俄罗斯总统叶利钦。久加诺夫首次挑战普京是在2000年俄总统大选，结果以大比分输给年富力强的普京。此后，久加诺夫与总统宝座的距离似乎越来越远。这次反普京示威让久加诺夫重新看到了希望。据俄舆论研究中心公布的数据，久加诺夫的民调支持率仅次于普京。然而事实总是残酷的，直到俄罗斯大选结束，久加诺夫的得票率也没有超过普京。

　　马特韦延科，圣彼得堡市市长，63岁。她给人的印象很像20世纪90年代的莫斯科市长卢日科夫，治理圣彼得堡成就斐然，能力突出。早在2008年，普京就曾物色过她来当接班人，可见她的实力不弱。经过几年的努力，圣彼得堡的建设更上一层楼。而她与卢日科夫不一样的地方是，当卢日科夫在莫斯科大兴房地产业时，腐败似乎也在增加，而马特韦延科的圣彼得堡却很少传出腐败指控。这名女市长也有俄罗斯的"默克尔"之称。假如"统一俄罗斯"决定让其出马，那马特韦延科很有可能成为俄罗斯第一个女总统。还有重要的一点是，其民望和能力与普京持平。当然，这一切只是假如和可能，因为俄罗斯还有普京。

　　47岁的普罗霍罗夫身家约为180亿美元，人送外号"最后的寡头"。在《福布斯》杂志公布的2011年俄罗斯富豪榜上，普罗霍罗夫排名第三。他身高2.06米，是NBA新泽西网队的老板，曾任正义事业党主席，成为近十年来首位进入俄罗斯政坛的亿万富翁。然而事实证明，普罗霍罗夫参选俄罗斯总统更多的是象征意义，意味着俄罗斯寡头对普京的反扑。

　　最终的答案在2012年的俄罗斯总统大选之后揭晓，普京再一次用事实堵上了所有反对派的嘴巴，强有力地向世界宣称：今时今日，无可替代。

让西方失望的"莫斯科之春"：
大选幕后金钱与权力的对决

在俄罗斯杜马选举结束之后，由于统一俄罗斯党被曝出存在舞弊嫌疑，俄罗斯境内不断爆发大规模抗议活动，大批俄罗斯军警则开始进驻一些大城市，部分示威者被逮捕。虽然没有出现流血事件，但是这次政治危机可以算得上普京执政历史中一次较有分量的威胁，对此次危机出现的根源，普京一语道破天机："在杜马选举后和总统大选前，一些外国代表召集他们资金支持的那些人，即所谓的赞助接受人，并指导他们、给他们布置任务以影响选举活动。""在这个国家，有些人像走狗一样向外国使馆乞食，指望得到外国基金会和政府的支持，而不是依靠自己的人。国内外的反对者想把俄罗斯搞坏。那些反对我们的人想看到一个贫弱的国家。他们想要一个无组织、无秩序、分裂的社会，以便他们在背后搞肮脏勾当。""但是，此类活动肯定是'无用功'，因为俄罗斯的民众不会接受外国势力资助的政客。"同时，他还嘲讽欧美的经济问题，称外国政府"若把这些钱用于偿还债务、停止无效且代价高昂的经济政策，效果会更好"。

虽然普京在谈话中并没有具体指名道姓，但根据路透社的分析："普京是在暗示，不容许在俄罗斯出现邻国格鲁吉亚、乌克兰那样的'颜色革命'，不容许总统大选的结果出现丝毫偏差。"

毋庸置疑，普京在俄罗斯国内掌握着令人畏惧的庞大财力资源，军队和警察的立场并未动摇。对抗的力量仍然是那些所谓的"系统"政党和"非系统"团体，前者在议会有席位，后者正推动着街头抗议活动的发展。尽管民心越来越躁动，但大部分人想要看到的是对目前体制的改良，而非再来一场革命。这一切都有利于普京。然而，受到其他一些因素的影响，普京政府有序应对当前形势的能力正在下降。

国家杜马的选举结果出乎普京和统一俄罗斯党的意料之外。一年多以来，普京领导的统一俄罗斯党的支持率一直在下跌。因此有人质疑，统一俄罗斯党只能依靠贿选和操纵选票，继续维持其在议会中的多数党地位。

对于那些被当场逮捕的抗议分子，俄罗斯联邦法庭判决其中的许多人有罪。然而，俄罗斯并不是白俄罗斯，普京也不是亚历山大·卢卡申科。在白俄罗斯首都明斯克抗议的许多活动者被判在艰苦地区的监狱里服刑5年，而莫斯科的抗议者们只被判处15天监禁，服刑地点还是在莫斯科市各警局监狱，这样的轻判很有可能为服刑者增加信誉。"一些过去不问政治的名流纷纷赶赴抗议地点，其中一些被警车带走的时候还穿着裘皮大衣。"一位莫斯科市民在Twitter上幽默地写道，"用不了多久，上流社会会拒绝接纳没有蹲过监狱的人。"

对于大选前的普京来说，还有一个坏消息。普京政府不仅失去了一些知识分子和资产阶级的信任，也失去了一些年轻人的支持，这些人普遍在30岁左右，过去对政治漠不关心，或者曾是普京的支持者，而如今却转而反对普京。这部分人的数量不多，但他们受过良好的教育，游历广泛，熟悉互联网，有远见。从某种程度上来说，他们代表了俄罗斯的未来。

随着2012年3月的俄罗斯总统选举大幕拉开，普京再次成为了聚光灯的焦点。是西方通过资金和舆论支持的反对派获胜，还是掌握大量公共权力和政治资源的普京卷土重来，成为这次总统选举的主要看点。而最终的结果显示，绝大多数的俄罗斯选民愿意再给普京6年时间，以换取社会稳定和经济免受危机冲击。

这样的结果让西方大跌眼镜，他们苦心安排的"莫斯科之春"似乎并没有如期出现。在苏联解体后，俄罗斯民族已经领教过所谓的多党制、民主制带来的最初快感以及接踵而来的各种负面效果。在一个没有民主传统的国度，激进的政治和经济改革让俄罗斯人对于民主有了更加冷静的认识。革命解决不了根本问题，激进变革的代价最终只会落到普通民众头上。

另外，普京政府并没有像利比亚、埃及等国家那样大规模镇压示威游行者，反而是选取了一种较为宽容的应对姿态。尽管在选举后有大量的军警被调入莫斯科市中心，但是普京政府强调这是定期轮换，同时他和梅德韦杰夫还保证在法律范围内游行示威是被允许的。一个经历过斯大林的大清洗的国度，很清楚在全球化的时代用铁拳镇压民众，将会损伤政权的合法性，而且即使政府发出这样的命令也不能保证军队一定会执行，允许适度的游行示威可能有助于事态降温。

在2012年大选中，普京用公共权利和政治智慧，击退了西方势力通过金钱支持的反对者们的咄咄攻势，让自己再次成为克里姆林宫的主人。从2012年开始，俄罗斯将进入第三个十年，这也是普京的第三个总统任期。在铁腕船长的领航下，俄罗斯这艘巨轮将会航向何方，让我们拭目以待。

普京凭什么：俄罗斯人不曾远去的欧亚联盟梦

2011年10月4日，普京在俄罗斯《消息报》上撰文透露，希望以俄罗斯、白俄罗斯、哈萨克斯坦三国关税同盟为基础，逐步扩大加盟国，最终建立一个"欧亚联盟"，有效连接欧洲和亚洲太平洋地区。这是普京表明竞选总统意向后首次提出外交倡议，在文章中，他否认提出"欧亚联盟"的构想是为了重建原先的苏联，表示该联盟将是一个类似欧盟的超国家实体，其作用主要是"协调成员国的经济和货币政策"，周边国家也可申请加入。

联系到随之而来的总统大选，普京的这番言论很明显带有极强的政治色彩：通过唤醒俄罗斯的"欧亚联盟"梦想，获取广大民众对自己的政治认同，从而赢得最后的竞选胜利。

在俄罗斯，许多民众都认为自己的国家在苏联解体中不仅失去了全部，而且一无所获。俄罗斯人普遍认为苏联是俄罗斯人的国家，因此，俄罗斯联邦不是像其他国家那样从苏联解体中获得了独立，而是被分离和肢解后残存下来的大部分。在所有加盟共和国中，只有俄罗斯人才有这种切肤之痛，而恢复曾经的"欧亚联盟"荣光，则是绝大多数俄罗斯民众心中不曾褪去的梦想，普京的文章无疑迎合了广大民众的心理需求，为自己赢得了政治加分。

普京关于"欧亚联盟"的构想始于1994年，但之后俄罗斯外交重心几经调整，直到2011年下半年才被普京重新大张旗鼓地提起，成为其第三次总统竞选的主要纲领。其意图清晰可见，即通过独联体集体安全条约组织、欧亚经济共同体和独联体自贸区，建立一个由莫斯科主导的环俄罗斯政治、军事、经济共同体，将之塑造为欧亚地域内的核心力量集团。但和当初靠华约、经互会联接起来的苏东社会主义阵营一样，这一共同体也有同样致命的缺陷：一体化的基础不是经济的，而是政治的；联合的目标不是自发的，而是强制的。

对普京这一言论，《国际邮报》评论说："普京目前所提出的新观点饱受争议。他希望能建立起'欧亚联盟'，将过去从苏联分离出去的几个独立共和国，混合在一起，组成单个经济体，最终实现政治上的统一，再次成为超级大国。普京将此归为，带有东方色彩的'欧亚联盟'。存在已久的俄罗斯帝国梦想，以新的名字重生了。"

当然，任何梦想变为现实都需要巨大的努力，普京对此已经做好了准备。2011年10月末，在圣彼得堡的会议上，8个前苏联国家签署了一项自由贸易协议，普京称："如果我们能一如既往地专注于此，真抓实干，在2015年前后，将有可能实现建立'欧亚联盟'的理想。这是未来我们要关注的事情。"

2011年是苏联解体的第20个年头。很清晰的是，在过去20年里，且不管前苏联各国之间对他们共同的过去与对他国有何看法，它们确有千丝万缕的联系，并被证实很难解开。"独立"本身并不能保证新国家的经济繁荣、国内政治完善或成功融入全球构架中。

尽管前苏联各国有联系和独立的问题，但现在开始谈论建立联盟是否明智？普京的回答是肯定的。暂且不提普京"俄罗斯复兴"的强烈抱负，仅提出这一想法的本质便是一个有力的竞选宣言，向广大俄罗斯民众暗示了如果普京当选，将有可能让民众重新体验"大国荣耀"。当然，这一宣言在提振选情的同时，也会产生一些负面影响，那就是西方国家由此感受到的威胁。

苏联解体后的20年里，西方国家对莫斯科的任何举动都持有怀疑态度。《旧金山纪事报》对此的评论是："由于债务危机，西方一片混乱，无法阻止俄罗斯政府提出在俄罗斯与其他前苏联国家间建立'欧亚联盟'的想法，这不仅让人回想起冷战时期。"

　　《华盛顿邮报》则认为："如果欧盟不解体，俄罗斯倡导的欧亚联盟，建立的可能性不大。27个欧盟成员国要求使用欧元，英国和丹麦除外。其中两个国家拉托维亚和立陶宛属前苏联，如果要加入俄罗斯倡导的所谓'欧亚联盟'，先得背弃这项条约，这便意味着俄罗斯对欧盟的挑战。"

　　而《纽约时报》则作了更深远的考量："如果'欧亚联盟'真的实现，应扩大成员国，招揽一些经济有影响力的国家。俄罗斯很可能不会在其南部边境与欧盟抢国家，这便意味着'战场'将在东欧与黑海地区。而欧盟在2009年就宣布希望将上述地区作为东方合作伙伴，触角伸到亚美尼亚、阿塞拜疆、白俄罗斯、格鲁吉亚、摩尔多瓦和乌克兰，而这些均是'欧亚联盟'的潜在成员。"

　　作为俄罗斯政坛的常青树，普京不可能没有想到西方国家对俄罗斯"欧亚联盟"宣言做出的反应，惟一的解释是：在他眼里，建立"欧亚联盟"是俄罗斯和其他前苏联成员国的内部事务，与西方国家无关，而且他有着更为急迫的目标——2012年俄罗斯总统大选。对于一个习惯铁腕强权的政治家来说，来自西方国家的威胁也许仅是"纸老虎"，惟有国内选民手中的选票才是最应当优先考虑的事情。或许正是基于对国内民众不曾远去的"欧亚联盟"梦想的迎合，普京顺利地赢得了大选，至于"欧亚联盟"的未来走向，这是普京下一步该考虑的重点。

第二章
CHAPTER2

铁腕男人的个人魅力：
俄罗斯民族的精神图腾

普京之所以能够成为俄罗斯民族的精神图腾，全在于他那种让人不得不崇拜的、不可抗拒的个人魅力和强悍智慧的精神征服力量。这种伟大强悍的普京魅力，正是俄罗斯民族精神的精髓。

硬汉形象：俄罗斯需要普京

上天入海、远东射虎、访贫问苦、怒斥奸商……世界上恐怕没有哪位国家领导人能像普京那样，将自己的个性淋漓尽致地展示在世人面前。2011年8月1日，在俄罗斯特维尔州，普京在视察2011年度全俄"谢利格尔"青年教育论坛时，参加了一个掰手腕比赛，硬汉本色显露无疑。

这不是普京首次向世人展示他的硬汉形象，2008年10月，他出现在名为"与普京学柔道"的功夫视频中；2010年4月，普京前往北极追捕北极熊；2010年8月，普京赤裸上身骑马通过西伯利亚山区的照片被公布出来；当年11月，他驾驶的方程式赛车的时速达到240公里……所有这些都通过图片和文字传向了世界。

在大选胜出后，普京已经年满60岁了，不过从照片上来看，这位俄罗斯领导人的体魄比起很多俄罗斯20多岁的小伙子也毫不逊色。对于普京这样的硬汉领导人，不少俄罗斯的媒体和学者都感到十分骄傲。普京所做的这一切都是为了让人们不要忘记他，并让人们像从前一样相信他。俄罗斯媒体曾经做过一个统计，即一周之内，普京、梅德韦杰夫、麦当娜等7位名人和精英在俄第一电视频道、俄罗斯台和独立电视台的电视新闻中各出现了多长时间。结果普京是34小时43分钟，而梅德韦杰夫为24小时12分钟。

对普京毫不掩饰的健美肌肉最感兴趣的是俄罗斯的年轻女性，每当普京在公众场合亮相时，大批的俄罗斯少女都会挥舞着普京的这些生活照向他兴奋地叫喊。普京甚至也是俄罗斯男同性恋群体的偶像，过去10年的统计显示，在俄罗斯的同性恋网站上，普京一直是热门讨论人物，甚至有网民建议普京退休后去演《断背山》的续集。这位体魄健壮的领导人还让俄罗斯的很多酒民烟民自愧不如，因为和这位烟酒不沾的领导人比起来，这些人的身体都不够健康。

普京展示给世人的硬汉形象，显然是经过精心策划的，目的就是为了加深人们对普京的印象，即他是俄罗斯最具有男子汉气概的强有力领导人。得

普京悠闲地在西伯利亚山区骑马，一身健壮的肌肉在陡峭的山体映衬下，尤为引人注目。

益于其硬汉形象，普京的民意支持率很少下降到40％以下。2008年夏天俄罗斯在与格鲁吉亚发生的冲突中取得胜利后，普京的支持率攀升至88％；当俄罗斯遭遇了历史罕见的经济危机时，普京的支持率保持在76％以上；即便在经历了杜马选举弊案与民众大规模游行之后，普京的支持率依然高于40％。

一位在上世纪六七十年代多次去过莫斯科，并参与接待过前苏联代表团的加纳退休军官认为，普京的硬汉形象在俄罗斯和苏联的历史上并不新鲜，以前的苏联领导人勃列日涅夫"就竭力把自己打扮成一个汉子"，他"胸前挂满自己颁发的勋章，还四次自封为苏联英雄"。"俄罗斯民族感性、尚武，比较容易受偶像和'热血'感召，不但老百姓如此，一些大人物也不例外，像斯大林、伏罗希洛夫和朱可夫都偏爱高大英俊的部下，这不是什么秘密。"由此可见，普京煞费苦心向外界展示的硬汉形象，在俄罗斯这个特定的国度中，还是很有市场的。

当然，俄罗斯人需要普京，并不仅仅因为他有着健壮的体魄，同时也因为他能够通过强硬的政治手腕，给俄罗斯人带来民族复兴的梦想和自豪感，并使国人振奋精神，重新燃起对大国地位的强烈渴望。

俄罗斯人不会忘记，正是普京结束了叶利钦时代的内政混乱、经济衰退及国际地位的下降，开辟了"普京道路"。在这一过程中普京铁拳出击，粉碎了车臣非法武装，实现了政治稳定和经济复兴。俄罗斯人也同样不会忘记叶利钦"迷失的时代"以及西方所给予的惨痛教训。普京面对西方国家显得果敢决绝，带有一种不可动摇的淡定，这些都让俄罗斯人钦佩不已。

俄罗斯人知道，普京之所以敢强硬地同西方国家抗衡，是因为他内心充满领导俄罗斯重塑大国地位、重返先进国家之列的决心。俄罗斯人希望拥有一个强大的国家，一位有才华的领袖，他们希望享有尊严和荣耀。

当然，并不是所有的民众都对普京的硬汉形象买账，俄罗斯国内也存在着不同的声音。俄罗斯科学院图书馆管理员卡丽娅说："我认为普京玩得有点过分了，尤其在经济危机的大背景之下更显得不合时宜，这可能是他身边的政治顾问出的坏主意。"莫斯科大学经济系博士生丽斯塔巴达娃说："我个人认为这完全是为了宣传，或者说通过展示健康的身体来安慰民众。但是，这又有什么用呢？国家经济形势从整体来看并不算太好，物价水平不断上涨，普通百姓的日子真的十分艰难。""我本人来自符拉迪沃斯托克市，那里实行乘公共汽车货币化，把以前对残疾人和退休老人的乘车优惠取消了，每年给400卢布的补贴。这些人相当困难。你想想，他们如果看到普京在青年论坛中掰手腕，会是什么心情？"

为了打消这部分民众的顾虑，让统一俄罗斯党重新赢得较高的支持率，普京在当选后极其郑重地向全体俄罗斯人民做出承诺："我将努力提高人民收入，这将是统一俄罗斯党施政的主要目标。我们的关注重点是把人民生活水平提高到一个新的高度。这当然指的就是要提高人民的实际收入水平，包括退休工资。我们要保障让每个家庭都能有良好的收入水平。"

俄罗斯需要普京这样的政治强人和铁腕硬汉，而普京也正因为顺应了时代的这种需要，才成为现在人们所看见的"超级普京"。

无所不能的"超人总统"

2012年的俄罗斯总统竞选前，一些公益艺术家绘制了名为"超级普京，寻常男人"的系列连环画，这本连环画和20世纪90年代好莱坞动作大片《生死时速》情节类似，画中的普京身穿和服，被描述为"具有北欧特征"的"超人"，通过一系列的英雄壮举拯救了世界。

一些网络用户认为，此系列连环画的诞生，与2012年的总统大选密不可分，可以算作幕后竞选的一部分，甚至是由克里姆林宫直接操控的。抛开这些略带权谋色彩的言论，单看"超级普京"这一主人公，不难发现其中折射出现实普京的多才多艺。

除了模范丈夫、卓越的国家领导人之外，普京似乎无所不能，让我们来看看他的一些传奇经历。

2008年8月31日，在俄罗斯远东乌苏里江保护区，当科学家为5岁大的老虎戴上装有卫星跟踪器的项圈时，普京正用手摸着虎头；

2009年8月1日，普京乘微型潜艇至世界最深淡水湖贝加尔湖水面下大约1400米处，探查新能源"可燃冰"。

2009年9月19日，在俄罗斯索契市国家公园，普京尝试着驯服了一只美洲豹；

2009年12月18日，在俄罗斯圣彼得堡市，普京在对高级体育学院的工作访问过程中，为学生上了一节柔道训练课；

2010年1月3日，普京驾驶着一辆机动雪橇在滑雪场滑雪；

2010年3月6日，普京在访问哈卡斯共和国期间被记者拍到正悠闲地骑马；

2010年8月10日，普京头戴耳机，坐在消防飞机的驾驶舱内，在莫斯科东南进行空中灭火作业；

2010年8月23日，俄罗斯受高温侵袭，普京跨越北极圈进行探访，寻找气候改变的证据；

2010年10月29日，在西伯利亚地区，普京参加了一支考察队进入山谷生物圈保护区，观察雪豹的习性；

这张连环画是"超级普京，寻常男人"系列中的一幅，画中的普京正在忙于拯救世界。

2010年11月7日，圣彼得堡市郊外，普京在跑道上测试方程式赛车。时年58岁的他以240公里的时速在赛道上一连奔驰了好几个小时；

2010年12月10日，在圣彼得堡的慈善音乐会上，普京当众演奏钢琴，优美的旋律赢得了现场观众长时间的掌声；

2011年8月10日，普京来到古希腊城市法纳戈里亚古城所在的塔曼半岛，并考察了数个由俄罗斯考古学家发现的古建筑遗址；

2011年8月14日，普京在出访俄罗斯北部的修道院时，驾驶船只在欧洲最大湖泊拉多加湖上游览；

2011年8月29日，普京在出访诺夫罗西克市期间，与摩托车发烧友同骑；

……

凡此种种，不胜枚举，似乎世界上已经没有能够难住普京的事情了。这位会开战斗机、乘潜艇下海底、赤膊骑马钓鱼、危险时刻射虎救人的柔道高手甚至还向媒体透露过，他年轻时候曾经获得过4级"木匠证"。

普京在视察索契冬奥会场馆建设时，与当地的大学生建筑队代表进行了为时两个小时的深入交流。普京向大学生们详细讲述了自己上大学期间参加建筑队的经历，说他当年也曾是建筑队的一员，在俄罗斯联邦的科米共和国人迹罕至的森林地区开设林道、修理房屋，当实践活动结束时，他甚至获得了4级"木匠证"。

有学生问道："您那时在建筑队里拿多少钱？"

普京回答说："干了一个半月拿到大约900卢布，当时全国的月平均工资只有200卢布，我们拿到的（比这个水平）要高。"对于高工资的原因，普京解释说"因为当时的工作条件很艰苦，蚊子非常多，在篝火旁都没办法久坐，娱乐的时间非常少"。

"也许，您都不知道怎么花这笔钱吧？"学生问道。

普京说："不，我们知道怎么花。我和朋友一起去加格拉（黑海海滨城市，位于阿布哈兹地区）玩，在那儿花掉了一半的钱。之后我还买了一件外套，穿了10年。"

普京同时告诉学生们，从担任领导职务的角度看，这段经验是他一生的"无价之宝"，因为"要领导好集体，就应该明白，是为了什么而工作"。

　　这就是普京，一个无所不能的"超人总统"。也正是这样的普京，赢得了广大俄罗斯民众的爱戴，缔造了属于自己的"普京王朝"。

笑看权力轮回：龙年，"我"的本命年

　　2012年1月1日上午，俄罗斯前总理、当时还是2012年总统大选候选人的普京对全俄罗斯人民发表了新年谈话。

　　"2011年，世界经济形势仍不稳定，而且这种不稳定还将持续，但俄罗斯可以称为'安全岛'。虽然我们也的确面临一些问题，但我们总体上确实克服了危机的后果，经济保持了增长。这一切让我们有理由相信，未来一年将是成功的。"

　　"当然，我们国家正处在一个政治周期的中间环节：国家杜马选举刚刚结束，总统大选已开始。在这个时期，政治家们总是要调动民众的某些感觉，所有一切或多或少都有些波动、有些激动。但这是民主的必然代价——没什么不寻常的。"

　　"在这里，我祝福我们所有的公民，无论其政治立场如何，无论是左翼还是右翼，无论是上还是下。祝愿所有人幸福、顺利。"

　　普京最后还提到："顺便说一下，明年按东方纪年是龙年。我是龙年出生的人。按以往的经验，这是我的好年头。我希望，这次龙年同样将给每一个俄罗斯家庭和百姓带来成功、

滑稽搞笑的表情，再配上燕尾服和小领结，一副诙谐轻松的装扮。无疑，大选胜出的普京心情十分不错。

收获和幸福！"

　　这是普京在龙年伊始时对2012年的展望，而随后的大选结果也印证了普京关于自己"幸运本命年"的说法。细观60岁的普京之前的5个本命年，似乎都是普京所谓的"好年头"。

　　1952年，一个叫弗拉基米尔·弗拉基米罗维奇·普京的男孩诞生于苏联一个普通的工人家庭，从此开始了他波澜壮阔的一生。

　　1964年，12岁的普京成为了大杂院中的侠客，并开始学习摔跤，他学会了掩盖自己的感觉和情绪，遇事不动声色，头脑冷静敏锐，学会了准确地判断危险的方向。他后来的强者心态此时已经初露端倪，并且形成了信任、忠诚、秉公办事这些影响他一生的优良品质。

　　1976年，普京完成了克格勃的训练，最终实现了少年时期的梦想——当一名特工，在克格勃第一局（对外侦察局）中负责德语国家的情报侦察工作，从此开始了他为苏联克格勃系统工作的15年。正是这段工作经验，为他开启了日后的权力之门。

　　1988年，普京由克格勃派遣到民主德国，并在当地得到了一个次要工作。不过相关资料显示，这个所谓的次要工作其实就是间谍工作，他在民主德国的秘密任务是收集当时联邦德国的经济谍报。这是普京惟一一次在国外工作的经历，也让他养成了机敏灵活、处变不惊的办事风格。据他自己说，这段经历对他之后的政治生涯好处很大。

　　2000年，普京的第五个本命年，俄罗斯前总统叶利钦在这一年开始的前一天，宣布辞去总统职务，由当时任总理的普京出任代总统。从此，普京正式拉开了属于自己的政治时代的大幕，俄罗斯民族也迎来了又一个"救世主"。

　　2012年，普京在3月4日的总统大选中，用自己的权谋与铁腕击败了众多的竞争对手，再次当选俄罗斯总统，开始了自己的第三个总统任期，完成了从总统到总理，又从总理到总统的权力轮回。

　　以上是普京的5个本命年，也包容了他60年的人生历程。这是一场从序幕到高潮的大戏，为俄罗斯而生的普京用自己的方式征服了广大民众，改变了俄罗斯的历史进程，当然，也赢得了世界的肯定。

俄罗斯第一夫人：柳德米拉·普京娜

"嫁人就嫁普京这样的人"，这句话几乎风靡了整个世界。自从普京当选为俄罗斯总统之后，普京独特的个性魅力，他的刚毅、睿智，就成为全世界众多时尚女性关注的焦点。他与第一夫人柳德米拉的爱情故事更是广为流传，被称为"世纪童话"。

1957年，柳德米拉出生于俄罗斯著名的工业城市加里宁格勒。

柳德米拉祖上都是农民，从小家境清贫。她的父亲亚历山大·什克列布涅夫退役后被分配到加里宁格勒工作，和叶卡捷琳娜·吉洪诺娃结婚，并有了两个女儿。柳德米拉是长女，她还有一个妹妹奥利加。

由于家境贫寒，柳德米拉从小就养成了一种朴素、自尊的品格。她对衣服打扮并不注重，甚至直到婚后去德国那几年，她的衣服绝大多数都是自己做的。

柳德米拉中学在加里宁格勒第44中就读，后来转到了第8中学，在那里她一直读到高中毕业。中学时期的柳德米拉天性活泼，她长着一头浅色的头发，一双会说话的眼睛显得那么机灵；她能歌善舞、人见人爱，一直是学校里的"校花"，是全校男生心目中的白雪公主。

中学之后，柳德米拉考入加里宁格勒理工大学，但很快就对枯燥的理工课程失去兴趣。在大学二年级，柳德米拉放弃学业，考入加里宁格勒联合航空公司，成了一名令人艳羡的空姐。

1978年，21岁的柳德米拉到列宁格勒度假期间，和普京相识，并开始了最初的约会。一段动人的爱情故事就这样开始了。

有一句名言说，从一个女人钟爱什么样的男人可以看出这个女人的道德标准。对于柳德米拉来说，普京最吸引她的就是那种"真正男子汉的性格"。

在柳德米拉眼中，普京很幽默，同时也绝不轻浮，他总是能和人友好相处，并且保持这种友好关系。但这些都不重要，"最主要的，对于我——一个女人来说，弗拉基米尔·弗拉基米罗维奇是一个非常可靠的人。结识他以后，我就产生了一种安全感，随着我们交往次数的增多，这种感觉也越来越强。"

柳德米拉曾经坦言："坐在普京身边，我心里突然涌起一种感觉：我身边坐着的正是这样一个人，他一生都会做出正确的决定。"她说："不论那时还是后来，我心里都很清楚，我可以和他共同创造生活，不用考虑任何后果。我想，对于任何女人来说，这一点都非常重要。因为，如果坐在女人身边的是一个你会对他产生怀疑的男人，这样的想法本身就会使你将来的生活变得异常沉重。"

柳德米拉：普京心目中的白雪公主。

第一次见面，普京给柳德米拉留下了自己的电话号码，这对普京来说很难得，因为他很少给不熟悉的人自己的私人电话。分处加里宁格勒和列宁格勒的两人开始了断断续续的电话联系。有时候，柳德米拉也利用工作之便"千里赴约"，到列宁格勒和普京"约会"。三四个月之后，柳德米拉来到了列宁格勒，决定报考列宁格勒大学语文系，这对恋人终于不用再分居两地。但是，这并不代表两人的关系就确定下来了。实际上，对于这段恋情，由于普京工作的关系，柳德米拉经受了种种"考验"。

普京自己后来也说："我们交上了朋友，她后来成了我的妻子。我当时跟她说，我在警察局工作，因为我实际上是在安全部门工作，是保密的。要是你让更多的人知道你在安全局工作，就不会把你派到国外去了。由于工作的特殊性，当时我真的不知道我们之间的关系能够发展到什么程度……"

但终究两个人同处一地，见面的机会渐渐增多，终于步入了感情发展的快车道。可以说，柳德米拉和普京的爱情进展还是比较顺利的，但两人似乎一直保持着一种"地下恋情"，大概有一年的时间，双方的父母都不知道这件事。

交往3年多之后，普京终于向柳德米拉求婚了。用柳德米拉的话讲，就是自己经受住了普京的"种种考验"。

普京个性非常严谨而又内敛，这样的人求婚也是一派严肃风格。

对于柳德米拉来说，普京的求婚是非常突兀的。突然有那么一天，普京对柳德米拉说："我们交往已经三年半了，你知道我的性格，确实很有些沉闷，有时还会让别人感到很委屈，做我的伴侣还有一定的危险性。现在你该决定与我的关系了。"

"我已经决定了，我需要你。"柳德米拉回答。

就这样，在普京31岁，柳德米拉26岁那一年，普京和柳德米拉在停泊在涅瓦河畔的一艘游轮上举行了简单的婚礼。

婚后，两人和普京的父母住在一起，柳德米拉几乎是迅速担负起了女主人的责任。她说："这并不使我感到拘束，因为在任何地方，甚至去别人家做客，我都觉得自己像主人。一来到他家，我就意识到这就是我的家，我是这家的女主人。是的，我们是来自两个不同的家庭，可这并不妨碍我们在同一个屋檐下和睦相处。"

确实，不论环境怎样变动，柳德米拉总是保持着自己的本色。她曾经说："生活总是带给我们种种惊喜，我们不断回答着同样的问题——这到底是考验还是诱惑？无论置身何处，只有保持清醒的头脑，才能经受住考验，抵制形形色色的诱惑。对我来说，这至关重要。"

事实上，他们婚后的生活甚至可以称得上颠沛流离。婚后没有几年，普京全家搬到了德国，柳德米拉接连生下大女儿玛莎和小女儿卡佳，然后被迫回国，回到圣彼得堡，后来又搬到莫斯科，在丈夫当选总统之后，她又多了一个"第一夫人"的头衔。

但是，她从不逃避，总是努力去适应，肩负起自己作为一个妻子、一个母亲、一个女主人和一个俄罗斯"第一夫人"的责任。

　　普京当选总统之后，柳德米拉必须跟普京一起参加外事活动，这似乎成了她分内的事，但她本人实际上并不喜欢抛头露面。对此，柳德米拉回答记者们的疑惑时说："前几年，普京是异常忙碌而充实的，我跟着他频繁出访。在访问过程中，他有他的工作，我也有自己的安排。"

　　而且，在合理安排自己时间的同时，她也没有忘记自己的责任。"出国访问的另一大好处便是能够帮助我们变换处理国内问题的角度。另外，与许多国家领导人的私人交往可以让我看到他们作为普通人鲜为人知的一面。这使得我们更容易建立起良好的私交。"

　　提到第一夫人，人们印象里自然而然就会出现一个珠光宝气的贵妇人形象，但柳德米拉却颠覆了这种认知。和西方国家传统的第一夫人相比，她没有自己的形象设计师，这在其他国家不可想象。她的穿着打扮总是那么朴素。在这种朴素中，却又透着一种动人的神韵，看起来优雅从容，极富亲和力。

　　此外，柳德米拉不爱出风头、十分注重家庭生活，是一个真正意义上的贤内助。对于经营温暖美好的家庭氛围，柳德米拉有自己的心得。她说："我喜欢俄罗斯传统的壁炉，其实室内有暖气，本不需要再烧壁炉，但我总爱点着它，它所营造的温馨的家庭氛围让我很喜欢。"

　　说到家庭教育，柳德米拉则认为家庭氛围至关重要，她说："有记者经常问及我们教育一双女儿的秘诀，我总是一笑置之。其实，哪有什么秘诀可言，家庭氛围对于子女的成长非常关键。普京也曾提到过，他是在一个充满爱心的家庭中成长起来的。在精心为女儿们营造这样一种氛围的同时，我还经常要求她们做一些力所能及的家务劳动。"

　　婚姻是感情的试金石，从一些小细节中就能看出夫妻之间的感情。普京和柳德米拉两个人感情很深，他们经常互赠礼物。别看普京看上去一板一眼的，但他却是一个有心人，常常会为爱妻制造惊喜。这点尤其让柳德米拉满意。

　　普京和柳德米拉的家庭生活非常美满，这为那些疏忽了家庭的"事业型人士"带来了一定的启示。

　　在俄罗斯人们心目中，他们的总统本身就是一个传奇：传奇般的总统，传奇般的爱情故事，寄托了俄罗斯人民对普京的某种感情，同时也在一定程度上体现了"铁腕总统"无远弗届的个人魅力。

掌上明珠：卡佳和玛莎

在俄罗斯，普京是一个神秘的传奇，不过，比他本人更神秘的则是他那一对千金。除了一张扎着蝴蝶结的合照之外，外界就再没能一睹她们的芳容，更无法探知她们的真实生活。但她们的一举一动向来就是公众关注的焦点。

1985年，普京的大女儿玛丽娅（昵称玛莎）出生于民主德国，第二年，小女儿叶卡捷琳娜（昵称卡佳）也出生了。当时普京还在克格勃工作，后来回国走入政界，出于安全的考虑，普京从未让两人在任何媒体上露过正脸。从两个宝贝女儿出生起，普京就把她们视为"掌上明珠"，疼爱有加。在俄罗斯第一家庭，普京扮演的是标准的慈父角色，得罪人的事都由"严母"柳德米拉来做。

令普京夫妇十分欣慰的是，姐妹俩乖巧懂事，从小到大都没有让两人特别操心。两个女儿中，老大玛莎文静些，老二卡佳则活泼些。姐妹俩感情也非常好，即使偶尔闹些小别扭，也会很快和好。

对此，柳德米拉的德国女友弗劳·比奇曾经在一本书里写道："我是亲眼看着这对小姐妹长大的。我从没有见过像玛莎和卡佳这样有教养的孩子。我原来以为她俩会很腼腆，但从她们落落大方的举止来看，完全不是那么回事。她们知道自身的价值，同客人保持着距离。她俩相互尊重，从不打断对方的话，总是让对方把话说完。"

普京坦承自己对女儿并不严厉，但是却非常注重她们学识和人格的培养，想让她们成为独立、自信、有主见的女孩。

普京夫妇都精通德语，两个女儿从小在民主德国一所私立学校学德语，回到莫斯科后又被送进德国驻俄使馆开办的德语学校学习。

后来，当普京在俄罗斯政坛声名鹊起时，由于多次收到车臣极端分子发出的恐怖袭击威胁，他只好把两个女儿"藏"在家里，请"家教"单独授课。好在玛莎和卡佳都非常勤奋，学习成绩都很优异。2004年，玛莎和卡佳先后考入父亲的母校、俄罗斯最有名的圣彼得堡大学。但两人并未继承普京的法学"衣钵"，而是分别选择了生物和土壤科学系、东方研究系。值得一提的是，两位"公主"并没有利用特权，而是和普通考生一样，通过公共考试入学。

但是，对于同一时期的圣彼得堡大学师生们来说，两位"公主"却是极为神秘的。据该校生物和土壤科学系主任戈尔林斯基说："不要说一起参加考试的其他学生，就连我自己都不知道这两位学生的背景。"据知情人士透露，普京两个千金的个人档案都被校长"锁"在了保密柜里。

在学习期间，尽管玛莎和卡佳两人挂着圣彼得堡大学学生的名份，但她们实际上却是在克里姆林

普京的掌上明珠：扎着蝴蝶结的这对姐妹花长得粉妆玉琢，一个肖父，一个肖母，非常可爱！

宫郊外的一处官邸里完成学业的，这无疑更增添了两人的神秘色彩。显然，在家上学也不轻松，玛莎就曾抱怨说："教授们给我们布置的作业真是太多了，想玩的空儿都没有。"

尽管大部分时间都是在家上课，但姐妹俩的发展却全面而又均衡。玛莎和卡佳语言天赋极佳，除德语外，英语和法语学得都不错。此外，两人都特别喜欢音乐课，最擅长的乐器分别是小提琴和钢琴。

两位"公主"小时候，普京常开车带一家人去玩。当普京成为总统之后，玛莎和卡佳就很难享受到父女之间的天伦之乐了。但是，普京夫妇总是尽量营造一种温馨的家庭氛围。玛莎和卡佳在父亲的影响下，也非常喜欢高山滑雪、游泳和骑马等体育运动。和普京喜欢柔道不同，两姐妹都非常喜欢武术，还曾经拜少林武僧释延康为师，可谓真正的"文武双全"。

然而，联邦安全局的保镖总是如影相随，让姐妹俩在享受到同龄孩子难

以料想的待遇的同时，也失去了同龄孩子所轻易拥有的快乐和自由。

"走到哪里都有保镖跟着，二十几岁了，我都还不知道初恋的滋味！"玛莎曾向好友抱怨。

玛利亚的苦恼也成为了普京夫妇的烦恼。眼看两姐妹已经渐渐长大，都到了谈婚论嫁的年纪了，可她们接触社会的机会实在太少，究竟怎样做才能让她们拥有美好的爱情呢？这着实是桩闹心的事。堂堂"公主"也愁嫁，对此，《莫斯科新闻报》曾打趣说："我们不久或许就能看到普京一对千金的爱情故事了。"

世人面前强势冷漠的普京，在两个女儿心目中，却是一位舐犊情深的慈父。普京的一位朋友曾经透露："尽管自己也有种种烦恼，可玛莎和妹妹卡佳很能体谅父亲的苦衷。"互相体谅、互相关爱，普京一家为世人演绎了一个真正属于亲情且只属于亲情的幸福家庭。

普京的宠物情结

普京向来喜欢以硬汉形象示人，不过在面对宠物时却总是显得分外温柔。在饲养宠物的数量上，普京是世界各国政界名流中当之无愧的"冠军"。他拥有3只狗、5匹阿拉伯马、1匹溜蹄马和1匹微型马，以及1只乌苏里虎幼崽，这些宠物足够普京开个"家庭动物园"。其中出镜率最高的当属普京家庭中的"第五成

普京对忠心耿耿的科尼始终宠爱有加，私下里称它为"我的亲信科尼"。或许记者们偷偷给它"加餐"，是想从这个"亲信"口中套出点内幕消息吧。

员"——拉布拉多猎犬科尼。

科尼是名副其实的"名门之后"。它的"父亲"是一条名叫阿尔科尔的猎犬，在俄罗斯以及国外众多的宠物大赛中屡屡夺魁。"父亲"名声在外，科尼和它的"兄弟姐妹"们自然一出生就备受瞩目。科尼在只有3个月大的时候就被选拔到了犬术训练中心，接受了有关侦察、搜救等课程的训练。

2000年，普京去犬术训练中心视察。时任俄罗斯紧急情况部部长的绍伊古便将这条聪明伶俐的雌性猎犬赠送给了普京。从此，科尼开始了它俄罗斯"第一宠物"的生涯。

对普京来说，最好的休息就是到林边或海边与爱犬科尼一起散步。科尼先前比较淘气，爱追猫和松鼠，现在已与它们"和平共处"了。在度假胜地索契，经常是普京亲自溜狗，而在莫斯科郊外，主要是普京的助手溜狗。

科尼很威猛，时刻注意保护主人。有一次在新奥加列沃，它发现一名工作人员提个小旅行箱站在林边，立即扑了过去，嗅了几次，确认没有炸药之后才放过他，后者吓得在原地站了足足有15分钟。

作为俄罗斯"第一家庭"的成员，科尼自然要经常见识一些大场面，同时还要担负起维护俄罗斯形象的任务。

2001年，身为总统的普京在索契会见到访的白俄罗斯总统卢卡申科时，科尼也"出席"了隆重的欢迎仪式。面对两位国家元首和众多的记者，科尼"彬彬有礼"地摇着尾巴，向人们打招呼。从此，科尼获得了"政治家科尼"的美称。

2007年1月21日，普京正在与来访的德国总理默克尔会谈，这时会场内突然出现了一位"不速之客"——科尼。科尼在所有记者的目光注视下，闲逛进了会议大厅，并且亲昵地靠在了默克尔脚下，但是默克尔却明显对于这位"意外的来宾"感到不太舒服。普京马上轻轻拍了一下科尼，将它从默克尔身边赶走，并安慰默克尔说："这只狗不会吓到你，它不会做什么不乖的事情，它只是喜欢记者。"之后默克尔也对这只狗产生了兴趣，与普京就科尼的话题开始聊了起来："它多大了？""5岁。""那它还不老。"……

作为俄罗斯的"第一宠物"，科尼也时常遇到"上门攀亲"的事。科尼的"父亲"阿尔科尔所在的宠物俱乐部曾经在电视上刊登广告，公开出售据称是"科尼的兄弟姐妹"的拉布拉多猎犬，他们打出的广告词甚至让普京忍俊不禁："你的宠物和总统的宠物有同一个爸爸！"

出于对科尼的喜爱，普京还给它专门定做了一个卫星定位项圈，这个项圈重约170克，能让普京通过专门的程序确定科尼的位置。当科尼不动时，定位项圈会进入待机模式，只要它一动，项圈就会发出信号，更新位置，让普京对自己爱犬的行踪心中有数。据普京描述："当科尼戴上项圈后，它一直在摇尾巴，这说明它喜欢这个项圈。"

宠物犬科尼拉近了俄罗斯普通民众和普京之间的距离，甚至成为普京与网民沟通时的话题。俄罗斯总统网站曾经刊登过普京与世界网民聊天时的问答对话，当时一名24岁的女网民玛丽娜说："我的狗吃肉、喝麦片粥，每天两三顿，科尼吃什么？"

普京回答说："我总是要求访客不要给它吃任何东西，因为这会给它造成健康问题。但很多客人并不理会我的要求。有时科尼从一个坐满记者的房间里走出来，一脸心满意足的样子，嘴角都是面包渣。因此，这次我借助网络，向我所有的客人们再次呼吁，拜托，别再喂我的狗了。"

在2003年底，科尼生下了8个可爱的小狗崽，这一天恰逢总统大选，普京在投票后未作逗留，匆忙回家。有记者询问柳德米拉原因，第一夫人告诉记者："我们离家的一刻，普京的爱犬生了孩子。小狗6条黑色，2条灰白。"

通过电视直播，这个消息马上传遍了全国，许多人都通过信件或者电子邮件向普京总统表达了收养科尼子女的愿望，其中包括一名不到6岁的小姑娘卡佳和一名退休工人别列维茨。几个月后，普京将卡佳和别列维茨邀请到克里姆林宫做客，并将科尼的两个孩子赠送给了这两名幸运者。

普京对宠物的深厚感情，不仅在俄罗斯国内声名远播，在国际上也有不小的影响。由于深谙普京的宠物情结，保加利亚总理鲍里索夫在与普京签署保俄成立天然气合资公司的协议之后，投其所好地送给普京一只保加利亚牧羊犬。显然，普京对自己收到的这份礼物十分满意。三天以后，普京就通过新闻部门为他的新爱犬向全国公众征集名字。普京将这只新爱犬养在莫斯科郊外的一处官邸内，并且将它介绍给了科尼。"当然，它们如何处理相互之间的关系非常重要。"当被问到这两只狗的关系时，普京十分幽默地回答。

绯闻缠身，难掩硬汉本色

在国际政坛上，政要们的各种"绯闻"屡见不鲜，这些政治明星们的生活就像每天都在上演的剧本，媒体和观众不但会紧盯他们的政治、经济决策，还会挖出一些陈芝麻烂谷子的绯闻。较为著名的当属美国前总统克林顿和莱温斯基之间的"拉链门"事件。然而，这种事情发生在一贯给人严肃寡欲印象的普京身上，则并不常见，一旦出现不禁令人浮想联翩。普京绯闻事件的女主角，是俄罗斯家喻户晓的艺术体操冠军、俄罗斯国家杜马美女议员艾丽娜·卡巴耶娃。

艾丽娜·卡巴耶娃身高1.66米，体重48公斤，是俄罗斯艺术体操界最著名的运动员之一。她于1983年生于乌兹别克斯坦，比普京小31岁。2002年，这位金发碧眼的体操玉女力压网球美女库尔尼科娃和体操"冰美人"霍尔金娜，被评为俄罗斯最性感的运动员。

2004年在获得雅典奥运会艺术体操个人全能金牌之后，卡巴耶娃宣布正式退役。2006年，卡巴耶娃改行成为一名模特，为多家时尚杂志拍摄过性感照片，并参与拍摄过一部动作电影。2007年12月的俄国家杜马选举中，卡巴耶娃和前奥运会冠军霍尔金娜、朱洛娃等5名艳光四射的美女，同时以"统一俄罗斯党"党员的身份当选国家杜马议员，并被西方媒体誉为"普京宝贝"。

早在2001年，卡巴耶娃便结识了当时的俄罗斯总统普京，从2006年开始，坊间陆续传出两人私通的绯闻。2008年4月，俄罗斯小报《莫斯科记者报》更是耸人听闻地宣称，普京已和发妻柳德米拉离婚，准备在同年6月与卡巴耶娃结婚。消息言之凿凿，甚至说出了大婚的时间地点。

一家俄罗斯网站甚至宣称，有目击者看到普京与卡巴耶娃在一家莫斯科高级餐厅中接吻，显然双方感情已到了如胶似漆的地步。随后普京和卡巴耶娃都怒斥这则报道一派胡言。一周之后，《莫斯科记者报》就被宣布停刊。

　　一波未平，一波又起。2009年5月，美国著名八卦媒体《纽约邮报》引述消息说，时年26岁的卡巴耶娃在莫斯科产下男婴，取名迪米特里。卡巴耶娃生下男孩后，向来大方的她却不愿意向媒体透露任何关于孩子父亲的信息，这使得俄罗斯媒体乃至欧美媒体都有了极大的好奇心及联想力。于是许多西方媒体开始穿凿附会，称这个孩子是普京的私生子，其中一个报道此新闻的网站用非常肯定的语气宣称："这个故事中最让人起疑心的部分在于，没有一个俄罗斯主要媒体报道了卡巴耶娃生子的消息。"并以此为证据，认定卡巴耶娃生的孩子就是普京的"私生子"。

　　2011年1月，俄罗斯版《时尚》杂志选用了卡巴耶娃为封面女郎。封面上的她双手叉腰，身穿一件价值2.1万英镑的巴尔曼品牌金色裙装，显得十分高贵。卡巴耶娃在接受该杂志采访时，首次正面回应了一直以来有关她与普京的绯闻。原来，这名传说中的"普京私生子"只是卡巴耶娃的侄子，并非人们猜想的她的亲生儿子。

　　卡巴耶娃笑答："自从我那可爱的小侄子阿赛尼奥来到我位于莫斯科的家中之后，所有人都以为我是这个小男孩的母亲。"不过在采访中，卡巴耶娃毫不掩饰对"强壮男人"的爱慕和渴望。她说："有的男人害怕强壮的女人，然而我中意的男人一定要比我更高大更强壮。"明显，普京并不符合高大这个条件。

　　身为俄杜马议员的卡巴耶娃在接受采访时也流露出其政治抱负，她说："世界上许多国家都拥有了女总统，因此我相信俄罗斯出现首位女总统同样指日可待。"耐人寻味的是，卡巴耶娃为何要在背上黑锅一年多之后才"公布真相"，撇清与普京的关系？由于时间过于敏感，因此一些西方媒体分析认为，卡巴耶娃选择在2012年俄总统大选来临之际辟谣，目的是为普京重返总统宝座铺平道路，而大选结果无疑证实了卡巴耶娃这次辟谣时机选择的正确性。

改变俄罗斯人的"豪饮风气"

　　在人们的传统观念中，俄罗斯是一个崇尚豪饮的国度，俄罗斯人大多爱喝烈酒。这个1.43亿人口的国家在20世纪90年代中期年均喝掉40亿升伏特加酒，换句话说，算上初生婴儿和耄耋老者，差不多每人每天"喝二两"。如遇亲朋相聚，宴请的起码规格是"桌旁几条男子汉，桌上几瓶伏特加"，席间在座的每个人都要干杯，如果不干就是瞧不起大家，容易招来别人的反感。久而久之，基本上每个俄罗斯人都练就了"千杯万盏会应酬"的豪饮功夫。

普京在度假时举杯畅饮，当然，他喝的不是酒，而是茶。

在苏联时期，伏特加酒税曾经高达预算收入的25％，相当于全苏联一年的国防经费。可以毫不夸张地说，当初令北约丧胆的苏联红军就是由全国酒民们赞助喂养的。在苏德战争打响后，苏联国防部曾经规定，前线士兵每天每人能获得100克伏特加的配给，因此苏联的伏特加酒厂一致认为，苏联之所以能打赢纳粹，靠的就是两样：伏特加和喀秋莎火箭炮。很多名垂青史的俄文学家和政治家都是嗜酒之人。

但是，这个给人留下海量印象的民族，其实并不适合大量饮酒，尤其是高度烈酒。相关科研结果表明，56％的俄罗斯人不具备分解酒精的因子，所以容易酒精中毒。酗酒也严重损害了俄罗斯的民族基因，在20世纪90年代，俄罗斯男子的平均预期寿命从63.8岁降到57.7岁，直到普京上台之后才逐渐恢复到59岁。

为了解决"豪饮"这个严重制约民族发展的陋习，俄罗斯和前苏联曾多次向酗酒宣战。苏联在安德罗波夫当政时曾把酒店开门时间从上午11点推迟到下午1点；而戈尔巴乔夫决心更大，他下达政令，明文规定限制酒类产量、大幅提高酒价、政府宴会上不许上酒等，甚至还曾出动过军队和推土机，推平了克里米亚、格鲁吉亚、摩尔多瓦和库班河流域的葡萄园。

然而这些努力到了叶利钦执政时期全都化为乌有，这位嗜酒如命的俄罗斯首任总统将酒类由国家专营改为放开经营，让国民敞开了喝，助长了俄罗斯人的豪饮风气。于是，酒价下降，酒产量大幅度提高，酒税收入却降为苏联时期的5％。而且喝酒误事，叶利钦曾经在飞往都柏林的专机上喝得沉醉不醒，只好临时取消同爱尔兰领导人的会晤。

事情在普京手里出现了转机，众所周知，普京不爱喝酒。他的理念是：喝酒可以，适度适量，而且尽量喝些低度酒。为了表明自己对俄罗斯人豪饮风气坚决反对的态度，在当总统前，普京经常在宴会上把杯中的酒倒入花盆里。

有一次，普京夫妇到柳德米拉的好友德国人皮兹赫家做客，皮兹赫知道俄罗斯人喜欢喝酒，就把家里珍藏的德国名酒摆到了饭桌上。然而普京却说，他从小对烈性酒就非常反感，只是在德国工作那几年，在朋友们的影响下，喜欢上了德国啤酒。但自从返回俄罗斯后，除非公事难以避开，否则他滴酒不沾。既然皮兹赫与柳德米拉情同姐妹，他也就不再客气，坚决不让皮兹赫把那瓶名酒打开。

普京的确极少饮酒。由于工作的关系，普京喜欢交朋友，也喜欢把朋友们带到家中。这时候，他就向妻子柳德米拉"下令"，把家里的酒和点心尽管拿出来，让朋友们喝个痛快。但普京本人只是不停地给朋友们倒酒，自己面前的酒杯连碰都不碰。好在朋友们知道他这个"毛病"，并不会强迫他饮酒。

2009年8月12日，时任俄罗斯总统的梅德韦杰夫和当时的总理普京在结束一天工作之后，到莫斯科索契沿岸街散步，然后两人走进了沿岸街的一家咖啡屋，找了个地方坐下后开始观看俄罗斯足球队和阿根廷足球队的友谊赛直播。在发现总统和总理到来后，咖啡屋内许多顾客纷纷涌上来请求与他们合影留念，这时他们发现了一个细节：在这样一种适合喝酒聊天的场合，普京和梅德韦杰夫的桌上竟然没有一瓶酒。

在普京个人魅力的影响下，俄罗斯的一些政治家也开始和"豪饮风气"进行斗争。俄罗斯共产党领袖久加诺夫一向喜欢白酒，不过他也开始对饮量自我控制，据他自己说，"绝对适量，不超过3杯"。至于由普京一手扶持起来的梅德韦杰夫更是他的坚决拥护者，曾经有媒体报道，梅德韦杰夫最喜欢喝矿泉水，只在极少情况下小酌一杯白葡萄酒。

不仅是自己不爱喝酒，普京还采用温和的方式，禁止全国媒体做酒类广告，不论是俄罗斯人的至爱伏特加，还是有钱人才喝的白兰地，或是不求买醉但求情趣的葡萄酒，都在禁止之列，甚至还包括了酒精度不高的啤酒。

在2010年1月13日，普京确定了由政府制订的反酗酒计划。根据这一计划，截至2020年，俄罗斯酗酒人数将减少55%，达到世界卫生组织规定的标准。普京将这一计划分为两个阶段，首先在2012年之前将酗酒人数减少15%。为此，俄罗斯政府开始对白酒实施最低限价，限价新措施已从2010年1月1日起生效。这项措施使得在俄罗斯市场半升装的伏特加，每瓶最低限价上升为89卢布，大约为386元人民币，这便意味着俄罗斯人要想喝到最便宜的伏特加酒，就得花上比原来多一倍的钱。现在看来，普京预想达到的第一阶段效果已经基本实现。

普京反酗酒计划的第二阶段是2013年到2020年。除了采取减少酒精产品的消费措施外，政府还将取消所有非法酒精产品市场，非法生产或销售酒精产品者将被追究法律责任。另外，国家还将严格限制发布酒精产品广告，并在全国开设预防和打击酗酒的专门机构，在各个居民区安排心理专家。这一部分构想怎样才能化为现实，则是普京在第三个总统任期内应当考虑的事情。

用柔道推动外交

在体育运动中，柔道可以说是普京的最爱。在处理繁忙国事的同时，他也没有放弃自己所钟爱的柔道锻炼。他曾说过："当我一踏上柔道垫，感觉就像回家一样。体育运动发展的水平无疑反映了国家的发展水平。不运动，就无法谈及健康的生活方式，同样无法谈及国家的兴旺。"

在普京心中，柔道从其礼仪到某些细节，都体现了人的教养因素。柔道不是一般的体育项目，它包含着哲理，以及对长者和对手的尊重。

普京是一位优秀的柔道运动员，有报道说："普京是世界上首位获得柔道高级段位的总统级人物。"20世纪70年代中期，普京就在苏联柔道界里崭露头角，不仅多次在苏联大学生运动会柔道项目上获奖，还一度成为列宁格勒市的桑勃式摔跤和柔道冠军，并因此获得桑勃式摔跤和柔道的大师称号。

普京让柔道这种力气活成了他的魅力标志。身着柔道服的普京总是显得如此自信、健康和阳光。毋庸置疑，柔道为他平添了不少个人魅力。

1973年，普京从一名学徒成为桑勃式摔跤教练，两年后成为柔道教练。在他的众多弟子中不乏优秀人物，其中包括曾两度获得世界冠军的桑勃式摔跤运动员阿布杜拉耶夫。为表彰普京的特殊贡献，苏联曾授予他"功勋教练"的称号。2005年12月初，普京又获得了一个新头衔——欧洲柔道协会名誉主席。欧洲柔道协会主席马里乌斯·维泽尔给他颁发了该组织的荣誉主席证书。此后，普京还写了一本名为《跟普京学柔道》的书，上市之后迅速成为畅销书。

中学毕业后，普京放弃了向体坛发展的机会，而是选择考入列宁格勒大学法律系学习。他当年的教练对此叹道，俄罗斯少了一位优秀的运动员，却获得一位出色的总统。当上总统之后的普京，还将柔道作为增进和到访国关系的重要方式。

有一回，普京在参加完持续3天的八国峰会之后，许多领导人都已身心俱疲，普京却依然活力充沛，在柔道场中发泄他那过人的精力和热情。当天，普京身边还有另一名柔道高手——日本柔道教练山下泰裕。山下泰裕是日本柔道界传奇人物，1984年获得奥运会冠军，并在各项柔道比赛中取得203场连胜纪录。山下现在从事教练工作，是东海大学体育教授。普京和山下本是旧识，两人在普京2000年访日时结识。此后，两人多次会面，言谈甚欢。普京再次访日时也与山下会面，并邀请山下赴俄访问。鉴于二人良好的关系，当时有媒体猜测，俄日两国有可能效仿数十年前中美的"乒乓外交"，搞一个"柔道外交"。2003年，山下曾组织过一场国际柔道研讨会，而普京和日本前首相小泉纯一郎均受邀出席。

出国访问，普京总不忘以武会友，通过体育展示俄罗斯领导人的魅力。到日本访问时，这位爱好柔道并且获得圣彼得堡市冠军的总统与一个不到14岁的小女孩比赛柔道，被后者摔倒后，也不失风度地表示认输。有人分析说，普京之所以会"败"给这个小女孩，就是想给日本人一个面子，让日本政府和民众消消气，因为他们一直没有能够从俄罗斯手里要回北方四岛。

恐怕没有人会认为普京真的不是日本小女孩的对手。败给年幼的女对手显然是普京刻意的选择。至少，在日本的柔道场上，俄罗斯总统要显示的不是力量上的绝对优势，而是对某种文化的共同认知。在人们从电视和照片上看到普京被摔翻在地的情景时，几乎没有人认为这是一种失态和错误，而更多地认识了一个坚定中有温和、强势中有灵活的俄罗斯领导人。

2002年，普京所著的《柔道：历史、理论和实践》一书在俄罗斯首次发行。2006年，美国伯克利的非赢利性出版社——北大西洋出版公司出版了该书的英文版。出版商格罗辛格说："普京的代理人是一位生活在美国的俄罗斯人，他找到了我们。我们接了这个活，因为我们认为这是一件有意义的事情。"对于自己著作推出英文版一事，普京也十分重视，他表示会亲自到美国展示柔道功夫。

普京喜欢柔道，并不只是强健体魄这么简单，他还在处理外交问题时充分运用了柔道中的哲理，并因此获得了巨大的成功。

2005年初，美国总统布什与普京举行了一次会晤。在会中，布什指责俄罗斯"民主倒退"，会谈期间一直在给普京上民主课，还宣称要将"民主"引向摩尔多瓦、白俄罗斯等俄周边国家。面对布什露骨的干涉，普京没有直接反驳，语气含蓄，呵护美俄关系之意溢于言表。

普京此举绝非"示软""服输"，而是一种胸怀世界的大格局。对普京而言，俄罗斯当前的核心利益是发展，是搞好经济，恢复国力。为达到这一目标，俄罗斯在外交上就必须避免与美国迎头相撞。自上台以来，普京就持续不断进行"战略收缩"，收起北极熊的爪牙，尽量向各方示好。用他自己的话概括，就是"保持大国间的战略平衡"，争取经济、技术和贸易方面的最大利益。

当然，柔道的精髓在于以柔克刚，在对手气势最盛时容忍退让，在时机成熟时一击绝杀。而普京和俄罗斯自然也不会在国家外交中一味退让，尤其是牵涉到自己的底线时。

2011年下半年，叙利亚局势动荡，美国航母抵达叙利亚水域附近，西方大国酝酿用武力干涉叙利亚局势，在这关键时刻，普京挺身而出，代表俄罗斯向世界宣布保卫叙利亚的决心："俄罗斯政府已下定决心阻止外界对叙利亚进行军事打击，俄罗斯首先要做两件事，一是俄罗斯海军舰队前往叙利亚，向叙利亚提供海对空导弹以及对海上和空中进行监测的先进设备；二是俄罗斯决定，必须保护叙利亚，要向外界发出强烈信号：对叙利亚动武就是对俄罗斯宣战。"

一旦涉及俄罗斯的国家安全底线，北极熊便向世界露出了自己锋利的爪牙，用强横的姿态告诉世界：俄罗斯绝不会退后一步。

当忍则忍，忍无可忍便无须再忍，这就是俄罗斯的柔道外交，这便是普京的柔道哲学。

Part 2

草根本色：
普京不为人知的青春岁月

平民出身，家境贫寒。少年时代的普京没有多少背景，有的只是坚持、坚韧、坚定，与一颗刚刚萌芽的强者之心。他知道自己需要什么，以及可能会需要什么，并为此"时刻准备着"。

第一章
CHAPTER1

平民出身，平凡起点

应当说，我比许多同龄人都幸运，因为我能亲身感受到父母对我的关怀和呵护。这一点对我至关重要，因为这使我能够健康成长。

——弗拉基米尔·普京

家庭，普京的第一座堡垒

普京出生于一个平凡的家庭，对此，他从未有过些许隐瞒。

普京的爷爷斯彼勒道恩是位技艺精湛的名厨，而且有着许多不寻常的经历。第一次世界大战后，他应邀到莫斯科郊区哥尔克镇工作，为当时住在那里的列宁及其家人做饭。列宁逝世后，斯彼勒道恩被调往斯大林的一个别墅，在那里又工作了很长时间。退休后，他在莫斯科市委伊林斯科耶休养所又当了好多年厨师。斯彼勒道恩的妻子，普京的奶奶奥利娅则出生于一个很普通的家庭。为了躲避"一战"带来的动乱，斯彼勒道恩一家人不得不迁移到小城特维尔附近。在那里，奥利娅生下了普京的父亲弗拉基米尔·斯皮里多诺维奇。

弗拉基米尔·斯皮里多诺维奇（也被人称为老普京）和普京的母亲玛丽亚·伊万诺芙娜在特维尔城的舞会上相识，最终共结连理。此后，除了战争这一不可抗拒因素，两人基本上没有分开过。

老普京不苟言笑，表面看似乎有些冷淡，但深深地爱着普京，并且十分关心普京的成长。至于母亲，她对普京更是舐犊情深，处处围着他转。玛丽亚先前生过两个孩子，但不幸都夭折了。41岁那年，她才生了普京。因此，普京被称为"迟到的孩子"，是父母的掌上明珠。据普京自己说，"这辈子除了我，母亲没有其他任何追求。每件琐碎小事都时刻体现着她对我的这种疼爱。"

此外，特别值得一提的是，普京的外貌和舅舅彼得·伊万诺维奇·舍洛莫夫生得一模一样。但所有的熟人都异口同声地证实，弗拉基米尔·普京的性格和生活态度都是不折不扣的老普京作风。这一点，我们可以从普京童年时期的好友那里得到证实。维克托·鲍里先科如是评论普京父母对于其性格的深刻影响：

"玛丽亚·伊万诺芙娜是一名普通的俄罗斯妇女——这是对她最好的褒奖。她从不要心眼儿，善良的眼神宛如一泓清澈的秋水。普京在与人谈话的时候，就会时不时地流露出这样的眼神——您要是仔细瞧瞧，一定会发现这一点。

"弗拉基米尔·斯皮里多诺维奇是个非常严肃，做事专注且规规矩矩的人。他并不是个封闭的人，只是不喜欢毫无意义的闲聊。这个特点，依我看，在小普京身上也可以看到。他也是个少言寡语的人。的确，他性格上和父亲有很多相似之处。两个人都性格坚毅，都能够在瞬间决定自己的意志。"

然而，这个平凡的家庭带给普京的，除了善良沉稳、严肃专注、内敛且守规矩等性格上的财富外，并无其他财富或者权势上的助力，甚至可以说有些清贫。普京出生后，他们一家就局促地窝在巴斯科维胡同里的20平方米的公用房间里。用水时还不得不用木桶把水从一楼提到五楼。甚至还有大老鼠沿着楼梯乱跑乱窜，孩提时期的普京常常在地板上追赶这些大老鼠，有时候他还会和小伙伴们把被赶到角落里的老鼠扔到人群里。有一年，普京到科米自治共和国一个建筑队参加了一次义务劳动，回来后，才买了第一件新大衣。此前，他甚至连一件像样的衣服也没有。但这只是那个时代普通人的生活缩影。其实，家道清寒、生计窘迫的何止普京一家，那时的俄罗斯差不多家家如此。在列宁格勒市内，家家户户住的大都是公房。居住条件有的好些，有的差些，但各家的生活水平大致都不相上下。

家庭，就是普京的一座堡垒。可以说，这是他最大的优势。虽然当时的普京还没有清楚地认识到这一点。很显然，在父母心目中，最为珍贵的是普京这个人。年少的普京曾看着身边一个个家庭走向破裂、解体，其中许多是因为男主人毫无节制地酗酒而酿成的。他亲眼目睹这种悲剧，最初是

普京：家是我的堡垒，父母心中最珍贵的就是我这个人。

在他家所在的那栋有众多住户的大杂院里，而后则是在学校里。因此在普京看来，他所处的家庭环境是最好的。父母所做的一切都是为了使他生活得更好。正是有了他们，普京才能拥有一个良好的人生开端。对他来说，这无疑是非常重要的。

大杂院里的侠客

普京的童年是在大杂院①度过的，这也是那个年代苏联大城市里的孩子们最为普遍的经历。在大杂院里，小普京和伙伴们玩各种和他们年龄相符的游戏，例如：踢足球、藏猫猫儿、玩绿林好汉和"勇士"决斗等。他和那个时代的其他孩子们一样，借以了解世界的窗口不是什么电视机或者收音机，而是大杂院。在大杂院里，普京成了维护公正、无视权威的小侠客。

大杂院的孩子们之间，打架是常有的事。而一提起打架，小普京最有精神。普京也承认自己小时候经常打架，但被问到原因时，已经成为国家元首的他却笑着说"现在我也说不上来"。

在同龄人眼里，小普京经常打架很大程度上是因为一种对"权威"的无视，对公平和正义的追求和维护。对此，他的同学和大杂院里的玩伴都这样评论：（普京）从没有惧怕过谁，一旦看到有谁欺负人，他就会毫不犹豫地加以干预，即使是面对比他年龄大的孩子也一样。

小学最初几年，普京的体力并不出众，但所有的朋友们都强调，普京童年时有很好的战斗素质和坚韧精神，当然这也是大杂院里培养出来的。但他从没刻意想过要当孩子王，也从来不想用武力压制别人。

当时普京的同班女同学奥莉加·丹尼洛娃（沃尔科娃）在面对记者追问时证实了上述说法："尽管瓦洛佳（普京的小名，也是昵称）总能保护自己并维护公正，必要时，可以把比他大的两三个家伙打得落花流水，但他从来

---

① 指当时的一种特殊住房使用机制：即多户人家共用一套单元房，而由于文娱活动的匮乏，孩子们幼年时多聚在院子里，形成了一种复杂而原始的大杂院"生态"。

不依仗自己的力气第一个侵犯别人或给别人施加压力。外在的朴实和内心的尊严在他身上得到了完美的结合。"

普京的班主任老师薇拉·德米特里耶芙娜·古列维奇对他有类似的印象："他身材虽小，但却是个非常灵活和顽强的孩子。他从来都不是弱者，总是很善于保护自己。他自己不惹事，但要是谁惹了他，他会马上还以颜色。一打起架来像个小老虎似的，所以，他的脸上经常是青一块紫一块的。"

不过，自从普京在五年级开始正式学摔跤后，就变得稳重起来了。但为了保护自己或者维护公正，有时他还是会打架的。

对普京来说，童年时的打架经历虽然大多是孩童之间的胡闹，但对他的性格不无影响。他至今还清楚地记得自己在大院里第一次打架的情形，他从中归纳了几点"正儿八经的有意义的教训"。普京坦承这次打架错误在于自己，他这样描述这段回忆：

"可站在我面前的偏偏是个不起眼儿的丑八怪，所以我以为可以对他无礼。但是，当我挨了打，我马上明白这样做是不对的。我的结论是：不论对谁都不能这样，应该尊重别人。这是一个非常具有'典型意义'的教训！"

从这些坦率质朴的话中，我们看到了一个和普通人并无多大差异的普京，他也曾经犯错，也曾经有刻意不尊重人的念头。而他和大多数人不同的是，他可以即刻反省，并坚决改正，尽管当时他还只是一个小孩子。

此外，这次毫无还手机会的打架经历让普京从此明白，在任何情况下——对也好，错也罢——都应该做个有力量的人，这样才有可能回击别人；并且要随时做好准备，出手要快，这样才能给予侮辱自己的人最强有力的回击。但是，不到万不得已时，一定不要轻易卷入任何一次争斗。而当无路可退必须还击时，则一定要把战斗进行到底。

可以说，普京的这次打架经历对他强势性格的形成有着非常深远的影响。从此以后，普京成为了一个"时刻准备着"的人。他以自己的自信和强势，在以后的任何一次"战斗"，不管是打架，还是后来的政治博弈中运筹帷幄，鲜有败绩。

同时，普京从小就养成的这种正义和公平的理念，对他以后的成长很有益处。不论是后来在克格勃时对人命的珍惜，还是其当选总统后的亲民形象和强国富民思想的提出，儿时这段充满"侠客"风范的经历无疑已经是一种公正意识的萌芽。

政治上的大龄学生

普京是大杂院里长大的孩子，在大杂院里生活，接受大杂院里的教育。街头生活这种类似热带丛林的自由放任塑造了少年普京的一套自我评价标准。

于是刚上学时，普京成了"一个不听话的孩子"，当然也不会遵守学校制定的各项规章制度。学校是个有规有矩的地方，那里有明确的行为准则。就像一个在热带丛林长大，初到另外一种规规矩矩环境的所有人一样，他感觉自己像是被关在了鸟笼子里，非常不舒服，于是开始"挣扎"，试图冲破这个"牢笼"。这种"热爱自由"的叛逆行为理所当然会引起老师们"理所当然"的反应，同样，老师的一些行为他也不喜欢。于是，对抗开始了……

六年级之前，普京的学习成绩只能算是不好也不坏：2分①没得过，能让父母高兴的5分也不常得。期末考试时，3分、4分最为常见。不过，他课余时间照玩儿不误，成绩在他心目中也就那么回事儿。

据他当时的班主任薇拉·德米特里耶芙娜回忆，班级45名学生里，只有两三人不是少先队员——这两三人中就有普京。薇拉·古列维奇曾经是普京的德语老师，讲到普京时，她说道："他个头不高，非常活泼好动。课间休息时就没见他好好走过路——就是跑。给人的印象就好像他可以在一个课间跑遍全校的所有楼层。课堂上，小普京也老是坐不住凳子，不是往窗外望望，就是朝课桌里看看。不过，小普京脑子好使，记忆力特好。"

维克托·鲍里先科、格里戈里·海利克曼和维亚切斯拉夫·雅科夫列夫等普京的年少好友们则用"多动症"来形容他的活泼：让他捧着一本书，老

---

① 5分制是俄罗斯从苏联时期沿用至今的教育体制打分标准。按照"5分制"的定义，1分是基本单位，2分不及格，3分中等，4分良好，5分优秀。但实际上，很少有老师会吝啬到只给1分，2分也非常少。

老实实坐完一节课对他简直是莫大的惩罚。

而所有这些的原因在他们看来，大多源自少年普京一种极强的求知欲。周围的生活——汹涌澎湃、五光十色的世界——吸引了普京的全部注意力。他把功课、学校，还有其他一切与学习相关的东西统统放到了第二位。他坚信，课堂上学到的东西就足够了，没必要再花费更多的精力。也正因此，普京的学习成绩极为一般，甚至可以说是中等偏下。

少年普京把自己的生活分成泾渭分明的两部分：没有什么意思的——学校时间，和非常有吸引力的——校外时光。

在平时对普京管教颇为严格的老普京很少去学校看望，更不用说去开家长会，也很少就孩子的教育问题和学校老师进行有效沟通，只是简单地在儿子的成绩册上签字。这无疑给了普京更大的自由空间，普京也利用这一点尽情享受着自由自在的时光。

每天中午放学后，小普京冲回家急急忙忙吃口饭，就马上到院子里去玩儿。他所有的课余时光都是与小伙伴儿们一起度过的。低年级时，在父母的严厉要求下他只能在院子里玩儿；等到大一点后，他就顺着小胡同跑到其他的大杂院里玩去了。那里的孩子们玩得更热闹、更起劲儿。直到老普京要下班了，他才磨磨蹭蹭地离开小伙伴，抢在父亲进家门之前回到家，然后装模作样地打开书本做功课。

然而，让所有人吃惊的是，一上六年级，小普京竟然开始认真地学习了。同学们都知道小普京从小就是个非常独立的人，所以他的转变绝不可能是棍棒教育的结果。"想靠武力强迫他做什么事情是根本不可能的，"维克托·鲍里先科回忆说，"能够从根本上影响他的人只有一个——那就是他自己。从这个意义上说，弗拉基米尔·普京是个自己造就了自己的人。这是我在经历了二十余年的友谊后才认识到的一点。"

对于他的转变，当时朋友们都认为是他厌倦了自己的成绩总是一般，以及内心萌生了对知识的渴望的结果。然而联系到普京不久之后转入281中学所必须面临的入学考试，则似乎还存在另外一种更直接的原因——考试压力。

无论怎样，普京开始认真学习，他利用课余时间大量读书，学习成绩也开始明显上升。终于，"政治上的大龄学生"普京在六年级时戴上了红领巾。而且，不久之后的一次班会上他被全班同学选为少先队的中队长，一夜之间就从一个"从未有过少先队组织生活的人"成了班级少先队组织正式的领袖人物。不过，他本人对此并没有任何奢望，更没有"伸手要官儿"。这完全来自于全班同学的坚持，用当前的话讲——这完全代表了民意。这里我们也可以看到普京当时的好人缘。

强者心态的萌芽：尝试各种体育运动

有一位俄罗斯心理分析家在自己的网站上创作了一幅普京的心理学肖像。他认为，在少年时代对各种体育活动的尝试和执著是普京对自己没有信心的表现，但从现在看来，这些爱好更像是普京强者心态的一种萌芽——无论什么时候，都要让自己处于绝对的强势地位，为此，自然要做出许多努力。体育，姑且也算是这些准备的一方面吧。

少年时代，普京开始尝试各种体育锻炼。一般的活动项目，他都能够以很快的速度上手。

普京在回忆这段日子时并不讳言自己当时进行体育锻炼的初衷。他坦承自己曾经有过要保住孩子王地位的想法，或者更确切地说，他必须为了以后可能出现的竞争对手做准备，以保住自己在大杂院和学校里的"强者"地位，永远当个成功者。而要达到这个目的，在同龄人年纪渐大，身体发育和心智渐渐成长的情况下，光靠强硬手段和无赖习气是不够的，必须得真有些体力和技能才行。基于这种想法，普京先学了一阵儿拳击，但在一次练习拳击对打时，他的鼻子被打折，于是，拳击练不下去了。

至于随后他为什么会选择摔跤，普京是这样解释的："（鼻子受伤之后）不久，就出现了一些表现桑勃式摔跤[①]和柔道运动的电影。这些东西渐渐变得时髦起来，而且光听名字就让人感到好棒。最初几次训练我还记得，我在我们训练队里体力上不算最好的，但我的确有种不服输的精神——不论

[①] 这是苏联人综合本国各民族摔跤的特点，并加入一些擒拿自卫技术而创立的一种摔跤。

做什么事，不论对手有多强壮。这就是我的第一个目标。"

而在普京的好友鲍里先科的回忆中，普京练上桑勃式摔跤则纯属偶然。1965年的一天，普京和鲍里先科放学后一回到家，就开始往各家体育俱乐部打电话。当时正值多雨的10月，"按兴趣"招生的工作都已经结束了。于是在最后一通电话里，他们开始跟教练软磨硬泡，终于教练答应让他们第二天来俱乐部找他。就这样，他们认识了摔跤教练阿纳托利·拉赫林。

当时，普京想要锻炼自己的愿望无疑是非常强烈的。为此，他甚至在第一次和教练谈话时谎报了年龄。就从那天开始，每天放学后，普京和鲍里先科都是急急忙忙扒几口饭，抓起训练用的东西就往俱乐部赶。

在拉赫林眼里，普京刚到运动队时，在身体素质和摔跤技巧上并没有什么出奇之处，却拥有着无比强烈的学习意愿，总想要比别的孩子多练一些，这或许也是普京强者心态的一种表现。

普京勇敢、机灵、有活力又肯下功夫，让他从新手中脱颖而出，引起了拉赫林的注意。的确，任何一名教练都会把对运动项目的热爱和不怕吃苦的坚强意志放在评价弟子的首要地位。

当时的教练不仅仅关心学员的身体成长，还很关注他们的学习成绩。学员必须随身携带成绩册，以便随时向拉赫林汇报学习成绩。而且当时队里的规定非常严格：不管你是谁，如果你在考试中得了2分，很抱歉，请你回家认真读书，什么时候成绩提高了，什么时候再回来。如此一来，体育训练并没有影响普京正常的学习，恰恰相反，他对桑勃式摔跤的爱好实际上促进了他的学习。

而对普京来说，这种类似未雨绸缪的准备似乎并无用武之地，因为他从来不在没有学过防身技能的同学身上使用自己辛苦学来的摔跤功夫。这也从一个侧面表明了普京对自己的准确认知，他清楚自己的技能，也会正确评价它，而且认为无论如何不该随意炫耀。

普京和队员们的关系很好，正如拉赫林所说，那是一种纯粹的人与人之间的关系。普京对待所有人都是一视同仁，从来不欺负任何人，在拉赫林的回忆中，甚至没有他和队员发生冲突的记录。

可是一走上铺着地毯的训练场地，普京却总能展现出一种非凡的韧性。

他从不妥协，每场比赛都竭尽全力，付出百分之二百的努力和专注。就算是打不赢的比赛，他也不肯轻易认输，总是坚持到最后，就像时刻要战斗到最后一刻的雪豹。而比赛一结束，他就会立即恢复到原来的形象——善良、温和、彬彬有礼。

拉赫林教练这样评价普京的这种状态："我认为这是一个人的最高境界——上了比赛场就变成斗士，走下地毯马上就恢复那种哲人和思想者的状态。他就具有这种惊人的品质。"

不论是场上还是场下，普京从来不曾出现过于明显的情绪化表现。这当然不代表他打赢了所有对手，体育就是体育，没有永远的胜利者。然而，即便输了，他也会表现得很平静。甚至在摔跤队队友们的印象中，似乎从来没见到普京紧张过。

无论如何，少年时代的普京走上街头，学会了摔跤，并且总是第一名，因而孩子们很怕他。和同学在一起时，他会把周围的风险承担起来，同痞子、无赖摔跤，同邻居摔跤。因为此事，他三番五次地受到父亲老普京的责罚。所有这些经历，都或多或少地在他的性格特征上留下了一些痕迹。由此普京很早就学会了掩盖自己的情绪，遇事能够不动声色。他头脑冷静敏锐，几乎总是能够准确地判断危险的方向和脱离的方法。他的强者心态在此时也初见端倪，他坚强自信，永不服输，而且从不轻易卷入是非，但是一旦下了决定，就一定要成功。对于他来说，不管是各种体育活动，还是后来的努力学习，无不是为自己储备力量，让自己能够时时成为一位强者。

第二章
CHAPTER2

学校里的风云人物

普京总是很独立，任何时候他都绝对不依赖别人。他总是这样：看似和大家在一起，其实总是稍稍保持着距离，就像个局外人一样，从第三者的角度观察自己参加的这些活动。

——鲍里先科·维克托

出乎意料的选择——281中学

八年级毕业后，在全班同学都决定进入197中学继续学业时，普京为什么会转入化学类的实验学校281中学？要知道，他可没有当门捷列夫第二的兴趣，这一点从他之前和后来的经历中不难看出。关于这个问题的答案，众说纷纭，却终究没有定论。

"就想到那里去上学！"每当有人问到普京为什么会选择281中学时，普京总是这样回答。至于具体动机，他却从未细说。

这是普京性格中的一个特点，他会向别人宣布自己对某件事情的最后决定，但却从不向别人解释这个决定的原因，这和他父亲老普京的性格非常相似，都是只讲决定，从不多做解释。

281中学当时在圣彼得堡算是一所比较注重教育质量的学校，不仅作为优势学科的化学课内容要比其他学校深得多，其他课程的教育也都相当超前。而且，这所学校宽松的学习环境对学生们接受教育和正常成长都是非常必要的。自然，281中学对学生入学成绩的要求较高，所幸普京的毕业成绩中没有三分，因此很顺利地被281中学录取了。

有人猜测，这是希望儿子成为工程师的老普京夫妇坚决要求的结果。但也有人说，这种选择完全是普京自己的决定，而完全相信儿子的老普京夫妇，并没有提这样那样的建议来让儿子为难。

在同学中和普京一起进入281中学的只有两人：雅科夫列夫和伦津。而据雅科夫列夫回忆，他选择281中学，完全是普京"撺掇"的结果。这样看来，普京的这一选择，应该更倾向于个人意志的结果，甚至还可能早有预谋，因为照他六年级以前的成绩，是无论如何无法进入这所学校的。

进入281中学后的普京，已逐步成为一个典型的"斯拉夫男孩"①。和小

---

① 斯拉夫人是指欧洲各民族和语言集团中人数最多的一支，分为东斯拉夫、西斯拉夫、南斯拉夫人。俄罗斯属于东斯拉夫。

学时相同，普京仍旧是那个既不显山也不露水的极为平常的学生，并没有给当时的老师们留下过多的印象。而据他的同窗好友雅科夫列夫回忆那些年的学习生活："他（普京）可真是纯粹来学习的：上学——上课——回家。他和谁也不深交，也根本就没有时间交朋友。体育运动才是他的一切，所以，一放学他就急着往训练场赶。"

在同学们中间，中学时代的普京只是一个普通的"斯拉夫男孩"，并不惹眼。

普京非常爱好文学，理科科目的成绩则并不突出。在文学课和历史课上，同学们无不为普京回答问题时的"深度和个性"所折服。一位女同学这样描述当时的情景："每当老师叫普京回答问题时，我们就小声或打手势求他把时间拖得长一些，好让老师没有时间问其他同学。他差不多总能有求必应。"甚至有一次，普京应同学们要求，竟然和历史老师聊了整整一节课。在这些有趣的细节中，普京那种豁达、不拘小节的心境一览无余。

在281中学，普京的德语水平得到飞速提高，这当然也要归功于当时他对德语的兴趣和一直以来的不懈努力。

此外，他突然对当时刚刚列入学校教学大纲，以马列主义的哲学和政治经济学为主要内容的社会科学基础课产生了兴趣。他第一批参加了政治通讯员小组，积极参加政治晚会，关注国际形势，并大胆发言。由此，他还担任了281中学的政治时事宣传员[①]，这可是当时每个中学都必不可少的大人物，也是整个中学时代最令普京自豪的一件事。而同学们都说，普京现在那出众的表达能力就是在那时锻炼出来的。同时，定期向全校师生通报近期的国内和国际政治事件，并要配上合适的评论，也让普京对政治时事的敏锐度和大局观得到了启发和挖掘。许多年后，普京的中学校友们仍旧能从正在发表演说的普京身上看到当年那个瘦小的男孩的影子。

他的同学这样描述："他讲话时惯用的手势、他的面部表情、他得意时的浅笑，以及他在无人注意时的窃窃一笑，和当年没什么两样。"

---

① 是指在当时苏联的政治环境下，负责定期向各个中学师生通报近期的国内外政治事件并配上一定评论的人员。在苏联，政治时事宣传员在各中学地位很高，一般由本校学生担任。

　　而且，在做政治时事宣传员的时候，他明白了许多为人处世的道理——永远不要让别人成为你的敌人，也不要和太多人表现得过于亲近。所以当年的普京虽然对大家的态度都十分友好，却没有亲近任何人，他仿佛对谁都一样，根本无法从表面上分辨出哪些是他的朋友，哪些是他的敌人。

　　中学时代的普京就已经非常独立，他绝对不依赖别人。他总是这样：看似和大家在一起，其实总是稍稍保持着距离。参加活动时，他就像个局外人一样，从第三者的角度观察这些活动。而且，他不论对什么事情总有自己的看法，有时他会把它说出来，也可能放在心里不说。这种独立，无疑对他日后的政治生涯助益匪浅。

少年普京就有了沉默内敛、独立专注的成功特质。

列宁格勒大学里的"5分学生"

　　列宁格勒大学，今为圣彼得堡国立大学，1724年创建，坐落于涅瓦河北岸，和冬宫遥遥相对，是俄罗斯最早，也是世界上最优秀的大学之一。建校百余年来，这所大学培养出各方面的优秀人才数以万计，在世界上享有盛誉。其最优秀的毕业生包括——俄国资产阶级临时政府总理克伦斯基，苏联的创始人、伟大的无产阶级革命导师列宁，另外一个就是本书的主角弗拉基米尔·普京。

　　不只是现在，在普京中学毕业的时候，列宁格勒大学同样是有志学子积极投考的最热门高校之一，而法律专业则更是该校最热门的专业之一。列宁格勒大学法律系每年的招生考试都极为残酷。在普京报考的时候，其法律系报考人数和录取学生的平均比例是20：1。这还不算什么，那一年最热门的国际法专业比例更是高达40：1。经过残酷的筛选淘汰，普京终于如愿以偿进入了这所大学的国际法专业中，开始了他的大学生涯。

　　然而，据相关调查显示，普京中学毕业的成绩如下：物理、化学、几何——3分（及格），地理、语文、文学——4分（良好），历史、体育和德语——5分（优秀）。

　　也许这份成绩并不能显示普京的真实水平，但可以肯定的是，仅凭这份成绩，普京无论如何也无法进入列宁格勒大学最热门的专业。对此，有人认为普京沾了当时苏联高考制度的光。对此我们不予置评，但无论如何，普京从残酷的高考竞争中脱颖而出，雀屏中选。

　　有人说，这件事对于身为工人阶级的普京一家来说无疑是一件大喜事。然而，事情恐怕没有那么简单。普京的父母一直梦想着儿子能够成为一名工程师，而普京却固执地挑选了法律专业。在这个问题上，普京曾经和父亲老普京爆发过极为激烈的争执。

　　列宁格勒大学法律系的门槛如此之高，父母那里同样阻力重重，普京为什么一定要坚持己见呢？为了克格勃！这是他的朋友、同学甚至他自己后来也承认的事实。

　　大学时代，普京学习非常刻苦。在校期间，他的各科成绩都是5分，用他的话讲就是："我用5分说话！"

　　在列宁格勒大学，校园文化生活极为丰富多彩，堪称世界大学之最。夜晚来临，各系都要组织各种晚会或各种各样的聚会。但是，在这些活动中却很难看到普京，这个时候他通常正躲在宿舍或者教室里看书。后来，聚会改在宿舍里举行，他就把阵地转移到了图书馆。看着他专注的神情，没有哪个同学忍心打扰他或拉他去参加什么晚会。

　　在当时的列宁格勒大学，只有最有天赋的学生才能被允许这样学习。而在普京那一级的法律系只有10名学生能够获得如此宝贵的学习机会。这种学习方式要求学生拥有高度的自觉性，而这无疑是普京最不缺少的。

在当时的社会环境下，列宁格勒大学中的每一个人似乎都对时事政治有着浓厚的兴趣，普京也不例外。他的毕业论文就是《论国际法中的最惠国原则》。年轻的普京从当时苏美关系缓和、经贸往来增多的政治现象中敏感地捕捉到了经济生活中最为关键的问题，表现出他政治嗅觉的敏锐和政治见解的独到。

尽管学习和体育占据了普京绝大部分的时间，他却依然拥有非常好的人缘，这不得不说是普京人格魅力的作用。他的大学同学列昂尼德博罗霍夫回忆说："我马上就喜欢上普京了。我这样说，并不是因为他现在是总统。事实上，他是个朴实的小伙子，一看就知道受过良好的家教……别看他年纪轻轻，为人处世却非常有分寸，从不强人所难。第一次见面，我就被他折服了。据我的观察，我确信，这个年轻人不会出卖朋友，不会挤兑人，不会暗中使坏，也不会踩着别人的肩膀向上爬，对我来说，这才是最重要的。"

大学最后一年，突然有一天，普京开上了属于自己的小汽车。当时，他对惊奇的同班同学说："这是我抽彩赢来的。"但仍旧有许多人猜测这部汽车是"克格勃"送给他的见面礼物。直到许多年之后，普京才在一次记者招待会上肯定，汽车是他母亲赢来的。与其说父母赢了车，不如说他们贴上了自己的家庭收入，把买来的轿车让给了自己的儿子。而且，这件事也并没有发生在大学最后一年，而是三年级的时候。然而，事实上，当时的普京完全有能力自己负担这笔钱。他和朋友在建筑队里，一个夏天每人就能挣到1000卢布。普京本人在《第一人：普京自述》中，描述了工作结束后，他和好友到黑海狂欢的情景。而据普京的老同学维克托·鲍里先科回忆，普京从建筑队回来时，带回来了500卢布，并马上用自己挣到的第一笔钱到点心店里买了一个最大最漂亮的蛋糕送给母亲，玛利亚感动得泪流满面。

普京23岁时，以优秀的成绩大学毕业，可以有足够的资历被称为法学家。同时，他念念不忘的愿望也终于实现了：神秘的克格勃向他打开了大门。

钟情于摔跤

上大学之前，普京的桑勃式摔跤成绩就已经达到了成人甲等，并达到了运动健将的候选资格。在教练的心目中，普京是一个有目标的人，他一步一步把自己教育、培养、造就为一名运动员，更重要的是为自己缔造了一种完整的个性和有目的、有规划的人生。

上大学之后，普京并没有放弃摔跤。学习之外，他最大的爱好就是摔跤。他曾经拒绝了列宁格勒大学里"海燕"体协的邀请，而是回到阿纳托利·拉赫林的摔跤队中继续训练，并经常参加比赛。对于普京没有改换门庭这件事，摔跤队教练拉赫林至今仍旧非常自豪。

按照普京的理解，摔跤除了健身作用外，自有其独特的乐趣。在摔跤场上，狭路相逢勇者胜这句话并不可靠。比赛时，必须千方百计与对手周旋，力求消耗对手体力，准确判断其战术意图。同时，也必须有足够的耐心和敏锐的战斗触觉，在难熬的僵持中默默忍耐，抓住对手每一次最微小的失误或破绽，以自己全部的力量迅速出手，将对手摔倒在地，夺取胜利。

可以说，摔跤比赛是运动员双方综合实力的一种较量，胜者既是强者，更是智者。

在普京看来，摔跤比赛中这种只以成败论英雄的游戏规则和做人的道理相通。他通过这种运动挑战自我、磨炼意志，从而铸就了在复杂条件下迅速准确判断形势的能力、坚强的意志以及少有的冷静和耐心，这些也是他以后在克格勃和政坛手舞风云的重要基础。

众所周知，体育界的最高荣誉是奥运会冠军，为了实现这个梦想，拉赫林摔跤队的队员们决定改练柔道（柔道是奥运项目之一，而桑勃式摔跤不是），后来也参加一些柔道比赛。柔道和桑勃式摔跤这两个运动项目有很多相似之处，他们的差别只在规则和教学方法上。一般来说，体质强壮的人适合摔跤，而轻快、灵活的运动员更适合练柔道。

无论是摔跤还是柔道，普京都训练得非常刻苦。在赛场上，他得到了无

在训练场上，普京从不妥协，他总是付出百分之二百的努力，战斗到最后一刻。

数的荣誉，也得到过无比的痛苦。大学二年级时，普京的一位朋友——刚刚掌握桑勃式摔跤动作的一位新手，代表学校参加比赛，却不幸颈椎受伤，几天后就离开了人世，而这位朋友正是经普京说服才同意上场比赛的。

普京为这件事感到非常痛苦、压抑。据普京的朋友维克托·鲍里先科回忆："大概就是在那一天吧，我第一次见识了另一个完全陌生的普京——严肃、冷峻，像雕像一样面无表情地站在那里，然后在墓地里痛哭了很长时间。"据了解普京的人讲，普京平静的外表下存在着真挚浓烈的情感，不过多数情况下都被他的冷静自若掩盖了。

每个人的一生都有一个转折点，能否在这样一个特殊的关键时期把握住命运的契机，实现人生层次的提升，是历来教育家们不断研究的课题。

青年时代的摔跤运动，让普京培养出一种果敢而坚定的性格，造就了一个永不服输的自我，同时也带给他许多真正的挚友。不论是荣耀还是痛苦，这些经历本身就是一笔真正的财富。

初遇恩师索布恰克

谈起普京在政治上的辉煌，就不能不提到一个人，那就是安纳托利·索布恰克。可以毫不客气地说，索布恰克是普京一生真正的贵人。

普京说："他是我一生的恩师。"这句话有两层含义。

首先，在名义上，索布恰克确实曾经担任普京的大学老师。但更重要的是，在普京前途未卜之时，是索布恰克把他带入政界，为他打开了另外一条更加适合他的权力之路。

关于普京和索布恰克的初次见面，有人说是在普京二年级时，有人说是在普京三年级时，但这些都无关紧要，因为此时的普京和索布恰克并不能预见到将来的一切。毋庸置疑，这时候两人的心目中对方都未必能占据多大的地位，也就仅止于互相熟悉，互有好感而已。但不可否认，正是这份熟悉和好感，成为了后来两者政坛上并肩作战的契机，由此可见命运之奇。

当时刚刚30岁的索布恰克是列宁格勒大学的副教授，在法律系主讲经济学，是普京的经济法老师。

在当时的列宁格勒大学，索布恰克大概是惟一的一位持不同政见者。1973年，他曾经为一篇关于国有财产非垄断化问题的学位论文进行辩护。但不幸的是，此举让他的直接领导大为恼火，并因此导致这个学生直到10年以后才领到自己的学位证书。而据普京讲，索布恰克是一个有独立思想的知识分子，他更倾向于民主。有人认为，普京在那个时候就感到从他那里能够获得一些更好的支持，因此有意和索布恰克保持联系。但根据当时的社会环境和普京自身的境遇，这个说法并没有多大根据。我们完全可以猜测，当时的索布恰克，在普京的眼里，只是一个稍稍有些特异思想的老师而已。

在列宁格勒大学，普京曾与索布恰克有过很多接触。据索布恰克回忆，他曾给普京上过《经济法》专业课和四个学期的《民法学》公共课。而索布恰克还是普京的大学毕业论文指导教师，普京的那篇得"优"的论文《论国际法中的最惠国原则》，就是由索布恰克主持审查的。由此看来，当时两人的课下交流和切磋的机会必然不少，两人关系无疑还是很密切的。但当时索布恰克和普京并没有建立起太深的友情，他们只是彼此心存好感。这点从索布恰克的回忆中可以看出来。

"普京当时很普通，和其他学生没什么两样。他的表现并不特别引人注目，而且他也不愿出风头。但他学习成绩很好，并且已经表现出了他所具有的那种果敢、顽强的特点。"这也从侧面证实了当时普京并没有多大的兴趣去刻意亲近这位思想"另类"的老师。

但几年之后，两师生再次聚首时却已经大大不同，两人的关系渐渐转变为政治上的共同利益者。

然而，除了政治上的利益之外，对这位导师和领路人，普京心中无疑也有着极为深厚的感情。在后来索布恰克遭到政敌陷害攻讦时，是当时已经身在叶利钦身边的普京不顾可能存在的政治风险，毅然伸出援手，把索布恰克送到了国外。后来也是普京努力斡旋，终于让自己的老师一圆回归故土的夙愿。而让人惋惜的是，索布恰克终究没有看到普京的高升，在普京即将正式成为俄罗斯总统之前就离开了人世，时年63岁。

第三章
CHAPTER3

理想远大：我的未来我做主

有生以来，需要我倾尽全部赌注为之一搏的情形有过几次，这次就是其中之一。我要么彻底完蛋，要么现在就做决定，一切都自己做，然后就会出现自己所希望的人生中的一个新阶段。

——弗拉基米尔·普京

《盾与剑》和普京的间谍梦

下面是一些非常有趣的资料，几乎一字不差地摘自俄罗斯一本有名的著作。这里我们设置一个小小的伏笔，让大家可以发挥充分的想象，去猜一猜这些文字中的主角是谁。

——工人家庭出身，独子，父亲希望他能子承父业到工厂工作；

——同学们对他早就想当一名侦察员一无所知；

——父亲为祖国战斗过的经历，让他更加明白侦察工作对国家安全的重要性；

——为了成为一名侦察员，少年时代就每天早上坚持做操，此外还有目的地在柔道运动队学习柔道；

——他的外貌符合侦察员的特殊需要，这无疑对今后的工作大有裨益；

——为了侦察工作，他不得不同心爱的姑娘断绝关系。这是一个艰难的选择，他必须自愿放弃最珍贵、最爱的人；

——他痴迷于歌德，此前还曾专门学过化学；

——他曾在封闭的、专门的职业侦察员学校学习过，他曾经像个苦行僧一样拒绝一切可能影响自己的诱惑，只为了专心学习专业知识；

——他有很强的判断力，而且冷静而清醒；

——他曾经认真地练过体育。因为他认为，身体素质是今后职业生涯中能经得住高强度和超常规的体力和脑力消耗的必要准备；

——尽管他在音乐方面"绝无天赋且愚钝"，但还是花费时间去试图理解音乐的真谛，以期对未来的工作有所帮助；

——他练过跳伞；

——开始时，他心目中的侦察员全都是丰功伟绩。不过，随着工作的不断深入他终于明白，这项工作由无尽无休的耐力和警觉构成，他的成就靠无数件日常小事换来；

——他除了有侦察员所需的组织能力、行动能力等职业天赋外，还能慧眼识人；

——他的记忆力和自制力都非常卓越；

——他学过德语，惟一一次国外工作经历在德国。

看过以上资料后，相信很多人会大胆推断这里所说的主角就是普京。然而，你错了！这段文字和普京无关，它是作家瓦季姆·科热夫尼科夫在《盾与剑》小说里用来描写主人公、苏联侦察员约翰·魏斯的。这部小说于1965年发表，当时的普京只有13岁。也正是那一年，普京开始从事体育活动。而当普京满16岁时，由这部小说改编的同名电影上映……

普京当年一位朋友的回忆说得非常到位："我们读《盾与剑》都入了迷，一连翻阅了好几次，电影更是场场不落。那时，我们白天谈论的、夜里梦到的都是侦察员。"

毫无疑问，文艺作品中赤胆忠心、疾恶如仇、智勇双全的英雄形象，深深地感染了年幼的普京，于是，他放弃了成为一名飞行员的理想，做出了决定自己一生命运的选择：当间谍去！到克格勃当间谍！因为，在他心目中，一个人能办到一支军队办不到的事情，一个间谍可以决定上千人的命运。这种刺激，是每个做过英雄梦的少年都难以抵挡的诱惑。

当时的普京很坚定，他在一篇作文《我的理想》中写道："我的理想是做一名间谍，尽管全世界所有人对这个职业都不会有任何好感，但是要报效祖国和人民，我一定要去做一名出色的间谍，用自己的恶名去换取敌人的失败，用自己的牺牲去赢得祖国和人民的胜利。"这篇立意远大、论述精彩、言简意赅的作文让普京当时的老师大感震撼，同时也证实了普京确实在少年时期就萌生了去克格勃当间谍的理想。

普京想到克格勃去做对外侦察工作，并不是一时心血来潮，而是经过深思熟虑的决定。瓦西里·舍斯塔科夫——普京的队友和朋友——的回忆可以印证这一点。"在体育队集训期间，普京利用训练的间隙认真备考。为了大学毕业后去当侦察员，所以毫不犹豫地在体育和学习之间做出了选择：要把学习摆在第一位。"

维克托·鲍里先科记得也很清楚，当时，在普京的桌子上摆放着一幅侦察员的照片。普京后来证实道："这个人是杨·卡尔洛维奇·别尔津。"作为列宁时期苏联情报机构格鲁乌的开创者，杨·卡尔洛维奇·别尔津是契卡曾经非常著名的侦察员，此人在当时普京的心目中，是当之无愧的人生榜样和国家英雄。

相信受当时文学作品和社会氛围影响，当年的小伙伴中，梦想成为侦察员的大有人在。然而，在这些小伙伴中，只有普京把这种梦想坚定下来，并积极付诸行动。而在其他人的眼里，去克格勃当间谍就好像是去火星旅行，也只能当做一种不切实际的幻想来对待。

第一次接触克格勃

还是少年的普京确立了自己的理想，并当即将其付诸行动。于是，他就直接去了克格勃接待处——黎基易内大街的4号大楼。这里设有克格勃的管理机关，列宁格勒市里的很多人都曾经想方设法接近这里。

"我想在你们这里工作！"普京要求。

但使他伤心的是，如他本人后来所说的，按照当时的年龄，他还没有被吸收到克格勃工作的资格。

从普京后来的回忆中，我们可以还原事情的经过：

那是秋天，正在上九年级的普京第一次来到了克格勃大楼。当时整座大楼都是封闭的，他转了转，发现门口站着一个人，于是就向他询问加入克格勃的相关事宜。

那人告诉普京，这事儿得找接待处。

"接待处在哪里？"

"在柴可夫斯基大街。"

但当天接待处没有开门，普京只得记下接待日和接待时间，以期改天再来。

而普京真正被接待，却是他第三次拜访之时。

接待者是一位军官，普京告诉他自己的要求，并问他有没有这种可能性，要是有的话，自己该为此做些什么。

对方回答说，他们通常不接收这种自告奋勇者。他建议普京最好读完大学或者服满兵役，因为国家安全部的专门学校只接收当过兵的人，闲散人员一概不要。

于是普京又问："最好是什么大学毕业？"

"法律专科学校或者大学法律系。"对方回答说。

虽然后来无缘再见，但普京一生都非常感谢这个人。因为对一个普通的男孩子，他并没有简简单单"打发"了事，而是选择在自己的办公室里和他面对面地交谈，并提出几条中肯的建议。正是这次经历，让普京少年时代的梦想有了实现的可能。从此，普京几乎就是沿着这个方向努力，可以说，这一趟，普京真正地不虚此行。

而这个人的态度为什么这样亲切，却并不是巧合，更不仅仅是普京的幸运。

据接待普京的安全局军官尼古拉·叶戈罗维奇回忆，那一天他值班，职责就是接待来访的每一位公民。而当时接待处所在的这座大楼对每一个市民来说都不陌生，老百姓管它叫"大房子"。来访者形形色色，有神经兮兮的告密者、绝望的喊冤者、抱怨住房不公的申诉者、打击报复的造谣者，甚至还有疯子。

每个涉及社会接待工作的反侦人员，都战战兢兢，期待自己值班的前一天不要放映关于间谍和侦察员的电影。因为电影放映的第二天，他们一定会迎来一大批心里失衡的来访者。这种情况在《神秘的复仇者》《盾与剑》《死亡季节》等电影之后愈演愈烈，来访者向克格勃大楼的军官们报告他们发现的大量线索，仿佛每走一步都会发现外国间谍的丑恶嘴脸，甚至街坊邻居的一些举动也有了某种讳莫如深的含义。军官们通常只是口头上答应采取措施来打发这些病态的怀疑者。而当天的尼古拉·叶戈罗维奇刚开始显然也把少年普京看作了这样一名浪漫的告密者。但是，当站在他面前的这位个头不高、淡黄色头发、一身新校服的少年递过自己的身份证和团员证，并直截了当地问，要想在克格勃工作，需要上什么学校时，他非常惊讶。

尼古拉·叶戈罗维奇马上想到了克格勃新任掌舵人安德罗波夫在最近的机关秘密会议上宣布的决定，即克格勃各部门要在国内高校选拔有前途的毕业生。他当然不可能向一个中学生和盘托出机关的政策，但他告诉这位上进的少年，最好考大学的法律系。事实上，对于当时还仅仅是一个少年的普京而言，这就足够了。

尼古拉·叶戈罗维奇确信，这个小伙子还没有达到进入总部的条件。但是他回到办公室后，仍旧将来访者的名字、普京父亲的名字、来访时间以及谈话的简要内容和持续时间等记在了专用的笔记本上。

而普京离开克格勃的接待处之后，又去了一趟列宁格勒大学的法律系。他看了法律系的位置，系楼的外表、办公室和教室，法律系的课程计划、考试科目等，此后就开始一心准备考法律系了。他抛弃了化学、物理，开始专心学习文学、语文和其他必须的科目。

当时的普京知道，自己没有谁可依靠，一切只能靠自己；只有坐下来学习，日夜不停地"啃"书本——重要的是他已经知道需要学习什么了。而父母已经为他受到教育尽了最大努力，在他的克格勃梦想上，帮不上一点忙。如此一来，除了一条路——那就是靠自己去考，他没有任何其他机会！

对于这一点，普京后来说："所以，我面临的只有两种选择：做或者不做。"

以生命为赌注，冲破阻挠

任何伟大梦想的实现都并非易事，都会面临巨大的阻力和困难，普京的间谍梦也一样。当他朝着自己的梦想前进，并不懈努力的时候，周围的人都很不理解。

前面说过，普京的父母曾经一度梦想着儿子成为一名工程师，因此最早的时候，都说要儿子考取一所专科学校，但也只是偶尔提及，并没人天天念叨这件事。

然而，当普京宣布自己要考大学的决定时，父母都很不理解。

拉赫林教练也建议普京上"劳动"体协所属的列宁格勒五金制造厂技校，这样就可以和队员们一直在一起了。拉赫林甚至向老普京夫妇承诺，普京完全有机会免试进厂技校，根本没必要犯傻气冒险考大学，更何况一旦考不上大学，马上就得去参军。

这些话让父母开始向普京施加压力了，他们毕竟不想让自己惟一剩下的一个儿子上战场。

从当年克格勃和老普京接触时的谈话，我们可以稍窥这位年迈的父亲对儿子的珍惜："瓦洛佳对我们来说就是一切。我们已经失去了两个儿子，这您是知道的。他已经是我们的全部希望了。战争胜利之后，我们才下定决心要这个孩子。我们这辈子就算这样了。现在，我们老两口就是为瓦洛佳活着……"

于是，普京在努力啃书备考的同时，要承受来自两方面的压力：在训练场上，是拉赫林的劝说；回到家，是父亲的命令和母亲的哀求。

这样的僵持持续了一年，普京一直坚持自己的决定，三个最亲近的人无计可施，只好威胁普京："闹不好你要去当兵的。"

"没什么可怕的，当兵就当兵。"

普京的回答并没有出乎他们的预料，因为他的性格就是那样，决定了就不会轻易更改。当时，他们并不明白，去部队当兵离普京的既定目标虽然远了点，但也并不影响他的最终计划。

普京后来曾经感叹："有生以来，需要我倾尽生命中的全部赌注为之一搏的情形有过几次，这次就是其中之一。要么彻底完蛋，要么现在就做决定，一切都自己做，以期人生中出现自己所希望的一个新阶段。"

普京最后坚持住了自己的意见，并克服了各种其他程序上的障碍，顺利进入了自己所希望的法律系，离自己的间谍梦想更近了一步。

大学期间，普京盼望已久的愿望终于实现了——一位克格勃官员和他接触，要求他第二天到指定地点会面。第二天，普京怀着急切兴奋的心情等了很久，才等到了这位克格勃官员。他一见到普京，就开门见山地说明了吸收普京进入克格勃的意愿，并且意味深长地指出，他们需要的并不是任何类型的大学生法官，而是一个有前途的"镜头或画面"。确实，在当时来说，在克格勃工作非常体面，待遇也很高。在法律系，除普京外，只有3个学生得到了这种机会。

但是，还有一种说法，克格勃的名声毕竟不大好，法律专业的毕业生更多的是立志成为一名检察官或法官，所以许多同学对于成绩最好的普京选择加入克格勃十分不理解。他们当时并不知道，普京选择列宁格勒大学法律系，就是奔克格勃去的。

无论以上哪种说法成立，事实证明，普京的意志无疑都是非常坚定的。大学毕业后，他终于如愿以偿地进入了克格勃。他依然和少年时一样执著于自己的理想。他相信，摆在自己面前的是热烈的生活，他根本没有具体想象这项工作的鲜明性和趣味性究竟如何。

人生的另一种可能——体坛冠军

在上大学之前，普京在赛场上的成绩就非常好。上大学之后，普京把学习放在了第一位，而体育是次要的。但是，他并没有完全放弃体育训练，也正是在这几年里，他在赛场上取得了一个接一个的好成绩。

1970年，参加列宁格勒高校锦标赛。

1971年，参加列宁格勒青年桑勃式摔跤锦标赛。

1972年，第一次走上柔道赛场，参加世界青少年柔道循环赛。

……

下面简要地列举了普京当时在体育赛场上取得的一些战绩：

波罗的海地区青年锦标赛——第一名；

列宁格勒市青年锦标赛——第三名；

列宁格勒市成人冠军杯赛——第五名；

列宁格勒市高校冠军杯赛——第一名；

"劳动"志愿者体育协会中央理事会锦标赛——第三名，获得桑勃式摔跤项目"体育运动健将"称号。同年，获柔道项目体育健将候选人资格。

1974年的"大会战"中：

维尔纽斯的"扎尔基里斯"体协中央理事会锦标赛——获得好成绩；

塔林的"卡列夫"体协中央理事会赛事——第三名；

基什尼奥夫的全苏成人循环赛——第三名。

这些赛事水平都很高。

1975年的列宁格勒个人赛——第三名。获得柔道项目的"体育健将"称号，这时候普京仅仅23岁。

据拉赫林教练回忆，1976年，身为克格勃军官的普京最后一次上场，参加了列宁格勒市冠军杯赛。之后，他就急流勇退了。我们可以推断，在普京看来，当时的他已经在体坛得到了自己应该得到的东西。同时，可能是因为工作忙或者其他原因，他在后来不仅基本没参加比赛，就连训练也越来越少了。

对于这种结局，他的教练拉赫林非常痛心。

普京在短短几年中，向人们展示了一种近乎惊人的体育才能。他就像一位大师一样完美地做好所有动作。同时，据他的教练和队友回忆，普京在体育方面还有一个与众不同的特点，那就是所有动作不分左右，他都能做得一样好。这和拳击比赛上对选手左、右拳，左、右腿力量和技巧的均衡要求一样。而普京的这种天赋在运动员中是极为少见的，意味着他在体坛的前途无可限量。同时，他性格上的优势——耐性极佳、头脑冷静、意志强韧等，对于他在体坛上的发展也会有很大的促进作用。

拉赫林非常惋惜地说："假如他（普京）继续练柔道，我坚信，他不仅能够成为全苏联第一名，还能成为整个欧洲的冠军。"

我们完全可以想象得出拉赫林的这种遗憾，因为普京毕竟是在他刚刚在体坛崭露头角的时候就退出了这个领域，让一切可能都画上了句号。甚至我们可以更加大胆地做出这样一种推断，如果普京继续沿着这条路走下去，将会走得很远，因为硬件、软件条件他都已经具备。但是，普京就是普京，他做出了最佳选择，于是世界上少了一位冠军，却多了一位优秀的特工，而这位特工后来当上了俄罗斯的总统。

Part 3

初露峥嵘：
从克格勃到总统的铁血蜕变

1975年，苏联的触角伸入东欧和中亚，普京进入克格勃；

1991年，苏联解体，普京退出克格勃，踏足政界；

2000年，俄联邦内忧外患，普京当选总统；

……

一个人，和一个国家，在历史的长河中，屡屡碰撞出一种相同的声音。普京，关键时刻总是会选择这个国家；而俄罗斯，在必要时刻，也选定了普京。

第一章
CHAPTER1

从克格勃做起：
普京鲜为人知的特工生涯

它是一个独立机构，不受政党控制，亦脱离议会监督。如果说该机构也有意识形态，那这个意识形态就是致力于实现国家稳定和秩序。如今，效力于此的人们，不仅将自己看做是克格勃的继承者，更自视为当年沙皇秘密警察的继任者……

——《普京与俄联邦安全局的权贵之路》

克格勃——神秘的特工组织

俄罗斯的情报人员可谓历史悠久。最早是16世纪就出现的负责侦察并扫除叛徒的沙皇禁卫军，他们黑衣黑马，系在鞍上的狗头和狼尾扫帚象征着他们的使命。

苏维埃政权初期成立了"肃清反革命和怠工特设委员会"，简称"肃反委员会"，又称契卡，由列宁的战友捷尔任斯基担任首任领导。当时该组织针对的是国内各种反对势力和敌特的猖狂破坏活动，尤其是各种对领袖的暗杀活动，"以红色恐怖压倒白色恐怖"，这在当时是自然而然的事情。

契卡成立之初，普通民众对其工作还比较配合。曾经有过这样一个小故事：一名外国间谍不小心将文件掉在地上，就被当地居民揭发。当时，契卡领导人捷尔任斯基就说过："你的被捕是一种必然，因为你面对的不只是契卡，还有广大群众雪亮的眼睛。"但到了20世纪30年代，随着契卡在"肃反"期间制造的大量冤假错案，其声誉在民众心中急剧下降，而且引起了人们的极度恐慌。当时的情报首脑贝利亚让人做梦都怕，用中国一句老话来说就是甚至可以止小儿夜啼。契卡的种种过火行为，给这段历史留下了许多痛苦的痕迹。

1954年3月，苏联特工组织改名为苏联安全委员会，简称KGB，也就是克格勃。

冷战时期，民众开始用一种非常复杂的心态来看待特工。一方面，特工的种种特权让人羡慕；另一方面，特工无处不在，凌驾国家机关、决定人生死祸福的莫大权力又让克格勃一度成为"恐怖"的代名词。

当时曾经有过这样一个笑话，说的是考古学家发现了一具木乃伊，但是无论如何无法弄清木乃伊的年龄。事情交到了克格勃的手中，几位特工忙了一早上，就得到了很肯定的答案："查清楚了，3147岁。"考古学家震惊地问道："你们是怎么知道的？"特工指着木乃伊回答："很简单，他招了！"

克格勃历史上最有影响力的领导人之一：尤里·安德罗波夫。他最后走上了苏联权力的巅峰，曾经致力于把克格勃渲染成为各方面的精英组成的组织。

克格勃在当时承担着十余项各种不同的功能：收集情报、守卫边疆、保护领导人、打击谍报活动和持不同政见者、密切监控方方面面的苏联人民生活等，从教堂到军队他们无处不在。甚至当时任何一名有幸在俄罗斯境内旅行的外国人，都会被当地克格勃成员跟踪。

克格勃的触角在当时伸向四面八方，大学、工厂等等无孔不入，但它却一直受到苏共的严格监督。

苏联解体前的克格勃机构设置大体如下：

第一总管理局：负责国外情报，在全世界建立了广泛的情报网，开展各种活动。

第二总管理局：负责反间谍。

第三总管理局：负责军队内部的反间谍工作。

第四总管理局：负责克格勃的交通运输。

第五总管理局：负责监视并清除各种持不同政见者，20世纪80年代末改为保卫宪法制度总管理局。

第六总管理局：负责经济安全。

第七总管理局：负责户外监视和跟踪。

第八总管理局：负责通讯和密码。

第九总管理局：负责领导人的安全保卫。

第十总管理局：负责管理档案。

第十二总管理局：负责窃听。

第十五总管理局：负责通讯检查和信号情报。

第十六总管理局：负责政府机构保密工作。

　　此外，还有边防军总管理局和克格勃高等学校。克格勃认为，间谍可以被培养出来，任何人都能在系统培训之后成为一个真正的高级间谍。

　　当时的克格勃实际上成了国中之国，它渗透到了国内的所有领域和部门，能够控制社会生活的所有方面。克格勃的最后一任主席巴卡京指出："克格勃成为这样一个不受监督和控制、只听命于最高领导层的超级机构，它的末日也就为期不远了。"

　　苏联解体后，俄罗斯继承了克格勃的相关机构，并改名为联邦安全局（FSB）。

　　苏共之后，俄罗斯特工机构和当权者尤其是总统的关系变得扑朔迷离。先是克格勃的领导人弗拉基米尔·克留奇科夫参与策划八月政变。随后是鲍里斯·叶利钦极为小心地应对特工机构，致力于削减其权力，瓦解其机构，并在这些机构之间设立矛盾，维持一种脆弱的节制与平衡系统。

　　到普京执政后，克格勃出身的人有很多都受到重用。据俄社科院估计，俄政要中至少25%有"浓厚的克格勃背景"。而俄罗斯各类大型公司中的领导职务也有许多由"克格勃退休干部"担任。据统计，普京第一任期结束时，重要职位的官员中有一半都是"戴过肩章的人"，其中包括总统顾问、政府部长、联邦区总统代表、州长等。相应地，百姓对特工的看法也发生了极大的变化。

　　而这些克格勃的储备人员的大量上位也是普京饱受西方和国内反对势力诟病的一点。

　　安德烈·索尔达托夫、伊琳娜·博罗甘在《普京与俄联邦安全局的权贵之路》中这样描述当前俄罗斯神秘的特工组织：

　　"它是一个独立机构，不受政党控制，亦脱离议会监督。如果说该机构也有意识形态，那这个意识形态就是致力于实现国家稳定和秩序。如今，效力于此的人们，不仅将自己看做是克格勃的继承者，更自视为当年沙皇秘密警察的继任者……"

　　该书认为，在普京掌权几年后，联邦安全局不受议会节制，也没有竞争对手，早就不是简简单单克格勃的再生，而是在前克格勃成员的庇护下，进化得更为强大。

谍报行业的"白领阶层"

1975年，年轻的普京实现了自己7年前几乎孤注一掷确立的目标——成为克格勃的间谍。普京最初想干的是情报工作，可开始却被分到了第二总局，即反间局。理论上来说，这也是自然而然的，因为当时占据克格勃核心地位的第一总局，即普京梦想中从事对外情报工作的机构人员，都是不折不扣的"白领阶层"，每612个克格勃军官中才产生一个对外情报军官。毫无疑问，普通的克格勃工作人员若是想直接进入第一总局不啻一步登天，当然不是那么简单的事。

第一总局下设8个分局，3个办事处和20个科。在第一总局供职的情报人员之所以被称为谍报行业的"白领阶层"，原因大致为以下几点：

首先，身为克格勃的对外情报人员，不仅前途远大，有充足的机会深入到"铁幕"①背后，从而"完善自己的职业经验"，同时，对外情报人员的物质待遇也颇为丰厚，可以在很大程度上改善家庭日常生活的物质状况。

而且，只要没有被所在国反间谍组织"解密"，这种境外"出差"时限一般会长达6年。如果在出差期间表现上乘，在不曝光的前提下"进入名流行列"，就可能会为将来的升迁埋下伏笔。接下来，他们分管的直接领导及莫斯科方面的头儿们会下一个最终鉴定，决定他们是否继续升职。如果上述的种种规定都遵守得好，和领导的关系处得也不错，那么谍报人员回国工作两三年后大有可能重新得到这份美差，再次被派驻国外。如果此次的境外情报工作仍旧保持出色的成绩，不仅升职机遇充足，还会因超期服役享受提前晋衔的待遇。

而正是这些物质、职位、军衔方面的利害关系形成了一种无形的诱惑，再加上当时的克格勃内部同样承袭了苏联官僚体制效率低下的缺点，许多被派驻国外从事间谍工作的情报人员就只是简单地把西方媒体上的信息作为从"线

---

① 指的是冷战时期将欧洲分为两个受不同政治影响区域的界线。

人"那里得来的敏感情报发回国内。

克格勃内部也存在着赤裸裸的裙带和人脉关系。最聪明和最优秀的人才往往被埋没，人脉最深厚者才能够获得提拔。负责监控军队系统贪腐的克格勃成员，往往本身就是贪污分子。同时，克格勃组织当中，内争成风。第一总局对其他的反间谍部门官员不屑一顾，认为他们目光短浅，如同井底之蛙。总之，当时的克格勃并不是铁板一块，而是在各种内争和冲突之下处于四分五裂的状态。

这种情况也使得克格勃内部的对外情报机构从20世纪50年代开始出现了形形色色的关系户，他们通常都和政府或党内的一些高官沾亲带故。克格勃中这些"被提拔的人"都在背后被叫做"多毛汉"，意为借由高官亲戚们"多毛的手掌"到境外出差，因此搭设一条升迁捷径的人。这些关系户通常都在一些驻西方发达国家的大使馆里坐享高官厚禄，其实根本没什么建树。几年以后，他们回国，稍事休整就又重新被长期派驻国外。

如此一来，克格勃内部必须时不时清理整顿这种臭名昭著的"任人唯亲，裙带关系，卑躬屈膝"的工作作风。但这也正说明情报机关已经渐渐地被从内部腐蚀了，出身平民的军官想出人头地都非常困难，更不用说到"开化的西方"去过把瘾了。

当然，上述种种，普京在遥远的1975年并不知晓，他当时正沉浸在对神秘的间谍世界的神往和想象，以及终于能够踏足其间的兴奋和踌躇满志之中。

初入克格勃

前面说过，克格勃列宁格勒分局（YKF6）被市民戏称为"大房子"。这座九层建筑的第六层就是普京梦想中要进的情报机关：列宁格勒分局第一处，第五层则是反间谍处。所以说，普京还应该"更上一层楼"，才算得上真正实现自己的梦想。

然而实际上普京刚进克格勃时连第五层都没能上去，而是先去了克格勃设在"特务城"的一所封闭式间谍培训学校——"401"学校。但培训刚一结束，普京就从反间谍部门转到了情报部门工作，也就是说，普京不费吹灰之力就从第五层上到了第六层。而这次工作调动，则完全取决于他自身过硬的能力和素质。

他在情报部门的领导如此评价普京给他的第一印象以及后来在工作中的表现："如果我不喜欢弗拉基米尔·普京，他也就不会到我们这儿来工作。……我们选拔干部是很谨慎的，非常谨慎！……情报工作向来要求视野开阔的知识分子，最好精通外语。这还仅仅是一般标准……弗拉基米尔·普京非常干练，凡事上手很快……他头脑冷静，善于和人打交道，对人一视同仁，和同事相处融洽……我首先发现他具备严密的分析能力，在采取措施之前能深思熟虑，做出充分的准备。这一特质使他脱颖而出。此外，他对待工作认真负责，从来不用催促……是的，我们从事的是分析工作，这一点用不着隐瞒。弗拉基米尔·普京具有优秀的分析头脑，要是不能很好利用这一点，对于我来说，简直是渎职。"

从另一个侧面，我们也能证实普京在列宁格勒分局工作时的出色表现。当时只有少数杰出的克格勃人员才能得到局长亲自授权签发的"掩护证明"。而列宁格勒的"掩护证明"就是当地刑侦部门的工作证。1980年春，普京和妻子初遇时顶的就是"刑侦处"的名头。

普京当时具体的工作内容显得颇为神秘，即使是他在列宁格勒的老同事对此也没有明确的答案。他们说："老实说，对他工作的方向和结果，我一无所知。这是我们奉行的金科玉律——即使同处一室，也永远不要打听别人在干什么。这也不是什么新规定，而是早就在情报界流传的不成文的戒律。"

在列宁格勒工作期间，普京很好地锻炼了自己"和人打交道"的能力。不光是自己的同事，他还和克格勃其他部门或者外部的朋友保持联系。当时列宁格勒分局的办公室里只配备一部话机，据普京的一个同事回忆，普京曾"毫无顾忌"地用电话和"工作以外"的朋友联系，谈话内容更不乏"个人问题"。

而据说普京当时曾经接受过这样一项任务，即接近西方国家公民，从中发现可以接受招募的人。于是当时25岁的普京很快就与自己的同龄人——大学生们共谋大事了。他用怎样的方式来诱使外国人为克格勃情报机关工作呢？毫无疑问，最简单的方式就是敲诈：通过一些巧妙的手段诱使那些外国大学生犯罪，然后以把他们驱逐出国的借口进行威胁，从而顺利和他们签订为克格勃工作的"合同"。相对而言，寻找那种在审慎思考之后准备同克格勃共事的人，则是一件特别困难的事情。

任何一个在当时到列宁格勒学习、出差或旅游的欧洲人，都可能与一位个头不高、淡蓝色眼睛、随身携带一块体育塑像的男人发生过联系。他相当拘谨，但有时也可能让人产生某些愉快的感觉，譬如装扮成对西方的政治和体育生活中的某些事件非常感兴趣的工程师。

但让人吃惊的是，今天，当时曾经与普京发生过联系的外国人，没有一个公开吐露过这个有趣的、模棱两可的话题。究其原因，很可能是普京在自己的同胞中间太普通了，那些人回国之后，关于普京的情况也很快被淡忘了。普京曾经不无自豪地说，当时获得的经验对他一生都有用。在那个年代，他成为了一个"专门从事与人打交道的真正专家"。

在克格勃的列宁格勒分局工作期间，普京和两个同事结成了非常亲密的友谊。25年之后，三人在俄罗斯国家政权中占据高位，更是在新世纪初，主宰着整个俄罗斯的命运。普京担任总统，而他的两位密友塞尔盖·伊万诺夫、尼赫拉伊·巴特鲁舍夫则分别担任安全委员会书记和联邦安全局局长。

工作归工作，军队系统的任何一名军官，都不能停止"深入自我修养"，否则好事还没开头，仕途就将断送。由于普京的工作能力突出，很快就被派到克格勃列宁格勒分局附属的外语短训班，后来更是被派到莫斯科红旗学院培训，这是他走上对外情报工作的转折点。

对于这一点，普京在情报部门的直属上司说："普京去情报学校参加培训的批文也是我签署的。放走这样一个出色的工作伙伴确实挺可惜，但是我们都很清楚，他那时已经是少校，虽然在我们局里也很有前途，但是发展空间毕竟不大。"

所以，1984年，普京就去莫斯科学习了。

红旗学院的普拉托夫

世界上多数国家都有专门的特工培训机构。发达国家对此尤其重视。这些机构通常按照特殊的大纲在几年时间里目标明确地培养专业谍报人员。不同国家的大纲虽然各有特色，但原则却是基本相通的。苏联的克格勃有这样一种理念：特工可以被培养出来。任何人都能够被培养成一名真正的训练有素、业务娴熟的高级间谍。红旗学院就是克格勃培训谍报人员的专门教学机构。

普京在红旗学院学习的那个训练部，曾经被学员私下里叫做"尤尔马拉"。

红旗学院的学员们学习的内容各不相同，具体哪个学员会学习什么，并不由学院决定，而是由那些来自第一总局各办事处的"买主"们决定。

第一总局干部处从现役的情报军官中选拔人员去红旗学院就读，这些候选人会被一纸特殊指令召至莫斯科。在培训开始之前，第一总局有意向的各办事处（他们是潜在的雇主，在情报系统被叫做"买主"）会对这些候选人进行审查，决定哪些人适合自己部门的工作。他们会在培训期间密切关注此人的动态，同时被确定的军官对自己将来的工作方向也能够有个大致概念。

当时的普京化名为普拉托夫——这是红旗学院的习惯，每个学员都有自己的化名，学习和德国相关的经济、政治、体制、政党等等各方面的课程。事实上，从那时起，普京就知道自己毕业后会被派往民主德国或者联邦德国。

其实，学院的考验从学员们一踏进"尤尔马拉"的门坎儿就开始了。没等学员们熟悉一下新环境，四处看看，相互认识一下，他们就被送到了一个空降师，接受了一个月的特殊训练，训练主要是体能和战斗素质方面的。

据普京当时的同学吐露，由于普京在学员中军衔较高，所以被指定为班级指挥官——普拉托夫少校。指挥官的职责就是组织同学，监督学习。简而言之，就是在训导者面前对所有班级成员负责。

在当时许多同学的回忆中，普京给人的第一印象并没有什么特别之处。

只不过一身长大衣，戴宽檐礼帽，手里一把手杖似的长柄雨伞，让他看起来更有欧洲绅士的味道，像是一名十足的品位不凡的知识分子。

至于学习内容，则涉及到克格勃驻外情报机构所属各个国家方方面面的信息，但是个人有个人的方向——有民主德国、联邦德国、奥地利、瑞士等。他们必须对自己被分配到的国家进行深入研究。譬如该国国内甚至国外大大小小的知名公司，该国政治家的生平和世界观。政党派别等就更不用说了。其他诸如土地、立法等一个国家政治经济涉及到的所有方面都要进行很细致的学习研究。

许多人认为境外谍报人员就是在路上鬼鬼祟祟，四下张望，然后乘人不防突然把文件之类的东西塞进一个秘密地点。其实并非如此。谍报工作主要是通过线人获取有用的信息，而招募线人更多的是源于人与人之间合情合理的某种关系，只有以此为基础才能发展业务联系。而红旗学院所培训的显然就是情报人员的这种能力。整个学习和训练系统不仅教会情报人员独立地做决定，还要学会负责任。因为他们很可能会在以后的工作中遇到许多复杂的境遇，根本就没有人、也没有时间商量，必须果断地作出判断，雷厉风行。

同时，这些训练除了课堂讨论和讲座，还包括和许多有多年实践经验、见多识广、处理过各种复杂事件的资深谍报人员见面，以接受他们的实战指导。

在训练和学习之余，普京非常喜欢读文艺作品。根据他的同学回忆，他读的书很多，而且喜欢躺在床上读。

而多数同学则认为普拉托夫少校是一个聚精会神的人。他从外表上看并不怎么起眼，但着装整齐，神态端庄，书卷气十足。

学习归学习，分配归分配。无论如何，在红旗学院接受训练的每一个军官，心底都会暗自盘算，希望一毕业就能够出国去工作。因为这所学校正是严格意义上的一扇"通往国外的门户"，所以大家这么想也无可厚非。另一方面，国家花了血本培训他们也并不是为了把这些人"锁在"国内。所以，每个军官都很自信，认为自己一定能够被派去国外。

关于分配，普京当时的同学，后来的诺沃谢洛夫少将这样说：

"我们的分配？的确非常有意思。我和普京当时都是'孤儿'。"所谓孤儿，指的是那些没有监护人，毕业后不知何去何从的学员，这是情报行业的戏称。而当前面曾经提过的"买主"们和学员交谈过后，普京才明确了自己的去向。至于去国外工作，则通常是在具体的分局工作一段时间以后的事了。

至于普京为什么会决定去德国，诺沃谢洛夫少将给出了答案。他说他原本计划去德累斯顿，他先前的一名同事在那里担任领导职务，答应接收他。然而，富戏剧性的是，在毕业前夕，他被第一总局第四处中途"截获"，并同意接受他们提供的新工作。

于是他就和普京推心置腹谈了一次，并说："瓦洛佳，现在就是这种状况，你替我去那儿吧。"

于是普京就这样去了德累斯顿，开始了他在德国6年的谍报生涯。

在民主德国的6年秘密活动

民主德国时期，德累斯顿集文化古城、科技研究（特别是原子能）中心、重要工业城市为一身。

普京带着全家来到德累斯顿。他们的住所和工作驻地都在德累斯顿的安格利卡大街，和德累斯顿的大部分街道一样，这条街道绿荫浓郁，宁静而优雅。在这里，普京的第二个女儿出生。也是在这里，普京的两个女儿从小接受德国式的教育。

20世纪80年代，克格勃在民主德国境内分布有若干情报小组，他们由柏林统一领导，再由柏林方面负责将"完成的工作"向莫斯科总部定期汇报。

许多人都想当然地断定，当时在民主德国的克格勃情报人员根本就是无所事事。其实不然。对于克格勃的情报军官来说，当时的民主德国是一所非常出彩的"学校"。处于两种制度的对抗前沿，间谍战可谓如火如荼。可以说，世界上再没有任何一个地方能像这个国家一样更加卓有成效地让谍报人员积累许多前所未见的职业经验了。在民主德国，柏林当然是所有情报军官都想大展拳脚的地方，可惜普京被放在了稍微次要的德累斯顿。对此，他的同事曾经抱怨"把他放在德累斯顿有点屈才"。

那么，普京当时在德累斯顿的工作情况到底如何呢？

短短6年的民主德国生涯，普京的职位就升了3级，从初来时的高级业务人员到离开时的处长高级助理，可谓神速。这也很直观地说明了普京当时的工作业绩。

而后来叶利钦也是在多次研究了普京的档案后，才决定任命他为俄罗斯联邦安全局局长。从这个任命中也可以推测出，克格勃的档案中对普京在德国的工作评价应该不会差。

而据他当时的同事说，普京工作非常勤恳，干得很带劲儿。他从来不致力于钻营和逢迎，对所有人都一视同仁。他的平步青云都取决于一种个人品质：勤奋，尽职尽责，工作积极主动。

他的上司则评论普京是"很纯洁、很诚实"的一个人。他只是在尽心尽力地工作，对于其他的，例如业务上没人监督的大把资金的诱惑，从来不屑一顾。当然，这一点和普京夫妇的为人也有关系，他们两人都是那种朴素、自尊、自制的人。

普京的妻子柳德米拉回忆在德累斯顿的生活时曾经说道："在德国的时候，我几乎没在衣服上花过钱。"而实际上，从8年级开始，她的衣服就都是自己缝制的，到了德国也不例外。据她透露，两人的工资基本上都用在了各种生活用品上。

普京在民主德国期间保留了最美好的回忆。业余时间，他遵循"人人都有弱点"的原则，成为了德国啤酒的爱好者。星期天他会携妻女一起去闲逛。闲暇时，他会自得地阅读舍列尔和格杰的原著，或者去钓鱼。

有记者曾经找到了普京常去的一家酒馆，这家店主说，从来没有见过普京喝醉的样子。他说，那位俄罗斯人经常坐在角落（现在被一些游客称为"普京角"），一边啜饮啤酒，一边关注着来来往往的人群。有时候，他会同他们谈一些琐碎事情，但从来不涉及政治观点。

事实上，6年的德国工作生涯，也在普京的身上或多或少地烙印了另一个民族的痕迹，甚至曾经有媒体称他为"克里姆林宫的德国人"。

至于普京在德累斯顿所做的具体谍报工作，据他本人对记者所说，与在

2010年，普京首次公开承认曾经作为特工在民主德国活动。谈及自己的特工生活，世人只能在普京脸上看到深邃、平静和坦承。但他同样毫不讳言自己对那段经历的满腹感慨。他说，很多有用的情报都被浪费了。

列宁格勒没有区别，主要进行情报分析。他曾经特别强调，在这块领土上，自己并不从事技术和经济方面的情报工作，也从来没有试图弄到该国的秘密情报。这从后来德国的反间谍机构从来没有阻止他入境，他也没有遇到其他任何不愉快的事情可以证明。

但许多西方媒体对此颇多质疑，例如普京当时从事的工作，就其内容来讲，究竟是什么呢？他是否参与了幕后的政治阴谋？他的同事们又为何给他取了一个"国家安全机构"的绰号？而普京在民主德国期间得到过几枚勋章：名为"克格勃为民族的人民军队立下了显著功勋"的金质勋章，民主德国国家安全部授予银质"功臣"勋章，苏联最高苏维埃主席团授予名为"邮票符号"的勋章。这些勋章在证实普京的工作成绩的同时，其名字和来历也为上面的问题蒙上了一层神秘的面纱。

美国一位外交家就曾经用一种相当怀疑的态度来评论普京，他说："我们对这个人的了解还太少，必须花费大量的时间和精力来探明他生平中某些阴暗的时刻。"

然而，还有一种传说，即普京在民主德国具有完全独立活动、独立生存的权力。而所有这些，都被当时莫斯科那些被称为"看不见的战线"上的战士们掩盖在了厚厚的帷幕之后。

1990年，柏林墙拆毁，在莫斯科的沉默中，普京烧毁了所有文件，黯然离开了民主德国。

没有暗杀记录的克格勃之子

西方有一句古老的谚语："一日是间谍，终身是间谍。"毋庸置疑，十几年的克格勃生涯，对普京的人生肯定会产生一定的影响。

在俄罗斯情报官员内部，普京被称为"完全符合苏联克格勃之父捷尔任斯基所定的契卡（克格勃前身）人员标准——头脑冷静、手脚干净、古道热肠"。确实，普京在这十几年内所铸就的"深藏不露、坚韧强硬、始终如一"——正是这一职业所必需的智慧和品格。从这个意义上讲，普京不愧为赫赫有名的"克格勃之子"。

然而，从某种意义上讲，这位从来没有过暗杀记录的"克格勃之子"又是极不称职的。

历数普京在克格勃的工作经历：列宁格勒——情报分析，德累斯顿——情报收集和分析。显然，对于普京来说，其特工生涯更多的是"文职"工作，和克格勃极富盛名的暗杀荣誉可谓毫无关联。

而事实上，克格勃——这个曾经以实力著称于世，甚至在某些方面超过美国的间谍机构，留给世人更多的是记忆深处的暗杀影子。诸如托洛茨基喋血墨西哥城、美国间谍丧命慕尼黑、保加利亚叛逃者魂断伦敦，这些暗杀事件都曾轰动世界，克格勃的实力由此可见一斑。

但对普京来说，不要说暗杀，甚至在他心目中，任何一条人命都是弥足珍贵的。他曾经说过，没有哪种事业比得上一条人命。

克格勃之父——捷尔任斯基。

在谍报工作中一般难免出现紧急情况，这时往往应该立即采取果断措施，因为这关系着许多人的性命。但是曾经有一次，面临这种情况，且危机化解的可能微乎其微时，应当作出决定的人却竭力推诿，把责任推给了他的下属普京。

事实上，普京完全可以不必理会这种无理的命令，因为这种"措施"不在他的"职责范围之内"（普京惯用的措辞）。

但是，14个人的性命正危在旦夕，因此普京毅然决定前往。要知道，这种选择几乎只能引发两种结局，普京本人丧生或者行动失败。如果普京丧生，那么他的家人在丧失顶梁柱之余，除了一枚奖章和一点儿可怜的抚恤金外，什么也得不到。如果是第二种结局，普京就会被情报系统开除，而且拿不到一点退职金，甚至就连以正常人的普通身份找一份新工作也会成为奢望。当时的普京明知道成功机会渺茫，还是决定前往，并尽全力，所幸任务完成得很好。

这件事普京从没有和人提及，即使是与他关系比较亲近的朋友，或者直接和他共过事的同事都不知道。而后来，普京当选总统后，一位记者曾经和他提及这件事，普京认真听完记者的评价后，说："不是这样的，形势所逼罢了。"由此可见普京的胸怀气度。这件事也显示了在普京眼里，人命确确实实是无价的，他不仅是这样说的，同时也是这样做的。

普京作为旁观者和见证者，度过了民主德国最后的岁月。面对德国纳粹的卷土重来，普京心中必定很不平静，因为他的两个哥哥就死于和他们的战争中。更何况，对于这个民族、这个国家的感情，以及对自己祖国和人民前途未卜的担忧，都让此时的普京忧伤而又茫然。

就在这个时候，一天晚上，一批情绪激昂的德国人冲击了普京所在的克格勃驻地。当时恰好头儿不在，普京是同事里头资格最老的。

普京向驻德累斯顿的苏联坦克部队求援，要求他们尽快派人来维持治安，以免事态激化，但他却得到一个意想不到的回答。对方冷冰冰地说，莫斯科方面保持沉默，所以他们什么也不能做。于是，普京清楚地意识到，他们被抛弃了。

情急之下，普京只好把这幢楼负责保卫的边防军战士动员起来，让他们拿起枪，准备好手榴弹和弹药，进入了战备状态。

此时，普京面临着一个十分艰难的选择。这幢建筑里放有机密文件，所以无论如何是不能让人强行进入的。事实上，当时的普京完全可以筑垒自卫，实施环形防御，这是符合工作守则的。但这样一来，就可能造成进攻的一方有人丧命。这也是普京绝不愿看到的。

普京被曝光曾持短枪单枪匹马应对冲击者：这里是苏联领土，我将向越境者开枪。为什么你的德语这么好？因为我是翻译。

最终，普京仍是越过了围墙，去和这些正在谩骂的人谈判。而实际上，在工作条例中，没有哪一条写着谈判是必要的。如果弄不好的话，很可能会受到上级领导的批评，甚至被免职。同事们也极力劝阻他，因为他这样做很可能会直接被杀，或被扣为人质，只会使事态更加严重。但普京仍旧坚持向街上的人群走去。

普京回忆这段经历时曾经说："那时我心里很清楚：我拿来冒险的不单是事业，还有家庭。但是我必须保护那些档案就放在自己办公桌上的人，以及那些认定要冲入这幢建筑物的人，他们的生命比任何事业都重要。当时，我毅然下了决心：应该把事业先搁在一边了。没有什么事业能比得上哪怕一条人命。如果我不去和这群情绪激烈的人面对面地谈判，就很可能会发生悲剧事件，这些德国人毫无疑问将成为瞄准镜下的牺牲品。"

在普京的努力斡旋下，这些人终于放弃了闯入大楼的企图。后来，当驻军终于下定决心派来了一车或是两车荷枪实弹的陆战队员时，此时已经是深夜，人群终于散开了。

没有冲突，也没有死亡，对于普京来说，这就已经足够了。

第二章
CHAPTER2

幸运女神眷顾：
普京从政的第一次助跑

命运不是机遇，而是选择。普京往往能在关键时刻做出正确的选择，所以好运常伴随他的左右。

回到故乡，前途未卜

1990年冬天，普京携家人回到列宁格勒，翻开自己人生中最重要的一页。

普京的回国完全是大形势下不得不屈服于命运的无奈之举。当时的苏联正处于如火如荼的撤军潮中，驻外情报机关同样没能幸免。但是回国也并不意味着万事大吉，事实上国内的情况非常糟糕，无论工作岗位，还是住房需求都已经岌岌可危。普京的好多同行被迫处在一种"失业"状态，没有房子，也没有前途。戈尔巴乔夫就像是一把大扫帚，轻轻一挥，就一下子断绝了许多人生存的希望。

但也有一些悟性高、有头脑的人马上弄明白了事情的奥秘，于是便要求让他们回到国内拥有住房的城市或者"夫妻一方的父母所在地"。不论何时，生活中总是存在这样的逻辑：人生低谷时，总要寻找一个栖身之处，最好靠近朋友和熟人，以期他们或许能够拉自己一把。

普京正是基于这种安稳的考虑回到了列宁格勒。而且更为幸运的是，他进了大学，成为了校长的助理。这在当时虽然算不上一个成功者，但至少可以说是一名幸运者：既留在了体制内，又保住了职位，而可预期的是下一次重组浪潮（即裁员）绝没那么快就波及这里。

但其实真实的情况远没有这样轻描淡写。在那个年代，对于提前半年归国的普京来说，似乎一切又都是理所当然的，不论是物质上的拮据，还是精神上的痛苦与茫然，更不要提工作上的前途未卜。

柳德米拉曾经说过，在回国后的头3个月，情况非常糟糕：不仅普京的工作落实颇费周折，更是3个月没领到工资。在第3个月月末，家里已经一分钱也没有了。

值得庆幸的是，早在3年前，普京就已经在国内买好了一幢宽敞一些的房子，可以容包括父母在内的三代人居住在一起。所以，回来之后，房子问题倒不必担心了。但是，刚刚回国的普京情绪并不平静。附近的邻居们很少看见普京本人。有些消息灵通的人知道了普京的身份，就乘他傍晚出来遛狗时，试图同他讨论一下国内一些亟待解决的问题。但普京的回答却很简略，也很生硬，就像在对邻居发牢骚。事实上，回国的最初几个月他都是一副愁眉苦脸的样子，熟悉的人都能看出他的不安。

这种不安不仅在于生活环境的改变——猛地从一种极不平静的生活中完全脱离，更在于当时国内的一些现状，人们像是刚从酣梦中苏醒，各种政党、运动、社会组织如雨后春笋，随处可见。再加上国内政治经济秩序趋于崩溃的困境，以及切身感到的对于自身、对于这个国家前途的茫然，都让他极为痛苦。

可以想象，正是在这种焦灼和忧虑中，普京对这个国家的未来做了深入的思考，这是开始他新的人生的必要准备，而普京后来在政途上的从容不迫，很大程度上也建立在这种准备的基础上。

幸运降临，再遇恩师索布恰克

时过境迁，我们已经很难想象普京回国的那一年，这个国家曾经经历的疾风骤雨，当时，似乎一切都在改变，就连政权都处于飘摇之中。

而且，随着政权的瘫痪，老百姓的生活也急剧恶化。商店里空空如也，生活物资极端匮乏，卢布疯狂贬值，抢购风潮久久不散，民族矛盾愈演愈烈，流血冲突时刻都在发生。一场风暴正在酝酿，没有任何人能够阻挡。整个国家都在紧张，每个人似乎都失去了希望。

没有人知道这种混乱局面会走向何方，所有人都很茫然。而就在这时，普京却逆流而上，作出了一个重要决定：向克格勃辞职，踏足政界。

然而，这个时候实在算不上踏足政界的好时机，甚至可以说是一种极端冒险的抉择，因为谁也说不清，第二天会不会成为第一批国内内讧和民怨沸腾的牺牲品。但这个决定本身也恰恰证明了普京性格中坚定的一面。

有句话说，乱世人命贱如草芥。这句话正是那个时代的真实写照。而普京却原本坐享着当时疾风骤雨、朝不保夕的时局中绝大多数人梦寐以求的安稳和丰足：在情报部门任职，有一份校长助理工作，中校军衔，以及16年无可争议的工作经历。这些都意味着更高的军衔和新的职位，只要再过不到9年，他就可以轻而易举地得到一份退休金。

然而，普京对这些却没有丝毫留恋，他的目光放在更远的地方，当机会来临，他义无反顾地做出了选择：平静的生活并不适合他，他应该做点什么。

就在这时，命运给了他另一种机遇。一个偶然的机会，他的一位大学同学向普京提到了他的导师阿纳托利·索布恰克，并提议他到那里去碰碰运气，因为索布恰克在和那些官僚们打交道时遇到了一些困难，亟需一个能干的帮手来辅助他。

就这样普京第一次走进了索布恰克的办公室，得到了一个顾问的职务。

说到这里，有必要提一下索布恰克的一些情况。当时正是民主运动轰轰烈烈、各种政党不断产生的时候，没有人清楚这种"民主欣快症"如何收场。而索布恰克则是当时列宁格勒民主运动的领袖，但其政治观点又比极端民主主义者稳健得多，甚至被人指责有"专横霸道的情绪"。

可以从普京后来的执政理念上看到，此时的普京对于索布恰克的观念是持赞同态度的，至少是没有原则性差异的，而这也是普京做出最后抉择的重要支点。因为他从索布恰克身上看到了某种希望，不论是国家的，还是个人的。

此外，还有一个原因，那就是索布恰克对普京毫无保留的信任。索布恰克不仅对普京的间谍身份毫不在意，更在下属和竞争对手的攻讦中为其辩护，这让普京非常感激。另一方面，由于经常出国访问或者出差，索布恰克的许多工作由于"没有落实到文字上"而被积压下来，最后他干脆给普京留下了一些签过名的白纸，让普京酌情处理。这无疑是一种最高的信任，普京本人后来也说自己非常看重这种信任。

上述种种原因让普京终于下了最后的决心，他放弃了安居一隅，远离尘嚣的平静生活，毅然离开了自己曾经为之奋斗、为之付出的情报工作。虽然，此时他只是做着一份并不牢靠的顾问工作，很可能一夜之间，一阵风吹过，它就会又没了，但这种不明朗的将来并没有阻止他的脚步。随着时间的推移，他渐渐投入到了新工作中。

事实上，索布恰克当时正需要普京这样的人。正是普京在政治经济方面的深刻见解以及处理各种事务性工作的能力最终成全了索布恰克，同时也成全了自己。在索布恰克的旗帜下，普京踏足政治舞台并开始引人注目，这是他踏上仕途的第一步，也是至为关键的一步。

八月政变，是机遇更是挑战

1991年8月的俄罗斯，是世界的焦点所在。

8月19日清晨，克里姆林宫钟楼上的大钟刚刚敲完六响，苏联中央电视台和广播电台同时播放塔斯社头条新闻：戈尔巴乔夫因健康原因不能履行苏联总统职责，由副总统亚纳耶夫代总统，苏联国家的全部权力交给苏联国家紧急状态委员会。一场因为戈尔巴乔夫的改革措施太过火，由苏联政军两界强力人物（包括当时的克格勃领导人）领导的政变正式开始。

政变发生后，俄罗斯联邦总统叶利钦拒不服从紧急状态委员会的命令，号召举行政治罢工。20日，莫斯科实行宵禁……这个国家似乎在刹那间进入了一种紧张的对峙中。

而就在苏联人民茫然失措，西方大国密切注意，并紧张研究事变进展之时，普京也同时处于另一次痛苦的抉择中。对于普京来说，一方面是自己曾经的上司和热爱的工作，一方面是对自己有知遇之恩的恩师和想为这个国家做些实事的希望，何去何从？毫无疑问他又被迫站在了十字路口。

据柳德米拉回忆，八月政变开始时，普京正带着全家在外地疗养，才刚开始习惯环境，突然间叛

"8·19"事件中，俄罗斯联邦总统叶利钦在俄罗斯政府大厦宣读《告俄罗斯人民书》，号召政治罢工。

乱爆发了。普京立刻给索布恰克打电话，第二天就飞回了列宁格勒。之后的那段动荡的日子，普京几乎都不着家，每天早出晚归，忙忙碌碌。

当时列宁格勒情报部门领导的案头摆放着两份辞呈，署名都是弗拉基米尔·普京。一份在普京刚刚到索布恰克麾下时递交，另一份则在政变开始的第一天。

然而，据普京回忆，他离开克格勃的念头更早时就已经成熟了，和当时复杂的政治局势完全无关。他说："离开克格勃，这真是一言难尽的选择。对我来说，那是很沉重的，我的人生中是第一次面临如此严峻的转变。从1975年加入克格勃，到从德国回到列宁格勒的时候，这个机构已经发生了根本性的变化，因为这时基本连国家都已不存在了。"

事实上，普京的第一封辞职信很大程度上是考虑到要更好地在索布恰克身边开展工作，毕竟，对于民主领袖索布恰克来说，克格勃背景正代表了专制和独裁，容易被竞争对手利用。但普京的第一次辞职显然并不成功，无奈之下，在他为索布恰克工作的同时，不得不还留在克格勃里挂职。一方面是上司不想放人；另一方面，可以想象的到，普京内心深处并不想离开他曾经认为会为之执著一生的事业。

而政变的爆发，则让这个问题迫在眉睫——究竟是去还是留？他必须马上做出抉择。因为当时的处境很危险，对于双重身份的普京来说更是雪上加霜。最关键的是，普京必须提防克格勃利用他来解决一些诸如调查、审理之类的内部政治问题。

而在当时普京的心目中，在这种暂时性的国内政治风波中被人利用，无疑是对国家利益的一种伤害。为了未雨绸缪，他必须先发制人。于是，就有了政变发生当天的第二份辞呈。可以说，普京做出和克格勃决裂的"头疼"抉择，追本溯源更多是源于一种执政理念上的分歧。在他看来，克格勃的那一套，对于俄罗斯的出路没有任何好处，所以他才会如此义无反顾。

政变当中，普京不仅仅和过去的领导划清界限，而且还在克格勃意欲抓捕索布恰克时，毅然带领特种民警队人员及时来到机场，把索布恰克安全地接回。

事实上，普京当时心里也没底。他后来回忆说，这场政变来得太突然，没有人能预测事情会如何发展，对峙局面如何收场。但他还有妻子和孩子，正因为这样，选择才更加艰难。如果政变胜利的话，而他又没被关起来，他甚至想过去开出租车来养家糊口。因为他心知肚明，这种情况下，他将无处容身，不论是大学，还是其他任何地方都去不了。

对于普京在政变中站在了克格勃的对立面，普京的朋友同样感到吃惊和震撼，但他们知道，普京并不是为了"去寻求谁的庇护"，更何况当时这种"合伙"是非常危险的。

那又是什么导致这一切的发生呢？

除了我们上面提到的一些因素外，他的一位朋友的话无疑更加发人深省：

"普京曾经亲身经历了柏林墙倒塌事件，也目睹了像他这样的间谍们被无情地抛弃。他曾不无感伤地跟我谈起这些。记得，当时我问他：'以后怎么办？'他回答道：'没什么，人们还会知道我的。'……"

所幸，普京的选择没有错，仅仅三天后，这场轰轰烈烈的政变就以失败告终。

圣彼得堡炙手可热的人物

八月政变之后，列宁格勒被更名为圣彼得堡。普京开始积极筹备索布恰克的市长选举。此前俄罗斯并没有这个职位，可以说，正是他们创造了这种称呼。

许多人对当时的普京和索布恰克谁更需要谁的问题纠缠不休。但是，在遥远的1991年，这个问题并不重要。重要的是两人就像是天生的搭档一样，在圣彼得堡这个政治舞台上演绎一出华丽的"双人舞"。索布恰克热情冲动，是天生的演说家，尤其热衷参加各种礼节性的会晤，和那些名流打交道，却不喜墨守成规，被市政管理方面的文山会海羁绊。而普京则头脑清晰，为人稳重，大局观强，耐性极佳，在处理各种事务性工作上尤其拿手。

于是，在当选圣彼得堡市长之后，索布恰克将越来越多的事务放到普京身上。普京的职位也从政变之前的一个普通顾问，晋升为圣彼得堡对外联络委员会主席，随后很快又兼任圣彼得堡三位副市长之一，成为这个500万人口大城市的第四把手。1994年，普京又被任命为圣彼得堡的第一副市长，成为了俄罗斯第二大城市的第二号人物。

有人说，1998年之前的普京什么都不是，这显然是大错特错的。有这种看法的人，完全忽略了普京曾经在圣彼得堡一人之下，万人之上，甚至可能是各项事务实际意义上的最后决策者，因为市长本人常常因为出国旅行而让普京代替自己"行使职责"。当然，这种情况大多也是因为普京讨厌哗众取宠，不爱钻营，也不喜欢在公开场所夸夸其谈惹人注意。在圣彼得堡的5年时间，他有意躲在索布恰克身后，在这位热衷向公众强调自己的前辈的阴影里低调行事。

在圣彼得堡任职的5年，对普京来说，虽然工作本身是"程序性的、枯燥的、不引人注目的"，但对他的成长却极为重要。他自己也承认："这5年所教会我的，比我在莫斯科行政机关里学到的要多得多。"

圣彼得堡是俄罗斯的第二大城市，经济发达，对外联系频繁，科技水平高，文化气息浓厚，并分布有众多高等学府。作为第一副市长，普京可谓责任重大。更可况，许多时候他不得不代替市长行使职权，因此工作范围非常广泛，需要面对社会领域、住房、治安、对外联系等，甚至包括所有强力部门，方方面面都要考虑和涉及。因此对许多内部的事情普京必须知道得很清楚，不论是经验的丰富，或是知识的积累，都是一笔巨大的财富。当然，他也必须非常努力地工作，从早到晚，忙个不停。

在工作中，普京还要和许多高层人物发生"有意思的接触"。他曾经和

索布恰克（左一）热衷在各种社交场合侃侃而谈。

撒切尔夫人、科尔、贝克尔、基辛格等国际政治的"巨鳄"会面。这不仅给他琐碎的事务性工作增添了色彩，也让他练就了一身与大人物们打交道的本事。

经济方面，普京主导了圣彼得堡自由经济区的规划和建设，成立了可口可乐的合资公司及类似合资企业。这时的普京和索布恰克周围经济、法律方面的精英相互磨合，并以自身的学识和在克格勃中练就的实践经验脱颖而出，成为他们当中"独具一格"的人，拥有了一批属于自己的志同道合者。

然而，人们似乎已经习惯于"淡忘"普京在圣彼得堡的这段低调却又辉煌的经历，他们的目光总是注视在那些能引起大众兴趣的东西上。但是，我们不能否认，普京后来能够如此举重若轻地接过叶利钦的担子，迅速进入角色，圣彼得堡这段风光的日子功不可没。

祸不单行的100天

1996年，普京迎来了他人生中的又一个转折点。在普京的一生中，恐怕没有哪段时间像这5个月一样巨变连连，堪称祸不单行。等待胜利，大选失利，新班子的邀请，放弃这次机会，亲历世态炎凉，莫斯科的消息，家中失火，离开圣彼得堡——所有这一切都在短短的100天内发生，一股脑儿地砸向了毫无准备的普京。

1995年初，大选前夕，索布恰克一纸命令委任普京为全俄罗斯社会政治运动"我们的家园——俄罗斯"圣彼得堡分支机构筹备委员会主席，后来更被委派领导"我们的家园——俄罗斯"参加国家杜马的选举工作。普京无奈之下只得领命，认真对待所分配的工作。

然而，他同时也深知，这种局势完全是一纸命令的结果。事实上，该组织的分支机构本应由各地行政机构的一把手来负责，但是索布恰克却按照惯例，像是甩脱那些烦人的政务一样，把这项工作同样留给了他的副手，而自己则专注在大选前那些极富感染力的演讲上。事实上，正是这一纸命令导致了这一年随后一系列不幸的发生：大选惨败，索布恰克在克里姆林宫失势，而普京一家也被迫搬到莫斯科。

　　当时的普京，一方面管理着整座城市，另一方面还要关注选举。他哪边都不想落下，结果只能疲于应付。

　　但这还不是最糟糕的，有一个客观事实是普京无论如何无法扭转的，那就是索布恰克阵营里"第五纵队"（就是指内奸或内线）的存在，它总是阻碍普京的行动，或者让普京所有的努力都付诸东流。那段日子普京几乎举步维艰，市长选举进行得勉为其难。但他并没有放弃，而是像真正的勇士一样坚持到了最后，希望能看到奇迹，但奇迹终于没有出现。

　　事实上，在市长选举中曾经发生过一次异乎寻常的事情。1996年3月初，鲍里斯·叶利钦签署命令，提议选举从原定的6月16日提前到5月19日。这无疑对索布恰克有利，因为这条突如其来的命令会让对手的选举活动仓促许多，甚至可能来不及完成。普京借助各种手段，在圣彼得堡议会中成功通过了这条法令。

　　然而，尽管做出了种种努力，都没能挽回索布恰克及其班子的全面失败。大选之后，听着对手阵营里的欢呼声，看着索布恰克这一方弥漫的沮丧和慌乱的气氛，普京不出意料地叹了口气。索布恰克本人对选举的结果却甚觉惊讶，在选举刚刚结束的几天，他毫不掩饰自己的愕然，但是事已至此，回天乏术，再高明的演讲也已经不能挽回什么了。

　　新班子邀请普京留守原职，但被他拒绝了。普京递交了辞呈，声明与其背叛，宁选忠诚。

　　事实上，选举失败后，普京在圣彼得堡已没有容身之地，他不得不尽快离开。除了无法勉强自己和新领导共事外，还有一个原因：索布恰克失利后，一些别有用心的人开始散布普京是"索布恰布收留的一个倒霉蛋"，是一个只会给别人带来"霉运"的家伙。

　　用柳德米拉的话讲，当时的情境就是，"桥断了"。不久之后，莫斯科方面给普京提供了一个新的职位。但是柳德米拉并不太想去，因为去莫斯科意味着新生活的开始。而他们在圣彼得堡的生活才刚刚安定下来。其实，普京更加不舍，他也不知道莫斯科等待他的会是什么。

但是，8月份，一场大火烧掉了他们所有的后路。不论表面上，还是比喻意义上看，普京都不得不面对火灾之后的境遇：工作没了，房子没了，证件没了，就连存的钱也没了。真是祸不单行！但普京并没有特别激动，人生中接二连三的波折早已练就了他不动声色的冷静和从容，他重新办理了证件，携妻女来到了莫斯科。

曲折的命运：谋职莫斯科

离开圣彼得堡后，普京在莫斯科的求职过程同样一波三折。

其实，在市长竞选即将结束时，就有人向普京暗示，要腾出屋子了。普京自己也明白，他该收拾东西走人了。然而就在这几天，叶利钦面前的大红人博罗金给普京打了一个电话。

普京后来回忆自己当时对博罗金此举的忖度：一方面，他的确是想帮忙。毕竟，在圣彼得堡的几年间，普京和莫斯科领导层建立了不错的关系，而他当时的处境确实非常复杂。

另一方面，却是普京后来才想到的，那就是基于一种政治上的考量，普京这个和圣彼得堡强力机关保持密切联系的"有特殊能力的人"，必须从圣彼得堡"蒸发"。所幸，这一点也正符合普京的心意。

同时，他们或许还认为打发掉索布恰克是必须的，而普京则完全没必要。

所以，博罗金打电话询问起普京的去向，并主动为他提供了莫斯科的新职位。

他说："我想，在我的总统事务总局你肯定会觉得没意思，办公厅倒正适合你。"

普京采纳了他的建议，并专程到莫斯科和时任总统办公厅主任的叶戈罗夫见了面，谈妥了具体的职务。这个职务负责同外国人打交道，非常适合普京。

叶戈罗夫给普京看了起草好的命令，只等总统签署这个命令后就可生效。

但在普京坐等上班的一周之内，事情却出现了意料不到的变化。普京离开后不到两三天，叶戈罗夫就被免职，由丘拜斯接任。说实话，当时的普京并没有多么担心，因为相对于叶戈罗夫，丘拜斯算不上外人。但为了以防万一，普京还是联系了丘拜斯，并提醒他这个协议的存在，问他究竟还算不算数。不出所料，普京得到了肯定的回答。

但很快，他就明白自己放心得太早了。因为之后连续两个月都杳无音信。于是他清楚，肯定有人也在争这个位子。普京后来曾经坦言自己的郁闷，当时他"无所事事，工作得不到安排。就这样吊在那里大概一个半到两个月"。

然而，后来事情的发展却全不是这么回事儿。时任监察总局局长的库德林找到普京澄清了他的误会。原来，丘拜斯其实并不反对普京去总统办公厅，但是由于总统办公厅的机构变动，原来说定的那个位子早就已经没有了，就连那个部门也已经被撤销了。

库德林提议："来一趟，我们好好谈谈。"

当时丘拜斯在外休假。库德林告诉普京，丘拜斯临走前授权他：可以和普京一起协商一下，任何一个职位都可以，只要普京愿意，马上就可以过来上班。

但是普京从来没在莫斯科工作过，要他主动提出一个职位有点困难。于是，两人就把所有岗位都逐一研究了一遍，最后库德林提议到公共关系管理局。普京当即就同意了，因为他实在得开始工作了。决定之后，普京又和总统发言人谢尔盖·雅斯特尔任布斯克见了一面，他会成为普京的直属领导。

博罗金一个电话，改变了普京的命运，也使普京和电话结下了不解之缘。

随后，库德林送他回去。路上，两人谈论着当天发生的一些大事，似乎是总理或者政府里什么关键人物的任命。库德林突然提议给阿列克谢·阿列克谢维奇·波里沙科夫——他当天刚刚就任副总理——打个电话祝贺一下。

普京回答道："好的，如果你能打通的话，那就打一个吧。反正我是帮不上忙了，要知道我只是大街上随处可见的一个普通人，没人会帮我接通电话的。而你是大人物——监察总局局长，不过如果你能打通的话，也让我向他表示祝贺。"

电话接通了，两人祝贺的话刚刚说完，波里沙科夫就提到了另一种选择：让普京到博罗金那里当副局长。其实这两个职位的等级相当，但就地位而言，却是事务总局副局长稍高一些。

于是两三天后普京又找到了博罗金，这才知道，自己的这份任命是由阿列克谢提议的，而博罗金表示了支持。

和博罗金讨论过后，鉴于普京的专业，他被分配掌管司法处，并负责对外联络，包括分布国外的不动产。

就这样，几经波折，足足蹉跎几个月，普京才在莫斯科的事务总局开始工作，负责那些他刚刚能叫得出名字的事务。

第三章
CHAPTER3

天降大任于斯人：
叶利钦选定接班人

在确定必须解除普利马科夫的政府总理职务之后，我常常痛苦地思索这样的问题：谁会支持我？谁真正地站在我的背后？突然我醒悟过来了——这个人就是普京。

——鲍里斯·叶利钦

叶利钦选择普京之谜

20世纪最后的几个月，俄罗斯政局可谓风云变幻。叶利钦连连换将，突然间就选中了普京。当时，整个世界都震惊了，一份报道中，甚至以一种非常夸张的口气描述了这一事件：

正是这一天（4月2日），叶利钦总统"用食指指着天，猛然间有所感悟地感叹道："啊！"于是弗拉基米尔·普京的命运就发生了惊人的转变。"

无论如何，在遇见叶利钦之前，普京只是一个"家庭和社会关系都非常普通的人"，一个"曾经任职于'克格勃'，因而'没有过去'的人"。而能从一个普通人突变为所谓"在最需要的时候，出现在最需要的位置上的有用之人"，则多亏了叶利钦的慧眼识人。

当然，并不能排除普京崛起的一些客观因素，诸如俄罗斯人在经历戈尔巴乔夫改革导致的苏联解体，以及叶利钦施政引发的经济下滑和政局混乱后，早已经筋疲力尽。整个国家所有人都在渴望民族的振兴，呼唤强人的出现。

在莫斯科工作期间，普京引起了叶利钦的注意。据叶利钦后来回忆："就清晰程度来说，普京的工作报告堪称范本。普京尽量避免同我'交往'，他仿佛故意剔除了和我的联系中所有私人因素。但正因如此，我很想和他谈谈！他的敏锐反应让我惊讶。我有时会问一些看似很简单但又让人脸红、失措、难以回答的问题。普京却总是能自然而平静地回答，让我产生了这样一种感觉：相对于我而言，还只能算

叶利钦选定普京，毋宁说是叶利钦察觉到自己缺少普京的某种特质，而那种特质却恰恰是俄罗斯最需要的。

得上年轻人的普京似乎已经做好准备去迎接生活中可能遇到的一切挑战，而且不论任何事情他都能够应付自如。开始时这甚至让我有些警惕，但后来我明白了，我们需要的正是这种性格。"

叶利钦说，很早以前他就看中了普京，并为此不只对他进行了一般性的调查，而且还花了相当多的时间研究过普京这个人，对普京在圣彼得堡与索布恰克一起共事的情况了如指掌。而且，通过工作中的接触，"我发现，这个人不只是聪明睿智，而且沉着冷静，品行端正。"而且和同时代其他政治家不同，他绝不会搞极端主义。叶利钦坦言，在那个疾风骤雨的时代，他根本没有时间来仔细认识一个人，因此在识人问题上曾经犯过错误。但对普京的选择，他却是"花了时间的"，而且只是他"个人的决定"，并没有"与身边的人商量过"，甚至"没有向任何人透露过"这一决定。

此外，普京在索布恰克事件中表现了一种超乎常人的"政治敏锐性"。"他总比其他人更清楚地察觉到危险"，并义无反顾地把索布恰克送到了巴黎。叶利钦说，普京是在拿自己的前途去冒险。但是普京的这一举动又从某种意义上来说触动了叶利钦，激发了他发自内心的一种尊敬之情。

叶利钦在《总统马拉松》中讲述自己选中普京的心路历程："在确定必须解除普利马科夫的政府总理职务之后，我常常痛苦地思索这样的问题：谁会支持我？谁真正地站在我的背后？突然我醒悟过来了——这个人就是普京。"

但是，1999年5月12日，叶利钦解除叶甫根尼·普里马科夫的政府总理职务时，推上台的却是内务部部长谢尔盖·斯捷帕申。对此，叶利钦解释道："直觉告诉我，将普京推上台为时尚早，他应该晚一些再出来。政治加速的时间太少了不好，太多了也许更糟。不应该让社会在'懒散'夏天的几个月中去习惯普京。他的谜不应该消失。与新的强力政治家联系在一起的因素，尤其是那些意外的、突然的因素，对于选举是至关重要的。"

的确，叶利钦几乎全面主导了普京的一系列快速升职。而普京身居幕后，又担任如此重要的一连串职务，无疑使得他身上笼罩起了一层看不清、猜不透的迷雾，甚至在普京就职联邦安全局局长时，媒体连他的一张"标准照"也很难找到。加之他的双重身份：一是他的"克格勃"经历，二是他曾经是圣彼得堡前市长索布恰克的亲密幕僚，更是让人揣摩不透。而这也恰恰成为叶利钦手中至为关键的一张政治牌。

在执政的最后几个月，叶利钦一连打出了好几张"总理牌"，普京也是其中一张，但叶利钦迟迟不肯出这张牌，他把普京的"神秘"当做了一种"秘密武器"。而事实上这张牌在关键时刻也为他赢得政治终局的关键性胜利起了决定作用。

悄无声息地蹿升：担任俄罗斯总理

就在许多盯着总统宝座的声名显赫的高位者正美化自己或盘算着成功机会的时候，普京却悄无声息地迅速向上攀升。很多人对此竟然没有察觉，或者说，当时的普京对于他们来说只是叶利钦无意间提拔的一个小小的"红人"，其本身还没有引起这些大人物注意的资格。

甚至当1999年3月29日，普京被任命为国家安全会议秘书同时兼任联邦安全局局长的时候，还是没有受到多大的关注。

那些觊觎高位的人听到的第一声警钟在1999年8月9日敲响。那一天，普京被叶利钦任命为俄罗斯政府第一副总理、代理总理。而这位此后被称为"神似亚历山大大帝"的冷面领导人，当时还鲜为人知。

叶利钦见到普京的第一眼就认为："此人应当升任新的职位，尽管他到我那个位置还有几步路要走。与我不同的是，他没经历过那些'梯级'——经济工作、政治事务，地区的、联邦的……"

后来，1998年8月俄罗斯金融危机后，叶利钦解散了基里延科政府，就在克里姆林宫召见了普京，并建议普京重新回到军队编制。显然，叶利钦很早就对普京的升职有了一个模糊的计划，但真正能够走到哪一步，却完全要看普京自己。1998年秋，普京对联邦安全局进行了改组，在当时的政府总理叶甫根尼·普利马科夫的反对下，叶利钦认可了所有新的任命，表示了对普京工作的支持。

叶利钦本人也说过，他在1999年4月底，就已选定普京为自己的接班人。但是普京必须完全出人意料地突然出现，其坚定强硬的性格才能在俄罗斯大选前的激烈斗争中发挥效力。

于是，在叶利钦的关注下，普京的职位一路攀升。1997年至1998年，普京任总统办公厅副主任、监督总局局长；1998年7月24日起，以后备役上校的身份，取代科瓦廖夫上将，任俄罗斯联邦安全局局长；1999年3月29日起，兼任俄罗斯联邦安全委员会秘书。

最后，1999年8月9日，叶利钦任命普京为政府代理总理，这意味着普京正式成为叶利钦认定的接班人。

任命来得太突然了！

当时，这份任命就像是一个晴天霹雳，举国震惊。

"一个普通的侦察员在某一时刻居然可以掌控全国"，这是媒体的惊讶。

事实上，就连普京自己，也只是提前几天才得知叶利钦的决定的。在叶利钦找他谈话时，普京坦言自己还没做好准备，但叶利钦却语重心长地说："考虑考虑吧，我相信你！"

其实，普京所谓的"没有准备"并不是工作上的，毕竟，他在莫斯科任职的3年时间里，在事务总局、总统办公厅、国家安全会议干过，也当过联邦安全局局长。虽然时间都不长，却在所有部门都尝试过，对它们都有所了解。普京说的准备更多的是心理上的，他必须确定自己能否担负得起这一职位所要求的责任，这对他来说才是最重要的。

就在叶利钦和普京谈话的那天，他也把自己的决定告诉了时任总理的斯捷帕申，斯捷帕申顿时感到不安，并请求延迟几天。斯捷帕申的态度事实上也是叶利钦圈子里大多数人的态度。他们都对这个决定感到不满，有些人还试图说服叶利钦放弃这种打算，其中支持斯捷帕申的阿纳托利·丘拜斯尤为积极，他曾动员普京拒绝新职位，被拒绝后又通过总统办公厅和叶利钦身边的人对叶利钦施加影响。

几乎所有的报纸都对这份任命表示了匪夷所思，认为普京竞选俄罗斯总统，可能是苍老的叶利钦最怪癖的政治幻想之一。

最为恶毒的还是这样一段评论："鲍里斯·叶利钦从自己换来换去的一堆平庸下属里，拖出一个矮小难看的联邦安全局局长，宣布他为自己的接班人。这个毫无超凡脱俗能力，也无一点个人魅力，在人们记忆中留不下一点痕迹的晦暗人物，他能做成什么？我认为，把赌注下到普京身上，表明叶利钦班子已经完全无计可施了。"

甚至就连普京的朋友对他都不抱希望。根纳吉·别利克回忆："弗拉基米尔·普京执掌联邦安全局，这不奇怪，但是他被任命为俄罗斯总理，至少对我来说，完全没有料到。说实话，我当时有些担心，他究竟能不能胜任呢？但他很快进入了角色，甚至可以说当即就进入了角色。"

在这里顺便提一下，我们知道，普京和父母的感情是极为深厚的。但就在总理任命下达的前几天，普京的父亲去世了。父母（他的母亲早在一年前去世）的去世对普京的打击很大，但他把这些情感隐藏在心里，从来不在外人或公众面前表现出来。

根纳吉·别利克回忆，普京是一个善于控制自己情绪的人。他善于聆听并对所得信息进行分析。因此，对他的了解只能局限于他愿意被别人了解的范围内。可能也正因此，那些习惯对常人进行分析的政治观察家才会在他身上遇到困难。毕竟以往的人物都是一目了然，喜怒哀乐清清楚楚，突然出现这么一个不容易看透的人物也着实让人头疼。

出乎意料的是，8月16日，国家杜马同意弗拉基米尔·普京担任俄罗斯联邦总理。但这次任命只是议员们厌烦了一次又一次地审批新总理的结果，甚至国家杜马代表在杜马休息室里就大喇喇地评论："这只不过是技术型政府的技术型总理罢了！"

力量博弈：从组建"团结运动"到征服国家杜马

叶利钦时期，"自由民主"概念大行其道。在苏共被迫放弃国家事务的决策和领导地位之后，"政党热"持续升温，逐步形成了俄罗斯多党格局。当时，俄罗斯政坛政党数量杂多烦乱，你方唱罢我登场，在经济衰退、人心涣散的同时，政治舞台却一直是热闹非凡。

叶利钦时代，总统与杜马的关系一度处于激烈对抗状态。由于叶利钦在杜马没有属于自己的政治党团，在第一、二两届杜马中叶利钦政府提出的各种法案受到了强力抵制。

从1995年底的议会选举，以俄罗斯共产党为首的左翼反对派政党获得胜利之后，议会更是几乎被反对派彻底把持，叶利钦签署的许多政令和法律议案都无法通过。就连1998年叶利钦对基里延科的总理提名都两次遭到国家杜马否决，国家杜马甚至还屡次以弹劾总统要挟。

而1999年，在国家杜马中最有竞争力的竞选联盟是普里马科夫和卢日科夫这一双人组合。两人都是俄罗斯著名重量级的政治家，和明基梅尔·沙伊米耶夫领导着除俄罗斯共产党之外的杜马第一大党"祖国—全俄罗斯"联盟。据说，普里马科夫早就已经和俄罗斯共产党达成了协议。所有这一切都令叶利钦及其"家族"感到担忧。回忆1999年夏秋的忧虑，叶利钦写道："这一双人组合在杜马选举中可以获得绝对的优势，而这种优势将导致此后进行的总统选举失去任何意义。一旦他们取得宪法所规定的绝对多数议席，他们就可能完全合法地以三分之二的多数票任意修改宪法！这其中包括废除国家的总统制度。无论如何，他们所获得的经验和手段会使今后与他们所进行的斗争变得毫无意义。"

在这种恶劣的氛围中，普京被叶利钦十分突然地推到了前台。而要完成叶利钦的主要目的——普京的顺利接班，要做的第一件事就是要取得国家杜马选举的胜利。

事实上，在1999年8月5日，叶利钦和普京的谈话中，就谈到了这个问题。叶利钦提到，尤里·卢日科夫和叶夫根尼·普力马科夫的"祖国—全俄罗斯"联盟的力量不断增强，让他感到忧虑。普京表示他会服从总统的安排，出任政府总理，但他同时也提及自己对选举前那些斗争和小动作的厌恶。显然，普京的脑海中仍保留着圣彼得堡那次助选失败的惨淡情景。

于是普京问叶利钦："选举中我们将依靠谁呢？"

叶利钦回答不知道，但他提议组建一个新的党派。由此，"团结运动"

出现，由谢尔盖·绍伊古和亚历山大·卡列宁领导。而普京本人，叶利钦表示，最主要的责任是做好政府工作。由这段对话可以明确，选举运动的重任主要是其他人承担的。

1999年8月9日，叶利钦任命普京为政府新总理，并在电视上发表讲话。在讲话中，叶利钦认为他从普京身上看到了总统接班人的品质，认为普京"能够把在新的21世纪面临振兴伟大俄罗斯重任的人团结在自己周围"。叶利钦的这份任命让无论俄罗斯国内的还是国外的大多数政治观察家们困惑不解，而他的讲话更是触怒了大多数俄罗斯政治家。

对此，时任莫斯科市长的尤里·卢日科夫指出："这是政权的整个谬论。"鲍里斯·涅姆佐夫也声援卢日科夫，认为这是"丧失理智的决定"。根纳季·久加诺夫作出回应："简直是病夫所为！"

对于叶利钦而言，除了对普京表示公开支持外，他在国家杜马选举中发挥的作用可谓微乎其微。他本人回避参加竞选活动。"团结运动"的领袖谢尔盖·绍伊古和亚历山大·卡列宁也不是那么积极，而且"团结运动"党派的名单中并没有为大众所熟知的著名政治家和社会活动家，这是杜马选举中最大的硬伤。

所以，对于在选举前3个月才刚刚创建，还没有什么完整的思想体系，也没有明确的组织结构、明显的政治领袖的政党"团结运动"来说，惟一的政治资本就是普京的支持。一次采访中，普京曾经宣布，杜马选举时他将投谢尔盖·绍伊古的"团结运动"的票。几个星期之后，普京还亲自参加了"团结运动"的竞选大会。

然而，令人意想不到的是，"团结运动"最终在国家杜马选举中获得了不小的成功，这不仅让那些政治观察家、政治分析家跌破眼镜，就连叶利钦本人，都感到这实在"是一个意外的惊喜"，他在回忆录中也公开承认了这一点。

当然，"肮脏的操作行为"在国家杜马竞选活动中也不可避免：控制媒体，影响舆论，肆无忌惮地对叶利钦"家族"成员泼脏水。反对派也曾经试图收集普京的黑材料，结果却是一无所获，枉费心机。在普京威望渐渐提升时，许多人也千方百计离间叶利钦和普京的关系，各种流言甚嚣尘上，甚至就连普京自己后来也承认，他当时也时有被罢免失宠的危机感。所幸，叶利钦以行动表达了对普京的支持，他不仅没有限制政府的权力，相反还不断放权。

结果，正是普京不断提高的声望，以及总统办公厅和普京的共同支持，使得1999年末普京执政前夕的俄罗斯国家杜马选举形势完全改观。在选举中，国家杜马225个议席中，尽管俄罗斯共产党仍为议会第一大党，占据了按比例制方式的67个议席，但位居第二的坚决支持普京的"团结运动"紧随其后，获得64个议席，如果再加上普京的重要盟友基里延科和涅姆佐夫领导的右翼力量联盟取得的议席，俄罗斯共产党完全失去了左右议会局面的机会。

但实际上，这种结果又在一些人的意料之中。普京在北高加索地区（车臣）迅速而富有成效的决定和行动，引起了全民的关注，使得俄罗斯大部分居民对政府和军队的支持率上升。这种状况开始于1999年9月份，到10月份更加明显。随着普京在俄罗斯民众中威望的不断提升，其支持的"团结运动"胜出也就并不稀奇了。

这实际上改变了俄罗斯政治力量的派系分布情况。曾经被称为"超大党派联盟"的"祖国—全俄罗斯"退居到第二位，甚至是第三位的位置上。"团结运动"一鸣惊人，为普京今后进行政党改革、控制议会迈出了第一步。

铁腕出击，打击车臣叛匪

车臣共和国，俄罗斯联邦自治共和国之一，地处高加索山脉北侧，面积约15000平方公里，人口约100万，其中绝大多数为信奉伊斯兰教的穆斯林。车臣虽然只是弹丸之地，但地理位置却非常重要，它处在里海和黑海之间，是进出高加索的咽喉要道。它石油资源储量非常丰富，而且也是中亚到欧洲的输油管道的必经之路，一旦阻塞，俄罗斯将遭受极为严重的经济损失。因此，长期以来，俄国一直把对车臣的绝对控制作为重要国策。

车臣，曾经被称为俄罗斯身上的"伤疤"。从沙皇时代起，高加索地区就动荡不安。苏联时期，高加索民族部落也时常叛乱，使得新政权颇为头痛。苏联解体时，车臣的分离主义势力趁政局动荡，中央政府自顾不暇、鞭长莫及之时，开始谋求独立，但这是俄联邦政府决不同意的。于是，双方分歧越来越大，直到发展成为车臣武装与俄联邦政府的武装对抗。车臣问题的威胁性越来越大，更导致整个俄联邦地区民族分裂主义、地方主义势力抬头，因此，叶利钦发动了第一次车臣战争，到20世纪末又发动了第二次车臣战争，直到普京上台，车臣问题仍旧没有得到彻底解决。

在普京上台之前，车臣问题的局势演变大抵如下：

1991年10月，退役将军杜达耶夫就任车臣共和国总统。他曾经在阿富汗战争中被授予苏联英雄称号。杜达耶夫一上台就公开宣布车臣独立，并建立车臣第一支正规部队国民卫队。国民卫队人数最多时可达6万人。

1994年12月，俄罗斯政府仓促间向车臣发动了旨在"恢复宪法秩序"的第一次车臣战争，指望可以迅速解决问题。但战争足足打了20个月，俄军付出了巨大代价，在内外压力下，不得不于1996年8月30日与车臣分裂派签署了《哈萨维尤特协议》。协议中俄罗斯军队撤出车臣，并由俄罗斯政府拨款重建车臣等。这等于是将问题搁置起来，也等于是被迫承认了车臣事实独立。协议中俄罗斯政府惟一留有余地的地方是：暂时搁置车臣问题，等5年后（2001年12月31日）举行全民公决来决定。

《哈萨维尤特协议》签署后，俄罗斯国内舆论哗然，军方对此尤为不满，认为这是一种巨大的耻辱。甚至有舆论认为，该协议几乎是一份"无条件投降书"。签署协议的列别德将军几乎成为所有军人的"敌人"。但这位将军则真诚地认为，该协议有积极作用，它事实意义上结束了军事行动，挽救了俄罗斯。也有人将其视为一个喘息之机，认为"5年之后俄罗斯会更加强大，那时我们等着瞧"。

第一次车臣战争的失败被称为是"俄罗斯军队的墓碑"，象征着俄罗斯军事力量和国家实力的急剧衰落。然而之后几年的事实证明，相对于战场上的失利，俄罗斯在战争之后遭受到的损失更大。杜达耶夫之后，车臣当局一方面屡屡利用和平协议向联邦政府索要财政资助和能源；另一方面又纵容非法武装不断骚扰毗邻地区，制造各种恐怖事件，甚至勾结国外宗教极端势力插手介入。这种种状况也导致车臣在分裂的道路上越滑越远。

第一次车臣战争是叶利钦政府的失误造成的，但同时也成为普京搭建施展身手的大舞台的一道伏笔。

普京就任总理前夕，车臣当局再次不耐寂寞。第一次车臣战争中号称"高加索狼"的巴萨耶夫对车臣事实独立的现状犹不满足，进而谋求北高加索地区更大的自由。

1999年7月到8月份，巴萨耶夫带领非法武装分子两次进攻近邻的达吉斯坦共和国，企图在车臣和达吉斯坦建立伊斯兰原教旨主义国家。

普京新任总理，就不得不面对愈加严峻的车臣形势。他精心策划，紧紧抓住车臣叛军入侵达吉斯坦这根导火索，悍然出击，发动了第二次车臣战争，第一次在国家层面上展现了其铁血作风。

在与总统叶利钦及有关部门讨论车臣形势时，普京的态度十分强硬，他说："车臣问题已经不是简单的俄罗斯内部问题，它正在逐渐演变成一个敏感的国际化问题。我们已经别无选择。如果今天还要姑息纵容，明天就可能失去整个俄罗斯！"

叶利钦答应了普京的要求，赋予他全权处理车臣问题的权力，并要求各部门在车臣问题上必须坚决无条件服从总理命令，此外，叶利钦还赋予了普京"先斩后奏"的特权。

在第二次车臣战争中，俄罗斯先后共投入将近16万人的兵力，甚至动用了碎片航弹、制导炸弹和T90型坦克等先进武器。战争分为三个阶段进行：第一阶段是彻底消灭达吉斯坦境内一切分离分子并封锁车臣边境；第二阶段

第二次车臣战争的胜利为普京的强人形象加分。

普京开战机亲身前往车臣。

是向车臣境内挺进，对车臣首府格罗兹尼发动总攻并完全占领该城市；第三阶段是清剿逃进山区的非法武装。

普京吸取了第一次车臣战争中俄罗斯在外交上的教训，亲自接见了西方各国驻俄大使，以他那杰出的口才和一个真正总理外交家的良好风度，获得了多数国家的支持和理解。同时，普京在国家杜马也赢得了强力支持，最大程度上排除了外来干扰。

下面是第二次车臣战争的经过：

1999年9月19日起，俄罗斯空军开始对车臣境内的军事目标和基础设施进行精确轰炸。

1999年9月26日，面对俄军的猛烈进攻，车臣总统马斯哈多夫表示"为了避免大规模战争，愿意同俄罗斯领导人谈判和对话"。第二天（9月27日），普京表态"可以同车臣领导人进行谈判，但前提是无条件谈判，否则一切无从谈起"。随后，马斯哈多夫和巴萨耶夫主持召开作战会议，一项格罗兹尼城区防御计划通过。

1999年9月30日，普京下令，俄军10万人兵分三路向车臣进军。

1999年10月2日，其中一支部队5000多名俄军大举进入车臣境内。此时，另一支部队也已经到达格罗兹尼西南部的重要门户巴穆特。

10月4日至10月7日，俄军完成对车臣大部分领土的占领。车臣总统呼吁停战，却被普京严词拒绝。他说："这是你们咎由自取！"

1999年10月8日，俄军特种部队奇袭车臣，通缉榜上有名的恐怖分子头目哈奇拉耶夫落网。

1999年11月12日，俄军占领车臣第二大城市古捷尔梅斯。12月2日，占领车臣第三大城市阿尔贡。

1999年12月3日，俄军北高加索联合战役集团司令部宣布，战争第二阶段结束。

截至此时，第二次车臣战争中俄军共歼灭非法武装分子4500人，控制了车臣大部分地区，并建立了一些能够绝对服从莫斯科中央政府的地方基层政权。

"证明'铁腕'最简单的方法莫过于用马刀把敌人的脑袋砍下来"，这句话在普京身上得到了最佳体现。发动第二次车臣战争并取得决定性胜利，使普京成为俄罗斯民众心目中十月革命以来最优秀、最强力的国家领导人。仅仅一个月，其民众支持率就从可怜的1.7%，上升到12月份的58%。

叶利钦交权，普京代总统

普京在车臣战争中所取得的成就促使叶利钦做出了一个关键性的决定。"我确实想创造一个政治家正常地、文明地、平静地离开政治生活的先例。"这是俄罗斯总统鲍里斯·叶利钦的心声。也正因此，叶利钦提前把国家权力以民主方式，依照宪法程序顺利、和平地交给了自己选定的接班人普京。

事实上，早在1999年8月，就有许多观察家提出叶利钦提前辞职的可能性，甚至认为这是不可避免的。他们还曾经预测叶利钦辞职的具体日期——1999年9月17日、10月17日，后来是12月17日。但谁也没有料到，这一天是12月31日的新年除夕。在这一天，叶利钦突然向全国发表电视讲话：宣布即口起辞去俄罗斯总统兼俄罗斯国家武装力量总司令等职，由总理普京代行上述职务直至全国大选。叶利钦同时也把俄罗斯国家核武器密码箱交给了普京。

"我辞职……"叶利

俄罗斯前总统鲍里斯·叶利钦：我确实想创造一个政治家正常地、文明地、平静地离开政治生活的先例。

钦在致俄罗斯全体公民的新年祝词中，多次重复这句话。世纪末，成为了长达10年的叶利钦时代的终结。而以自愿辞职的方式结束，也是俄罗斯20世纪惟一一次没有流血和政变的权力交接。在节日礼炮的轰隆声中、在觥筹交错的祝词声中、在五彩烟火的映衬下，一个时代结束了。

这一天，普京以代总统的身份签署了第一份命令，是关于为叶利钦提供生活不受侵犯及生活保障和警卫权力的。几个小时后，临近傍晚时分，普京改变了到圣彼得堡欢度新年的原定计划，偕同夫人一起飞到车臣。

叶利钦之所以能轻易做出辞职的决定，前提是普京在政府总理职位上的工作卓有成效。同时，1999年12月31日的叶利钦辞职事件，对普京来说也是一个跳板，能从根本上使普京在2000年3月26日的总统大选中轻易获胜。

1999年以前的俄罗斯政坛上，普京默默无闻。叶利钦为了寻找接班人，频频更换政府总理人选，但这些人在接近俄罗斯总统宝座的"赛道"上却总是失手。关键时刻，叶利钦锁定了普京，这一决定大大出乎俄罗斯政治精英的预料。

在普京任职总理时，许多人按照刚刚过去的几次政治演化程序推算，认定普京是又一个失手的冲刺者。但是，普京却抓住了稍纵即逝的机会，将一次针对车臣叛匪的反恐行动成功地演化为一场战争。要知道，以普京的克格勃出身来看，反恐和组织反恐战争几乎属于普京的专业范畴。而从权力学角度分析，领导人执政之初能够踏上一个熟悉的平台至为重要。毫无疑问，普京得到了这样一次机会。所以，普京初次登台就获得了满场喝彩。在短短半年时间里，从一个无名小辈到登上俄罗斯权力的顶峰，可以说，是车臣战争造就了普京，造就了这样一位独一无二的领袖、俄罗斯政坛上的一个神话。

对于做出辞职的选择，叶利钦似乎无怨无悔。

2006年，叶利钦在接受采访时说："我很高兴选择了普京，没有选错。我知道，迅速发展的俄罗斯需要一位年轻的总统。我就努力寻找这样一个人：将创造一个自由、文明及市场化的国家作为理想和最重要的价值观，同时具有坚定的意志，行事稳重。普京无疑具备这些素质。"

叶利钦是自己决定辞职的，整个12月他都没和任何人商量过。直到12月

28日晚上，总统办公厅的人员才知道了这个消息。

他说："我决定在大选前半年辞职，是为了能给普京一段时间，让人们有时间了解他。此前人们对他了解很少，他也可以利用这段时间来表现自己。克里姆林宫的人并不是一下子都接受我的选择，总统办公厅的人说我'你简直是疯了'。"

叶利钦还说，他事前曾经和普京谈过两次。但起初普京并没有同意，他说，这对我不合适。过了两周，叶利钦第二次谈到这个话题时，普京才同意了。叶利钦表示，当时他并没有为自己提任何条件和请求，他们只是就国家未来的政策谈了很多，但两人并没有原则上的分歧。

20世纪最后一个晚上的辞职事件，成为了人们关注的焦点。2000年的新年，人们见面时不仅互相祝贺，还要讨论一番时局。

曾任苏联驻法、比、奥等国家科技参赞的根纳季·别利克回忆说："我想，普京成为代总统，并随后成为总统候选人，不仅对我，而且对所有认识他的人来说，都是一个天大的意外。"

原克格勃上校尤里·列谢夫说："弗拉基米尔·普京是一个以国家为重的人。他（普京）很早就有了这种思想。"尤里认为，普京正在执行的就是这个路线，他希望国家能够复兴，人民生活能够富足安康。

叶利钦在20世纪末对俄罗斯作出的贡献不应该被遗忘。是叶利钦为现代俄罗斯设计了西方式民主政治制度，是叶利钦使得俄罗斯首次实践了议会政治，尽管仍旧存在各种各样的问题，但瑕不掩瑜。在他对俄罗斯进行过近10年的民主制政治运作的基础上，俄罗斯才成为了真正意义上的现代国家。

普京接过叶利钦的衣钵，也接过了他那句"照顾好俄罗斯"的政治嘱托，同时接过的还有属于他的是是非非。

第四章
CHAPTER4

跨越最后一步：
从代总统到总统的3个月

普京十分善于成为平平常常的人，同时又是不可替代的人。他具有惊人的幽默感，是位善于准确和出乎意料进行对比的高手。普京是保持自己本色的英雄，是位不加装饰、不装腔作势、没有刻板模式的英雄。

——心理学家　列昂尼德·克罗尔

媒体抨击席卷而来

与国家杜马选举中充斥着各种各样的丑闻和阴谋相比，俄罗斯联邦总统的竞选运动显得非常平静，不仅没有任何实际意义上的丑闻，也不存在被人们称之为"肮脏的权术"。不过，这并不意味着对总统宝座的争夺较量不够激烈或者不够剑拔弩张。

在俄罗斯总统权力制度下，俄罗斯总统拥有比欧美总统更为强大的权力。位居第二、第三甚至第五的党派领袖完全可以进入国家杜马成为其议员，但总统宝座却只有一个，而这一个人的权力却要比整个杜马强大得多。因此，总统大选自然也就成为俄罗斯政治预测、社会调查以及各种投机行为的主要话题。

20世纪90年代末期，俄罗斯政坛很有几位声名显赫的重要人物——维克托·切尔诺梅尔金、亚历山大·列别德、鲍里斯·涅姆佐夫、尤里·卢日科夫、叶夫根尼·普里马科夫，统统都包括在内，又有哪位没有被形形色色的社会调查关注过。此外，曾经尝试参与总统竞选的还有米哈伊尔·戈尔巴乔夫、斯维亚托斯拉夫·费奥多罗夫、弗拉基米尔·布伦察洛夫、斯坦尼斯拉夫·戈沃鲁欣和弗拉基米尔·日里诺夫斯基等人。有一段时间，似乎俄罗斯共产党领导人久加诺夫和"亚博卢"党团领导人亚夫林斯基赢面很大，某些政治家甚至已经在自己头上比量过那顶象征巨大权力的皇冠了。

在这种群雄逐鹿、硝烟弥漫的局势下，毫无任何政治资历和政党依托的普京异军突起，则既显突兀又招人嫉恨。普京刚刚任职总理时，社会和媒体除了对叶利钦政府冷嘲热讽外，对普京本人并没有特别关注。这或许也是因为他拥有的政治资本确实离总统宝座过于遥远。

但是，从1999年10月起，在普京的政策获得越来越多的民众支持的同时，普京成为俄罗斯总统现实竞争者的事态也逐渐明朗化，普京周围立刻出现了许多不怀好意之人。与普通民众不同，各大媒体都有自己的政治依托和利益诉求。因此，对普京的抨击也就席卷而来，其势头愈演愈烈，最后甚至演变成对俄罗斯民众的指责和抨击。

普京出人意料地当选政府总理和随后迅速上升的支持率，使得俄罗斯各大报刊、杂志以及电视媒体背后的政治家和商人们害怕了。大选日益临近，这场沸腾的宣传闹剧也在不断升温。

大选前的几个月、几个星期、几天，甚至大选之后关于普京的报道真可谓无奇不有。各种子虚乌有的传闻、各种恶毒的评论粉墨登场，反而是一些重要事物和政府声明却不予报道。诸如"普京是反共人士""对于危害极大的叶利钦政治经济政策，普京什么也不会做，将来也不会去做任何改变""普京并不想整治寡头"、"普京是不会重新审理掠夺性私有化的结果的"——类似的句子比比皆是。

显而易见，所有这类报道都有一个共同的思路，那就是"普京主义"和"叶利钦主义"即使不是双胞胎，也是兄弟般的存在。

从1999年秋季到2000年1月份，所有人似乎都在寄望于俄罗斯人民能够马上"醒悟过来"，莫名其妙的普京现象能够迅速消失。许多政治家、有影响力的金融家以及他们周围那些摇旗呐喊的人们毫不掩饰自己的热切愿望，通过一轮又一轮媒体的狂轰滥炸，他们希望能阻止新领袖的出现，期待普京的"高得不得了的支持率"迅速下降以及普京的垮台。

此时，还有许多作者从四面八方涌来参加这场盛大的讨论，到了2000年3月大选前后，许多报纸猛烈抨击的已经不是普京本人了，而是在3且26日的总统大选中准备支持和已经支持普京的俄罗斯民众，认为他们是"忘恩负义的、被欺骗的、愚昧的、冷漠的、与伟大俄罗斯不相称的"。

同时，欧美等国的杂志也对"轻信的俄罗斯人"嗤之以鼻，俄罗斯国内媒体更是大量引用、转载这些文章，真是臭味相投、殊途同归。然而，争论这些显然是毫无意义的。在20世纪末的10年里，俄罗斯人民见证了无数的政治幻象和历史考验，他们以鲜血和苦难得到的历史经验绝不是任何政客可以轻易愚弄的。

即使在普京获得大选胜利后，媒体的声音依旧没有减弱。普京的当选被指责是"封住了反对派的嘴"，认为"普京的特殊民主制度变成法西斯制度总共也只剩下一两步的距离了"。甚至许多人已经准备好俄罗斯在普京的领导下出现最坏的局面了。

尽管各种刺耳的声音不绝于耳，但无论是普京，还是他的竞选团队，都决定对所有类似的指责不予理睬，这在当时来说也是最为明智的选择。普京明白自己的优势是广大民众的支持，至于舆论的喉舌，大多掌握在对手手里，口水仗无疑是徒耗力气，于事无补。只有3月26日夜间，普京在确定自己已经当选之后，才提到那些席卷大众媒体的无稽之谈，并郑重对俄罗斯选民给予他的信任表示感谢。

普京的智囊团

在总理任上4个月，普京做出了不菲的成绩。此外，车臣战争的胜利，让俄罗斯看到了希望，让俄罗斯民众找到了一种安全感。而随后而来的国家杜马选举的胜出、国内局势的稳定，以及普京不断上升的个人威望，则给予了他周围的人更多的信心。此外，普京个人财产及其来源、家庭成员收入情况等也被中央选举委员会确认为"诚实可信"，进一步增加了其公信力。

当选总统候选人后，普京已经具有了一定的竞选优势。但是，作为一名政治人物，普京职位的飞速飙升在给竞选局势带来巨大冲击的同时，对普京本人来说却并不都是好处。普京出现在公众面前的时间太短，人们还来不及知道普京为何许人也；普京从政的基础薄弱，甚至没有较为完善的政党支持。此时，普京不可避免地遇到了政坛上根基不稳、选民中知名度不高的困扰。如何让自己的竞选优势转化为胜势，普京颇费了一番功夫。

为了制定合适的竞选策略，完善自己的政治形象，塑造人民期待的英雄形象，普京组建了自己的智囊团。

智囊团的首要人物是米哈伊尔·卡西亚诺夫。他主要负责处理俄罗斯同国际货币基金组织的紧张关系。在西方金融界人士眼里，卡西亚诺夫是一个耳熟能详的、值得信赖的人，这也是普京选中他的重要原因。

普京的克格勃同事谢尔盖·伊万诺夫是智囊团的二号人物。1990年，普京离开了克格勃，而伊万诺夫则留在情报部门，职位不断上升。到了1999年

11月，他已经担任俄罗斯国家安全会议秘书的要职。

律师出身的格尔曼·格雷夫和普京政治思想相同，他们都认为战后德国经济发展所采取的家长式资本主义模式可以成为俄罗斯发展的一条道路。他是智囊团的"笔杆子"，著名的《千年之交的俄罗斯》一文就是在他的帮助下起草的。

俄罗斯副总理丘拜斯是普京智囊团中重要的一员。他担负着类似智囊团"政治谋士"的角色，普京在政治和经济等方面的大政方针许多都有赖于他的辅助。

为了使普京的声望在大选时能够达到顶峰，尽量使得大选中阻力达到最小，保证普京顺利当选，智囊团的精英们采取了一连串的行动。诸如仔细地研究公众的喜好，确保普京能对当时俄罗斯社会的主流意见迅速做出积极的反应；顺应时局变化，顺应大多数俄罗斯公民的强国思想，敦促普京在2月份颁布新的、更为严厉的俄军军事学说，向人们展示普京的铁腕和决心；开动宣传机器，塑造人民期待的英雄形象，尽量使更多的俄罗斯新闻媒体和大多数的俄罗斯公众了解并认同普京总理的政府工作和军事上的铁腕声明和举措。

经过种种努力，普京的竞选形势由稍有优势逐渐转变成大有胜势：包括约什卡尔奥拉、达吉斯坦和阿尔泰在内的许多地区都对普京表示忠诚。各种政党也声明拥护普京，其中包括"团结运动"、"祖国—全俄罗斯"等，最后反对普京的只有俄罗斯共产党和"亚博卢"集团两大劲敌。

总统大选，平静登顶

20世纪末21世纪初的几个月，对俄罗斯政坛来说是惊叹连连的几个月。从1999年秋季开始，普京先后成为俄罗斯政府总理、俄罗斯联邦代总统和俄罗斯联邦总统候选人。2000年3月26日，他又经合法选举程序当选为新任俄罗斯联邦总统。短短几个月的时间，普京高调走上了俄罗斯的政治舞台，并迅速占据了俄罗斯国家权力的巅峰地位。

总统选举前一年，俄罗斯民众对普京的了解几乎可以说是一无所知。而他能在总统大选中胜出，对那些政治观察家和分析家们来说却并非是出乎意料的。不论是其个人的性格魅力、叶利钦的慧眼识人和全力助推，还是他在车臣战争中的表现，以及他的智囊团、他的民众支持率，都为他赢得了在大选中的绝对优势。

然而，普京在俄罗斯政治舞台上突兀出现这个现象本身，他攀登权力巅峰的神速以及他对整个俄罗斯局势的影响，他在俄罗斯国内获得的威望和认可，还有作为俄罗斯新任领袖引起的普遍关注，所有自1999年9月以来发生的这些，在俄罗斯政治生活中都是一个个的意外事件，都是俄罗斯媒体的主要议题。同样，一位政治领袖能够如此迅速产生并得到全国上下的一致拥护，对于整个20世纪的俄罗斯甚至所有西欧国家来说，如果不把1917年的大革命包括在内的话，都是没有出现过的政治现象。

更何况，在所有国家、所有的政治斗争中，国家领袖通常都是在长期的、复杂的政治斗争中脱颖而出的，甚至在集权制度下还有可能发生流血事件，但发生在1999年冬季和2000年春季为总统宝座冲刺的各种竞选活动，却是极为平静的。没有幕后密谋，没有任何实际的丑闻，甚至还没有1999年年底国家杜马的竞选活动热闹而有看点。

2000年3月26日，在俄罗斯联邦总统大选的第一轮中，普京就已经以绝对的优势比较轻松地战胜了他的所有竞争对手：根纳季·久加诺夫、格里戈里·亚夫林斯基、阿曼·图列耶夫、弗拉基米尔·日里诺夫斯基等等。

仔细研究普京的这些对手可以发现，对普京来说，久加诺夫和亚夫林斯基不可能构成太大的威胁。而早在2000年1月份叶夫根尼·普里马科夫就放弃了自己的候选人资格，并向普京致以诚挚的敬意，而普京也对他表示了自己对一位长者和政治家的由衷的敬意。普里马科夫的这个举动不难理解，一方面普京的胜势已成，坚持下去只是徒耗时间和精力；另一方面，两人归根结底都是爱国主义者、国务活动家和中派主义者，是正直而又富有责任感的人，并不存在根本的利益分歧。

几乎没有依靠任何群众运动，普京就登上了权力的顶峰，这似乎让人有些难以置信。然而，事实上，普京在总统大选上的成功却是几乎获得了所有民众和政党支持的，而且他并没有刻意地争取，这一点似乎更加让人匪夷所思。

在2000年3月份举行的总统大选中，普京参与组建的政党"团结运动"显然无法提供实质性的帮助，毕竟它才刚刚成立几个月，才开始组建自己的组织、制订纲领性文件和形成思想体系，甚至它的发展本身还需要普京的支持。但是，随着势态变化，普京在民众中的支持率不断飙升，大选前，几十个影响力颇大的社会组织、政治运动团体和各派政党都开始宣布支持普京。俄罗斯联邦的地方势力也不甘寂寞，几乎所有的地方行政长官和俄罗斯联邦各加盟共和国首脑也都表示支持普京。大选开始前不久，曾经在公众场合对普京冷嘲热讽的莫斯科市长尤里·卢日科夫及其领导的"祖国运动"也宣布支持普京。

对于这些人的支持，普京坦然接受，不过，他并没有用任何严肃的许诺来捆绑自己，事实上，也完全没有这个必要。在总统大选的第一轮选举中，普京已经获得53%的选票。这不仅使得普京在俄罗斯国内拥有更加雄厚的群众基础和政治资本，同时也让他以后的执政方针可以更加硬气、更加主动。这种形势让他有权选择同盟者和合作伙伴，有底气对已经沉疴累累的俄罗斯经济政治进行大刀阔斧的改革。

不是阴谋，也不是权术

对于普京在总统大选中不容置疑的胜利，政治观察家们表现出相同程度的惊讶，并为此找了许许多多匪夷所思的理由。然而，认真分析就能够发现，普京的胜出不单单是幸运，更不是源于阴谋或者权术，而切切实实是历史的必然选择。

《消息报》曾经试图把普京的崛起归结于一种奇迹。它指出："他不是什么公众政治家，而是一位政治上获得成功的战士，他惟一能指望的只有个人力量、清晰而冷静的头脑、运气以及至今还没有也许将来也不会使他上当受骗的幸运之星。"

还有一些"偏执狂类型"的阴谋论者和历史学家坚信：历史本身就是一个大阴谋，控制世界和各国的真正权力只有在幕后才能形成。阴谋才是历史发展的动力，其他所有力量都没有意义。所有重大的历史事件都只会在幕后发生，只有亲信们才能够参与。对于这些人来说，叶利钦的辞职和普京入主克里姆林宫都是"阴谋"的结果。然而，他们不可能明白，也难以解释，究竟是谁一手制造了这个"阴谋"。

这种观点有一部分来自西方，许多分析家和记者企图证明，"普京从一个无名之辈，以令人晕眩的速度急速高升最终攀上政治权力顶峰，这一切都是军队和安全部门的将军们联合指挥安排的结果。"他们认为，"有人策动这场战争（第二次车臣战争）完全是为了把普京送进克里姆林宫。"

还有一些报纸则认定，把普京提拔到权力顶峰的并不是军队和安全部门的那些将军，而是阔绰的俄罗斯金融家或者"寡头们"。一家德国报纸断言，普京只不过是一张"白纸"，在上面描画的人——别列佐夫斯基和丘拜斯——才是他真正的靠山。然而两人的对立又引发了新的阴谋论：普京面临非此即彼的原则性抉择：要么他成为臭名昭著的叶利钦家族的傀儡，为他们付账还债；要么同以前的保护人决裂，按自己的意愿与丘拜斯达成交易。

这些奇怪的观点众说纷纭，争论已经毫无意义。因为这些阴谋论的构图都极为粗糙，很轻易就能驳倒，与科学、与真正的政治都全然无关。

除阴谋论外，还有一种权术论。

早在2000年3月26日大选前，许多报纸就报道了关于普京巧妙运用各种权术的说法。譬如，有人认为普京及其周围的人"人为地夸大普京的支持率"、还有人认为普京强硬派领袖的形象完全得益于那些演讲指导师和形象设计师的各种巧妙工作，是他们创造出了一位"年轻、精力充沛、谦逊而又有个人主见的领导者"。

亚历山大·戈尔茨曾经激动地说："普京的形象设计师们为我们塑造了一个'富有人情味'的形象。"鲍里斯·卡加尔利茨基也确信"普京是政治权术家们搞出来的"。甚至就连普京到圣彼得堡去参加导师索布恰克的葬礼，他对索布恰克的遗孀的同情和关心，以及车臣恐怖分子在报刊上和电视上的叫嚣和普京对此采取的安全措施，都被《新时代》杂志称之为"精明的宣传操作"；《明日报》更是坚信，"弗拉基米尔·普京是公关和形象包装专家们创造的一个政治神话"。电影导演格奥尔吉·达涅利亚则把2000年3

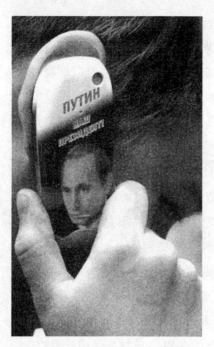

普京头像被作为手机大头贴，街头巷尾尽见普京效应。

月26日的总统大选看作一出极为成功的政治戏剧，但他认为这出戏的成功应该归功于导演和剧本作者，而绝对不是普京本人，他认为普京只是个极力"不走出形象"的人物。另一位电影导演叶夫根尼·马特维耶夫则认为，普京"虽然是个舞台新人，但演得恰到好处"。

然而，在心理学家列昂尼德·克罗尔的理论中却认为，普京几乎不需要导演，在这部戏剧中他集导演、原创编剧和风格独特、才华横溢的演员于一身。

如此种种，将俄罗斯政治舞台和戏剧进行比较无疑十分有趣。但是，事实证明，政治中的戏剧性虽然总是存在，但是戏剧却无法解释整个政治，更不要说俄罗斯大选之前一年到两年时间里政局的跌宕起伏。

无论何时都不能否认，戏剧性表演只是公开的政治活动中极为狭窄的一部分，政治活动主要还是要在舞台外进行，要求的是政治家完全不同于表演能力的一些能力。况且，普京在公开场合的举动还谈不上刻意地表演，他以前毕竟不曾是公众政治家，一下子跃上俄罗斯的政治巅峰，对他来说，最好的应对方式是不扮演任何特别角色，而是保存自己已经习惯了的行为方式和工作作风。

其实，所有关于阴谋和权术的臆测都没有必要一一进行具体反驳，因为它们没有任何事实和证据。普京任政府总理和代总统时所取得的成绩，是实实在在的，任何阴谋的论调在这种实际的政绩面前都站不住脚。普京所获得的民众支持率，是他实施的政策和国务活动，以及敢于承担全面责任独立决策的果断和坚毅所得来的。那些政治决策绝不是形象包装师们能够包装出来的。而普京表现出来的真诚和坚韧，也是无法靠政治权术人为达到的。

在2000年的总统大选中，普京审时度势，顺应民意，提出了强国战略和极为务实的竞选纲领。普京曾说过："我感到自己不是什么救世主，而是俄罗斯的一名普通公民，我的感受与俄罗斯任何一个公民的感受是相同的。很显然，人们感受到这些并由此支持我。"

可以说，从代总统到当选总统这100天的"孤独"执政中，普京"自己塑造了自己"，所以除了叶利钦和更早的索布恰克，他无须感激任何人。他以自己的铁腕、真诚和坚韧感动了俄罗斯民众，也使得自己迅速成为了俄罗斯"社会健康力量"的凝聚中心。

宣誓就职，普京时代正式开启

2000年5月7日，在盛大、庄严的仪式上，普京正式宣誓就职。这意味着普京时代正式开始。

5月份的总统就职仪式已经是俄罗斯联邦历史上的第二次了，但就其规模、程序来说都是史无前例的，堪称俄罗斯最典型、最完整的一次总统就职仪式。甚至仅仅就程序的正规和完善而言，这次就职仪式才算得上俄罗斯历史上第一次真正意义上的总统就职仪式。

5月7日当天早晨克里姆林宫附近就已戒严，只有手持特别请柬的客人方能入场。除了依宪法必须邀请的高级官员及其他社会名流外，此次就职仪式还邀请了两位普通客人：一位是普京的中

宣誓就职仪式上，普京大步迈入克里姆林宫，其坚定、自信的步伐和神态也带给了俄罗斯一种自信的风采。

学老师，另一位是普京的柔道教练。就职仪式按规定在中午12时正式开始。

11时40分，普京的车队终于出现在红场，并缓缓驶入刚刚打开的克里姆林宫大门。车门打开，容光焕发的普京跳下汽车，踏着红地毯独自大步穿过两个大厅，进入安德列耶夫大厅。就在此刻，12点的钟声敲响，俄罗斯总统宣誓就职仪式正式开始。

在俄中央选举委员会主席韦什尼亚科夫向来宾们展示普京当选总统的证明之后，宪法法院院长巴格莱请普京宣誓就职。

"我宣誓，在履行俄罗斯联邦总统职权的过程中，我将始终尊重和保护公民自由和人权，遵守和捍卫联邦宪法，确保国家的主权、独立、安全和完整，诚实地为人民工作。"普京庄严的宣誓声响彻安德烈耶夫大厅。

宣誓完毕，仪仗队员把俄罗斯宪法和"祖国一级勋章"①送入大厅。叶利钦把这枚象征总统权力的勋章正式移交给普京。这一仪式标志着俄罗斯联邦国家最高权力的更迭。

接着，普京发表了简短的就职演讲，他承诺，将会把俄罗斯建设成自由、繁荣、富强和文明的国家。就职典礼上，叶利钦也发表了讲话。尽管他身体状况令人担忧，但整个典礼过程中，他圆满地完成了自己的历史使命，走进了历史。

叶利钦时代，俄罗斯的政局不稳，经济混乱，人民生活水平严重下降，强国地位更是被严重削弱，整个俄罗斯都在期待一位强有力的政治领袖的出现。普京则恰恰满足了俄罗斯人的这个愿望，他应时而起，又经过竞选班子的精心包装，以一种"缺乏恐惧感"的硬汉形象征服了叶利钦，征服了俄罗斯千千万万的选民，也征服了一个时代。

---

① "祖国一级勋章"象征俄罗斯总统权力，在总统宣誓就职仪式上由前任总统移交给新任总统。勋章后面会刻上前任总统的名字。

Part 4

拯救俄罗斯：
给我 20 年，还你一个奇迹般的俄罗斯

第一个4年，普京首要做的就是稳定，给濒临崩溃的俄罗斯"降温"；随后是集权，让统一俄罗斯党形成一种力量，发出一个声音；最后是富民、强国、强军，逐步形成自己的执政理念，展现整个俄罗斯的大国形象和自己的铁腕作风。

第一章
CHAPTER1

内忧外患：
世纪之交俄罗斯的严峻形势

俄罗斯永远拥有未来！对此，我深信不疑。

——弗拉基米尔·普京

接手烂摊子

世纪之交，俄罗斯面临异常严峻的政治、经济、社会及外交形势。这也是叶利钦在第二任期内频频更换总理，以求寻找一个让自己满意的接班人的直接原因。他需要将权力转交给一个威望和手腕都足够强力的接班人。

普京的出现让叶利钦欣喜，也让俄罗斯人民看到了希望！

然而，普京执政之初，叶利钦留下的政治遗产却是惨不忍睹的信任危机，俄罗斯政治体制亟待变革。首先，俄罗斯社会各阶层对政府的工作早就已经严重不满，甚至丧失了对国家政权的信心。而且，就政治体制本身而言，俄罗斯的政体问题已经成为中央政府层面政治矛盾的导火索。同时，地方权力早就已经习惯了叶利钦时代的自行其是，这种状况也直接导致中央政府权力的弱化和国家根本大法——宪法权威的旁落。

总之，在政治发展领域，叶利钦留下的遗产可谓是千头万绪，矛盾重重。就国家结构来说，地方主义的肆无忌惮让联邦制度成为了导致国家分裂的元凶；就国家权力结构来说，立法机构（国家杜马）与执行机构（国家总统）之间矛盾重重，斗争不断，严重影响了政权的执政能力与效率；就政权基础来说，叶利钦依靠“家族”和寡头走上政治舞台，但同时这两者也成为了他甩不脱的包袱：不仅民怨极深，腐败问题也难以解决；就政治价值观来说，社会思潮千姿百态，却没有民族和国家的凝聚力，同时这也是叶利钦政府缺少魅力的根本原因。

政治上的混乱直接影响了俄罗斯的经济，使得20世纪末俄罗斯经济徘徊不前。就总体形势来说，俄罗斯当时的制度环境根本不能保障经济持续发展。同时经济中也是沉疴累累，从政策到思想都亟待变革。虽然1999年俄罗斯经济一改下滑趋势，但却是金融危机后卢布贬值、国际市场能源和原材料价格上涨等因素的共同作用，绝不意味着俄罗斯经济的复苏。

而就在这个关口爆发的车臣问题更令俄罗斯形势雪上加霜。车臣问题久拖未决，已经严重影响到了俄罗斯的国家安全与统一，是独立后的俄罗斯政府难以摆脱的伤疤和梦魇。而第二次车臣战争之后国际舆论的讨伐以及恐怖活动的不断扩大，都为普京的执政之路增添变数。

同时，在外交领域，新千年伊始，俄罗斯深陷外交困局。除了和中国的关系是极少的亮点之外，俄美、俄欧关系问题重重，甚至俄罗斯一直倚为外交依托的独联体都出现了不和谐的声音。

的确，叶利钦就是将这样一个"正处于其数百年来最困难时期的俄罗斯"交给了普京。

面对以上种种，普京接手俄罗斯，可谓是重任在肩，棘手问题更是比比皆是。但是，普京不愧是"一个随时准备应付突然事变，但又不走极端的人"，可以说，他拯救了整个俄罗斯，以强硬的手腕和出色的政绩证明了自己，也证明了叶利钦和整个俄罗斯的选择！

休克疗法让俄罗斯休克

20世纪90年代初，俄罗斯联邦经济领域矛盾重重，赤字触目惊心。叶利钦政府为了缓解危机，引入西方的"休克疗法"战略。然而，最终结果却是只有"休克"而无"疗法"，激进的经济改革只是造就了极少数暴富的寡头，老百姓反而陷入更加贫困的境地。

休克疗法本是医学术语，在20世纪80年代中期，由美国经济学家萨克斯引入经济领域，是一种建立在市场机制体制下的危机解决方案。该方案为萨克斯针对玻利维亚经济危机提出并成功运用，并由此经常被一些发生经济危机的国家所借用。

1991年，俄罗斯联邦成立之初，继承了苏联长达70多年历史的计划经济体制：单一的财产公有制，国有制达90%以上；高度垄断的国家经济；僵化的政府价格体制（一个面包的价格从1950年到1990年40年间一直为12戈比）；一切为军事工业（一般为重工业）让路的畸形产业布局导致的日用消费品的长期短缺；重在积累而漠视消费的低工资制引发的市场购买力严重萎缩；居民社会保障体系由国家承包；对外经济关系处于一种封闭与半封闭状态等等。

面对经济领域的上述僵局，叶利钦政府绞尽脑汁，终于把目光放到了萨克斯的"休克疗法"上。然而，"休克疗法"必须建立在市场经济体制下，显然，这和当时的俄罗斯国情格格不入。但是，以叶利钦总统兼任总理，盖

杰弗里·萨克斯——休克疗法之父。

达尔为副总理的领导班子似乎全然不见俄罗斯的具体国情，直接聘请杰弗里·萨克斯为顾问，全面照搬"休克疗法"，甚至把这套方案作为俄罗斯经济改革的总纲领，自1992年1月1日起，在俄罗斯联邦全面推行与实施。

不知道此时俄罗斯的经济专家在什么地方，本身是经济专家又是"休克疗法"创始人的萨克斯又是基于怎样的想法，总之，轰轰烈烈的经济休克之路自此在整个俄罗斯联邦拉开了帷幕。

首先休克的是物价。长期的指令性价格的骤然开放，以及商品的极度匮乏，促使商品价格开始飞涨，通货膨胀汹涌而至。仅仅1992年，俄罗斯年通胀率就高达2510%，卢布大幅贬值，俄罗斯人民的生活水平一下子倒退了20年。

接下来是无视居民购买力，强行推行私有化。这对从前的政府企业官员们来说无疑是天赐良机，他们以极低的价格将俄罗斯总价值超过2000亿美元的500家国有大型企业收归囊中。国有资产大量流失，老百姓一贫如洗。急速的贫富分化迅速破坏了社会秩序，普通民众已经对改革丧失了信心。而由于紧缩政策带来的沉重的企业税赋，更沉重打击了社会生产的积极性。以上种种对原本就处于短缺经济下的俄罗斯来说，无异于自掘坟墓。同时，生产下滑不可避免要导致税收萎缩，于是国家财政赤字越来越大，财政创收的所谓"稳定化"目标不但未能实现，反而对社会经济造成了更大破坏。后果之二是，大幅度减少国家财政支出，使得企业流动资金严重不足，出现支付危

机，形成庞大的三角债务。

同时，由于缺少资金的支持，加之生活的日益贫困，曾经"估价为1万亿美元的俄罗斯科技潜力渐渐消失，有17万科技人员暂时或永远地出国了，其中有在自己的知识领域中的世界级人物。据国际统计，俄罗斯的'人才流失'相当于500亿美元的损失"。这对俄罗斯来说不啻一场民族大劫难。

此外，外贸自由化的一刀切战略使得外国商品迅速占领了俄罗斯市场，尤其是消费品市场，民族工业受到严重冲击，国民经济陷入"出口能源和基本材料换回食品和消费品"的低级循环之中。同时也引发卢布对内对外的双重危机。

在俄罗斯经济转轨中，叶利钦等民主改革家犯了本质性错误：照搬西方的"休克疗法"，结果俄罗斯经济实现了"休克"，付出了高昂的社会成本，但实际问题不但没有得到解决，反而还不断恶化。最后，俄罗斯副总理盖达尔不得不引咎辞职，叶利钦也被迫在1994年初宣布放弃"休克疗法"的改革，并于1996年承认"过去在改革中试图抄袭西方经济的做法是错误的"。

"休克疗法"在俄罗斯虽然只施行了两年，但其造成的破坏却遗祸无穷。普京上台伊始，首先面对的就是沉重的经济问题。虽说21世纪初俄罗斯市场经济体制的框架已经基本确立，但是国家经济随时有崩溃的危险。整个俄罗斯社会更是长期处于经济危机、财政金融危机和社会政治危机相互交织的状态。

私有化盛宴，官场腐败愈演愈烈

经济上的极端困窘已经够让普京苦恼的了，官场愈演愈烈的腐败更是触目惊心，让他震怒不已。

俄罗斯官场的腐败成风和其政治体制相关。同时，20世纪末一次又一次的东方式的政治危机又把总统和议员竞选等西方议会民主政治体制搅得支离破碎，政府官员的腐败也越来越难以遏制。

而且，这种腐败之风与当时一刀切的市场经济同步发展。腐败在各个权力部门滋生，渗透到社会经济、政治、文化的各个角落，尤其是私有化过程，更是成为了官员分享国家资产的盛宴。

"市场经济"，对于刚刚从计划经济体制中脱身而出的俄罗斯来说，这个名词意味着美丽和时尚，但是希望却那么渺茫，反而，痛苦却是时时能够看到。这些痛苦既有经济危机带来的苦难，也有官场腐败引发的贪污渎职和效率低下。到了21世纪初，市场经济改革带来的阵痛仍旧没有治疗好，现在又留给了普京。

俄罗斯可谓是一步迈进了市场经济，速度之快让人叹为观止。然而，就在这种急剧的私有化过程中，许多人开始钻国家的空子，私有化也成为俄罗斯权势阶层掠夺国有资产的天赐良机。证券私有化时规定，厂长可以在本企业额外获得5％的持股。那么部长又如何呢？更何况，那些厂长经理们有大把的理由可以低价从职工手中收购股票，这种现象在石油天然气部门尤其令人瞠目结舌，其最高领导人凭借企业"自愿"送股票，聚敛了几亿、几十亿美元的巨额财产。在金融领域，更是官商勾结，压低拍卖和招标价格，从中疯狂掠夺国有资产。

于是，那些具有垄断性质或者有发展前途的经济部门和事业单位，一夜之间变成了私人公司。那些昔日的部长、局长乃至处长摇身一变成为董事长、总经理或者经理。他们利用手中掌握的国有资产，无所不用其极地快速聚拢财富：赚取垄断利润或有保障的高额利润，给自己发放高额工资、高额奖金，甚至慷国家之慨，为自己购置豪华的别墅、汽车等。

总之，在私有化过程中，整个俄罗斯都陷入了一种疯狂之中。在权力执行机关，诸如海关、税务、银行、工商管理、公交、基建、市政、警察、司法等部门，有权就有钱成了铁律，无论有什么权，无论多大的权，都可以和财富相关。相关申请报告，给钱就通过、无钱就刁难的情形比比皆是，整个社会时时处处都散发着腐败的霉臭。

中下层腐败现象已经这么严重，那最高领导层又如何呢？高层官员的腐败行为有过之而无不及。从1997年10月到2000年3月，仅仅两年半的时间，俄罗斯就有少则42亿美元、多则100亿美元的黑钱被"清洗"了。如果没有高层人士在其中运作，"清洗"如此巨额的资金绝不会如此轻松。20世纪的最后一年，俄罗斯更是发生了一桩最大洗钱案，震惊世界。此案不但数额惊人，更涉及到一系列国家要员及大公司和大银行。美国司法部门和财政部门调查确认：数十亿甚至数百亿美元在纽约银行的账户"洗了钱"。如果追根溯源，可以从那些错综复杂的经手公司追到俄罗斯最上层。

此外，被称为俄"私有化之父"的丘拜斯还爆出了"巨额稿酬丑闻"。这一丑闻一经披露，全国哗然。这桩丑闻除了涉及俄罗斯政府第一副总理兼财政部长丘拜斯，还牵扯到了其他4名高官，他们都是推行私有化的官员，其中3人更是在国有资产管理委员会先后担任主席。他们合著的一本《俄罗斯私有化史》，索取稿费高达45万美元。该书每行字价值72美元，比诺贝尔奖金还高，真可谓是真正意义上的一字千金。如此高昂的稿酬，出版者利益又在哪里呢？原来这天价稿酬背后隐藏的却是一笔国有企业股份拍卖的交易——丘拜斯等人和奥涅克西姆银行总裁波塔宁以稿酬换取俄罗斯国有电信公司、诺利里斯克镍业公司拍卖部分股份的交易。

刚刚上任的普京，必须采取措施，整肃官场，以求刹住这股已经愈演愈烈的腐败之风。

叶利钦留下的特殊遗产：寡头干政

"休克疗法"让俄罗斯在短短5年时间就完成了社会财富的重新分配，闪电式的私有化同时也迅速塑造了一个私有者阶层。尤其是一些寡头家族，他们乘机积聚了大量财富，权势熏天，形成了叶利钦时代特有的"寡头干政"现象。

这些寡头家族中人们最为熟知的是"七寡头"金融工业财团。所谓"七寡头"，即别列佐夫斯基、波塔宁、古辛斯基、霍多尔科夫斯基，阿文和弗里德曼、斯摩棱斯基。

别列佐夫斯基：1946年出生，控制俄罗斯民航和汽车工业以及后来俄罗斯一些重要媒体。别列佐夫斯基曾经两次从政，先后出任俄罗斯安全会议副秘书，独联体执行秘书等。

波塔宁：1961年出生，依靠金融业起家，自1990年以来波塔宁建立了一个以工业公司、银行和媒介为基础的商业帝国。

古辛斯基：1952年出生，是犹太后裔，于20上世纪80年代末90年代初起家，曾是俄罗斯传媒和银行业巨头。

霍多尔科夫斯基：1963年出生，曾为俄罗斯首富，拥有价值70亿美元的俄第二大石油公司——尤科斯石油公司36.3％的股份。

阿文和弗里德曼：拥有以阿尔法银行为中心的阿尔法集团，其中包括俄罗斯最大的水泥公司——阿尔法水泥公司、最大的石油和石油制品出口公司——阿尔法埃科公司。

斯摩棱斯基：创办全俄八大银行之一——首都储蓄银行，此外，他还涉足建筑、石油和有色金属的开采加工、装甲运钞车制造等行业。1996年11月，取得全俄第五大银行——农工银行的控制权，其在金融界地位得到进一步加强。

此外，还有统一电力公司总裁丘拜斯等人，也是具有指标意义的寡头。

1996年被普遍认为是俄罗斯寡头集团势力成长的关键年份。在总统大选中，叶利钦面临实力雄厚的俄罗斯共产党的挑战，而羽毛渐丰的寡头们为了自己的既得利益和未来的生机，也想掌控影响政治的渠道。于是，1996年3月的一天，叶利钦秘密召见了后来被称为"七寡头"的俄罗斯经济巨擘，双方一拍即合。此后，俄罗斯开始了典型的政商结合掌控国家权力的一幕。

英国《金融时报》透露出俄"七寡头"暗中成立的"重新塑造自己国家前途的联盟"，为叶利钦提供了大约300万美元的竞选经费。同时，"七寡头"还利用他们掌握的舆论媒体为叶利钦摇旗呐喊，或者造谣攻击反对派候选人。别列佐夫斯基在一次谈话中毫不讳言自己的得意："俄罗斯的商人们对叶利钦总统取得胜利起了决定性的作用。"

叶利钦当选后，对大选中作出"贡献"的寡头投桃报李：别列夫佐夫斯基、波塔宁都曾经在政坛显赫一时，各金融寡头及其代表纷纷进入总统办公厅、政府和各部委。寡头们开始积极干政，大资本从此开始或多或少地影响俄罗斯的政治进程。叶利钦在执政末期接连替换四届总理，每一届政府构建的台前幕后都或多或少有寡头们干预的痕迹。

从1996年开始，寡头们与叶利钦家族紧密结合，如同抽水泵一样深入俄罗斯国民经济体系，榨取超额利润。"七寡头"之一的别列佐夫斯基，身兼数学家、金融家、媒体大亨、"政坛鬼才"等身份，被美国历史学家保罗·克勒布尼尔科夫称为"克里姆林宫的红色教父"。莫斯科甚至流传着这样的笑话："别列佐夫斯基在俄罗斯政府和总统办公厅开了职业介绍所，谁要想进入俄罗斯政府当副总理、部长或到总统府当官，必须要经过别列佐夫斯基的职业介绍所同意才行。"此外，叶利钦外孙女婿杰里帕斯卡，是全俄罗斯最年轻的寡头。他掌管着世界上第二大铝业公司——俄罗斯铝业公司，后来又收购了俄最大的手纸生产厂，被人们戏称"俄罗斯人的屁股现在都由杰里帕斯卡负责了"。俄罗斯寡头在政经领域的影响力可见一斑。

俄罗斯《晨报》认为"俄罗斯寡头"和当年的"普鲁士道路"①一样，已经成为一个专用概念，专指采用某种非常规手段发财致富。这些俄罗斯新贵们短时间内聚集亿万身家，在俄罗斯政商两界呼风唤雨，其影响力甚至延伸至世界经济范畴，在一定程度上演绎了一场只有史书中才能看到的资本"原始积累"的活话剧。

俄罗斯寡头代表的是新生俄罗斯金融资本与国家权力的结合，在这一点上，产业革命时期欧美崛起的老牌财团、日本明治维新后发展起来的大财阀犹有不及。

然而，俄罗斯寡头的存在却又在一定程度上激化了社会矛盾。他们在方方面面对国家政治经济的干预对独立的国家政权来说同样不可容忍。普京上台伊始，面临的就是这些以金钱开道、试图"曲线"参政的寡头集团的威胁。

而想要摆脱叶利钦留下的这笔特殊遗产，不做寡头集团的傀儡，真正实现自己强国的理想，普京就必须做好和庞大的寡头集团开战的准备。

---

① 德意志是一个民族分合无定的国家，1871年由普鲁士实现了首次民族大统一。因此，普鲁士经常被称为是德国人精神和文化的代名词。

民族分裂主义抬头，地方主义盛行

普京当选总统后，所面临的重大考验之一就是如何解决车臣战争的遗留问题。

普京执政之初，虽然联邦军队几乎已经控制了车臣全境，暂时抑制住了车臣独立的趋势，但是，实现军事占领，并不意味着车臣问题的彻底解决。车臣问题很复杂，要彻底解决这个问题，除军事占领外，需要一系列政治、经济和社会配套措施，这在短时期内根本无法实现。

此外，车臣问题还有一定的传染性，它就像毒瘤一样寄生在俄罗斯联邦体内。车臣问题的悬而未决，不仅会危害车臣本身，还可能"转移"和"扩散"到俄罗斯联邦的其他民族和地区，从而威胁到俄罗斯国家统一与领土完整。车臣问题之所以如此重要，和俄罗斯的多民族的具体国情紧密相关。

俄罗斯联邦境内有大小民族120多个，是世界上民族最多的国家。其中，俄罗斯人是俄罗斯联邦的"主体民族"，占全国总人口的81.5%。其他民族按人口数量依次为：鞑靼人、乌克兰人、楚瓦什人、巴什基尔人、白俄罗斯人、马里人、哈萨克人、阿瓦尔人、犹太人、亚美尼亚人、阿塞拜疆人等。

同时，俄罗斯120多个民族大杂居、小聚居，少数民族分布总体上处于一种不平衡状态。而且各民族的语言、宗教和习俗都自成一格，民族关系十分复杂。

以上种种使得俄罗斯的民族问题成为一个不可能一劳永逸地解决的难点问题。这个问题在苏联时期就已存在，叶利钦时代则更为严重。经济改革的失败使民族矛盾日益突出：民族分裂主义分子和恐怖活动更是时有发生。

此外，俄罗斯联邦体制构成也造成了各种问题，地方主义盛行，中央政府的执政能力在叶利钦时代不断被削弱。

俄罗斯联邦的89个联邦主体中，包括21个共和国、6个边疆区、49个州、2个联邦直辖市、1个自治州和10个自治专区。其中，21个按照当地主要民族命名的共和国拥有一定的立法权，其权力远远大于其他各类联邦主体的独特权力。因此，各共和国的一举一动都会饱受关注，而权力和义务的不平衡更是直接影响着整个联邦体制的稳定。

许多地方州长不断提出"各联邦主体权力、义务、责任平等"的问题，有的州甚至曾经试图改称共和国。在叶利钦时代，地方权柄太甚，呈现尾大不掉之势。中央政府的权威被严重削弱，甚至出现宪法旁落现象。而这些问题背后都或多或少有民族矛盾的影子。

由于民族问题直接关系到俄罗斯主权统一和社会安定，普京吸取前人教训，把它当做重大的政治问题来抓。

所以普京上任之后，就把车臣问题当做首要问题来抓，甚至不顾生命危险，多次到车臣前线视察，鼓舞军队士气。同时，面对错综复杂的民族关系和尾大不掉的地方势力，他更是认真面对。

世纪初的外交困局

普京执政之初，不仅内患重重，在与外部世界的关系上同样面临一系列的困难。叶利钦时代遗留下来的外交遗产也只有与中国等少数几个国家处于关系良好的状态。

首先是俄美关系。

叶利钦时代，俄罗斯一直致力于谋求和美国建立平等伙伴关系。两者曾经有过一段短暂的蜜月期，但随着科索沃战争的爆发，两国关系降到俄罗斯独立后的冰点。

科索沃战争实际上是后"冷战"年代俄罗斯与美国在国际危机处理原则上的深刻矛盾的集中体现。

在科索沃危机爆发期间，美国标榜"人权高于主权"，强调《联合国宪章》已经过时，需要建立新的国际关系准则。克林顿公开宣称，"科索沃模式"可以成为今后全球范围内人道主义干预的普遍模式。

而俄罗斯则坚决反对动用武力，更因此中断了普里马科夫总理的访美之行。战争开始后，叶利钦总统当即发表措辞强硬的声明，表示对北约试图以世界宪兵身份采用武力强制政策的抗议，并声明，为了确保自身和整个欧洲的安全，将保留采取相应措施——其中包括军事措施的可能。尽管俄罗斯当时没有能力阻止美国的军事行动，但显然科索沃战争给俄美双边关系蒙上了一层阴影。而且，科索沃独立也鼓舞了车独分子，使得俄罗斯境内的恐怖主义行动出现新一轮高潮。

即使普京就任总统之后，仍旧不能对这一问题释怀。普京谈到这一形势时犀利地指出，"人道主义干涉"实际上是"冷战"余毒，是一种借口人道主义行动损害国家主权的行为。

同时，1999年3月美国国会通过的《1999年NMD法案》也使俄美关系雪上加霜。俄罗斯指责该法案破坏了苏美1972年签署的《反弹道导弹条约》，有可能会使世界上业已形成的关于战略进攻性和防御性武器条约与协议的体系瓦解，并威胁整个裁军进程，危害全球战略稳定和国际安全。俄罗斯政府认为，美国这一系统只是为了谋求在全球范围内的战略优势，其他一切冠冕堂皇的说法只是借口和托词。同时，俄罗斯国防部长曾经毫不讳言地表示："我们坚信，部署这一系统首先是针对俄罗斯的，使俄罗斯的国家安全面临前所未有的重大威协。"

而且，北约第一轮东扩也让俄罗斯对美国更加不满。

其次是俄罗斯与欧洲的关系。

叶利钦时代，俄罗斯与欧盟的贸易合作关系得到了稳定发展，但北约第一轮东扩、科索沃战争中的分歧、西欧国家在车臣战争问题上对俄罗斯政府政策的批评等都使双方的政治关系相当冷淡。

而后是俄罗斯和独联体的关系。

由于叶利钦时代经济长时期处于危机状态，叶利钦在独联体地区推行的一体化政策一直缺乏足够的经济动力，独联体框架下的政治、经济、安全领域的一体化进程发展缓慢。而且在叶利钦辞职前夕，受到了非俄罗斯一体化的挑战。实际上，独联体内部一直力图摆脱俄罗斯的领导地位，存在着一种非俄罗斯的一体化倾向。20世纪90年代末，针对北约对南斯拉夫的轰炸，俄罗斯希望独联体首脑会议通过一个联合声明以谴责北约的"侵略"，却遭到若干成员国的反对，最终只通过了一个措辞相当温和的文件。同时，格鲁吉亚、阿塞拜疆和乌兹别克斯坦拒绝继续作为成员国。而且，各独联体成员国都不同程度地受到了北约东扩的影响，俄罗斯在中亚的领导地位受到越来越多的质疑。

此外，与东亚地区，由于北方四岛问题，俄日关系长期处于僵持状态；与动荡的中东地区，独立后的俄罗斯影响力和苏联完全不可同日而语；与非洲和拉丁美洲，直到20世纪90年代双方外交才刚刚有所恢复。

也就是说，在普京执政之初，只有俄中关系是俄罗斯与外部世界关系中为数不多的亮点。

普京上台之后，对俄罗斯面对的严峻国际形势已经有所认识。在新的《俄罗斯联邦外交政策构想》中，他指出："21世纪到来之前业已形成的国际局势要求对俄罗斯联邦外部的总体情况、俄罗斯外交政策的优先方向及其保障手段进行重新认识。"同时，俄罗斯最主要的外交政策咨询机构外交与国防协会也做出了类似的评估："在2000年开始前，从对外政策的观点来看，俄罗斯面临着困难的局面，出现了未能给予回击的新挑战，造成了政策本身存在危机的印象……90年代末，俄罗斯外交经受了一连串的失败，使国家遭受了损失，它的外交处境变得更加复杂。"

第二章
CHAPTER2

点起第一把火：
铁腕改制，稳定经济

我们要在可以预见的将来让俄罗斯在世界上经济发达、力量强大且富有影响力的国家中占有一席之地，我们的全部决策，我们的全部举措都要服从于此。

——弗拉基米尔·普京

"俄罗斯新思想"的布道者

普京第一任期是其治国理念的初步形成阶段。以1999年12月的《千年之交的俄罗斯》、2000年2月的《致选民的公开信》和2000年7月的《国情咨文》这三份重要的政治文献为标志，他提出了以俄罗斯传统价值观为基础的"俄罗斯新思想"，并在此基础上提出强国战略，从而逐步形成了普京特色的发展模式。

普京提出"俄罗斯新思想"主要基于吸取苏联时期和叶利钦时代国家发展的经验教训，他说："90年代的经验证明，将外国的抽象公式简单地移植到俄罗斯的土地上不可能使我国的改革真正成功和不付出昂贵代价，机械地照搬别国的经验也不可能成功。"他认为，只有将市场经济和民主原则与俄罗斯的国情有机结合，俄罗斯的未来才能真正可期。

因此，"俄罗斯新思想"实际上蕴含了两个方面的基本含义：

首先，普京认为，"俄罗斯新思想"的内核之一就是体现市场经济和民主的普遍原则的超国家的全人类价值观，其中包括言论自由和出国自由、个人拥有基本政治权力和自由等观念，以及珍惜能够拥有财产、从事经营活动和创造财富这样的机会等。

其次，普京认为，俄罗斯社会长期动荡的根本原因就是"公民意见不一致，社会不团结"。所以，他指出，支撑俄罗斯社会团结的思想基础是"俄罗斯人民自古以来就有的价值观"，即"俄罗斯的思想"。普京把"俄罗斯的思想"归纳为：爱国主义、强国意识、国家权威以及社会互助精神四点内容。

"俄罗斯新思想"的"新"就体现在它的综合性上，它是把全人类普遍的价值观与俄罗斯久经考验的传统价值观相结合，把历史与现实、传统与现代融汇一炉。

普京的"俄罗斯新思想"是对20世纪90年代以来的俄罗斯占主导地位的政治思潮的挑战和反正，因此具有很强的针对性。其中，"爱国主义"实质上就是俄罗斯民族主义，针对的是戈尔巴乔夫以来盛行的世界主义和民族虚无主义；"强国意识"，强调俄罗斯过去和将来都是"伟大国家"，主要针对"民主派"奉行的力图使俄罗斯尽快融入"西方文明世界大家庭"的欧洲-大西洋主义；对"国家权威"的重视，则是针对20世纪90年代以来占统治地位的认为市场万能的自由主义；"社会互助精神"，则是为包括苏联20世纪70年代在内的俄罗斯传统文化核心——集体主义正名，主要针对一度泛滥的以"个人主义"为核心的西方文化思潮。

"俄罗斯新思想"实际上体现了普京对俄罗斯发展道路与模式的初步探索与总结。普京提倡在俄罗斯进行市场经济和民主改革，但不是生搬硬套，必须从俄罗斯的具体国情出发，走俄罗斯自己的道路；对活跃在俄罗斯政坛上的"共产主义"和"民族爱国主义"以及"激进自由主义"，普京都不赞成。因此，俄罗斯国内学者普遍认为普京走的是"第三条道路"，或称为"中间道路"。

虽然普京的"俄罗斯新思想"为俄罗斯发展指明了方向，但是前提却是要夯实基础。因此，在"俄罗斯新思想"的基础上，普京并不拘泥于所谓"第三条道路"的无谓争论，而是采取了一系列切实可行的政治举措，并旗帜鲜明地进一步提出了面向未来、面向世界的强国战略。

寻觅俄罗斯的强国富民之路

普京被认为是"一个既能从历史中寻找资源，又敢于突破既成格局，既精明务实，注重实际利益，又具有长远战略抱负的人"。执政之初，面临俄罗斯国家和人民"忍耐能力、生存能力以及建设能力都已处于枯竭的边缘"这样的社会现实，普京以其硬朗的领导手腕将经济衰败、社会混乱、国运式微、国际地位日趋下降的俄罗斯重新带上了"强国富民"的复兴之路。

正视问题、解决问题是普京为人的基本逻辑和一贯作风。这种作风被普京完美地运用到了治国和执政上。执政之初，普京就认识到，"俄罗斯正处于其数百年来最困难的一个历史时期。大概这是俄罗斯近200～300年来首次真正面临沦为世界二流国家，抑或三流国家的危险"。秉承一贯作风，普京提出，认清形势、正视问题是解决问题的起点。因此，他的"强国富民"思想首先要解决的就是经济发展目标的调整。

他认为，应该以俄罗斯现实为坐标，对各种经济思想兼收并蓄，从而调整经济发展目标，以求最终解决问题。这种务实主义也成为了普京的治国理念和经济发展战略的最大特点。

而且，普京同时指出，叶利钦时期的"休克疗法"所导致的"政治和社会经济动荡、剧变和激进改革已使俄罗斯精疲力竭"，"国家和人民都经受不住再一次翻天覆地的变革"，否则很有可能整个国家都会"从经济上、政治上、心理上和精神上崩溃"。

作为一个负责任的国家领导人，普京表示"应该给人民制定出一个能使俄罗斯复兴和繁荣的战略"。普京指出，实现俄罗斯在社会转型时期的经济增长、政治稳定和社会公正是第一要务，而无论是叶利钦执政初期的"休克疗法"还是后期的政策回摆，都没能解决这个问题。因此，他意识到，"简单地照搬外国课本上的抽象模式和公式"是行不通的，"包括俄罗斯在内的每个国家都必须寻找自己的改革之路"。

普京提出，要"依据市场和民主改革过程中所创造的一切好的经验，并且只能用渐进的、逐步的和审慎的方法实施，实施时既要保证政治稳定，又不能使俄罗斯人民的各个阶层和群体生活水平下降"为基础来制定国家发展战略，并由此形成"普京战略"，即以"将市场经济和民主制度的普遍原则与俄罗斯的现实有机地结合起来"为指导，以"自由、公正"原则为核心，以"富民、强国"为目标，以"正视问题、解决问题"为逻辑，以"由近及远，由粗到细，由宏观到微观"为发展脉络的"强国富民"思想。该思想具体内容涉及政府职能定位、比较优势的回归与超越、融入世界经济的姿态和以人为本的理念等各个方面，借此在普京的引导下，俄罗斯终于有了"一个光明的未来"。

2002年的《国情咨文》中，普京特别指出，"要想确保老百姓应有的生活水准，要想使俄罗斯成为真正意义上的、有分量的世界经济成员，要想使俄罗斯成为强有力的竞争对手，我们的经济发展必须提高速度，否则我们将永远落败，我们在世界政治与经济中影响力将不断减弱"。

2003年的《国情咨文》中普京则首次明确提出"强国战略"。他认为，"我们要在可以预见的将来让俄罗斯在世界上经济发达、力量强大且富有影响力的国家中占有一席之地，我们的全部决策，我们的全部举措都要服从于此"。同时，普京呼吁国民"把俄罗斯建设得繁荣而富裕，让生活在俄罗斯变得舒适而安全，让人们能够自由地劳作，不受限制、没有恐惧地为自己和自己的孩子们创造财富，让人们想回到俄罗斯养育自己的子女，建设自己的家园"。于是，随着经济形势的逐渐好转，普京开始将精力更多地投向社会领域，重视人力资本，关注个体发展，提高社会福利，并为此制定了具体的量化指标。

在普京的"富民强国"思想里面，"富民"是前提，因为"俄罗斯首先意味着的是那些视它为家园的子民，他们的繁荣与生活富足是任何一届政府义不容辞的责任"；强国是保障，因为"俄罗斯的历史经验已经证明，这个国家只能是强国，无论是政治的还是经济的衰退都将危及她的统一"，而且"俄罗斯只有在经济上强大起来，不再依赖国际金融组织的施舍、不再受瞬息万变的外贸行情影响"，才能称得上真正的"富有而强大的国家"。

整顿政纲，强硬"削藩"

普京上台伊始，本着"只有先存在权威，而后才谈得上限制权威"的强硬思想，开始大力整顿政纲，树立中央权威。

普京非常清楚，俄罗斯正处于社会转型期，必须对各种资源进行合理调配并相对地集中运用，才能真正实现"复兴俄罗斯、重返强国前列、实现帝国梦"的梦想，而这一任务只能由国家政权来承担。而俄罗斯宪法中总统的巨大权力，无疑成为普京最大的资源。但这还不够，普京要做的是使总统权力超越国家政权体系（行政、立法、司法），即在保持现有国体的情况下实现总统相对集权统治，只有这样才能利用一切合法的手段团结所有主流政治力量，并使之串联形成政治合流，从而使整个俄罗斯能够拧成一股绳，发出一个声音，尽最大的可能为"强国之梦"而努力。

为此，普京做了很多，诸如"削藩"，就是要最大限度地遏制地方政治势力；"肃寡"，就是要最大限度地打击胆敢向克里姆林宫示威的寡头；"强权"，就是最大限度地突出国家行政权力系统的有效性和控制性。

普京的中央集权更多地是从"政治技术"上整合叶利钦留下的"瓦砾"，让这个在屡次巨变中渐渐失控并趋于崩溃的国家恢复秩序。可以说，这种集权具有进化和净化性质，也就是以强化总统制为特征，强调可控民主、主权民主，以垂直权力体系来加强中央权威。

为了做到这一切，普京首先是采取措施强力"削藩"，打掉地方势力"自行其是"的嚣张气焰，恢复中央权威。

叶利钦时代的"软政府"分权泛滥的后果就是地方保护主义和局部垄断公行，地方行政长官甚至把管辖地域视作个人"封地"，公然对抗总统和中央政府的指令，国家统一受到严重威胁。

因此，普京上台之初就面临强化政府行政能力、树立国家权威，创造统一的经济空间这个突出问题。对此，他没有丝毫犹豫，而是以其一贯的铁腕作风打出了一场非常漂亮的"削藩"硬仗。

2003年3月，普京在《头号人物：普京访谈录》一书中再次重申："俄罗斯自建立伊始就是一个超级的中央集权国家，这一点已深深植根于俄罗斯的遗传密码、传统及其民众的思想之中。"

上台之初，普京就强调在中央与地方关系上，经济纪律、统一的法律制度、中央和联邦主体彼此负责，是俄罗斯民族政策的三个最重要的组成部分。地方不可能完全独立，必须使"地方从属于中央"，核心是建立行之有效的垂直政权体系，加强中央对地方的宏观领导。可以说，普京是"怀着加强中央集权的抱负入主克里姆林宫的"。

然而，早已经习惯了"自行其是"的地方领导人，必然不会轻易放弃手中权力。对此，普京经过深思熟虑，在和26名联邦最有影响力的地方领导人会晤后，选择了一个最激进但也见效最快的"削藩"策略。

从2000年5月中旬开始，普京开始从四个方面实施和推进"中央集权"。

1．勒令地方修改法令，恢复俄罗斯联邦宪法权威。

2000年5月11日，普京致信巴什科尔托斯坦共和国总统，要求修改该共和国宪法，使其和俄联邦宪法相符。同日，普京发布总统令，以违反联邦法律的理由宣布撤消印古什共

指点江山的普京。

和国总统和阿穆尔州州长职务的一系列命令。6月27日，俄宪法法院作出裁决，宣布6个共和国宪法中的"主权"条款，以及拥有境内矿藏及自然资源的条款予以废除。

2．建立7个"联邦区"，任命总统"全权代表"。

2000年5月13日，普京发布总统令，宣布将俄罗斯联邦各共和国、边疆区和州按地域划分为7个"联邦区"，这7个"联邦区"的划分刚好同俄联邦7大军区吻合。随后，普京在各联邦区任命了总统"特命全权代表"，首次任命的7个总统代表中有5人是强力部门的将军。显而易见，普京企图依靠强力部门的亲信来加强中央集权。2000年12月下旬，普京又把总统办公厅地区管理总局三分之二的职权移交给联邦区的全权代表。

每个联邦区的全权代表有4项主要任务和13项职能，但最重要的是使总统能在相应的联邦区范围内履行宪法职能。他们接受总统任命，直接隶属于总统并向总统汇报工作。可以看到，通过划分联邦区并任命全权代表，中央和地方的联系、中央政府的权威以及总统在整个俄联邦的地位和权力均得到巩固和加强。

3．改组联邦委员会（上院）。

2000年5月13日和5月18日，普京向联邦议会提交了《联邦委员会组成原则修正法案》《俄罗斯联邦主体国家立法与执行权力机关基本原则的修改与补充法案》和《俄罗斯联邦地方自治设置原则的修正法案》等一整套有关改

革联邦体制的法律草案。

普京的目的非常明确，就是要削弱地方领导人的实权，改变中央对地方事务管理的失控局面，将对国家各级权力机关进行管理的主动权掌握在联邦中央，尤其是总统的手中，消除大量地方法规严重违反联邦宪法和联邦法律的现象，为建立一套行之有效的国家垂直权力体系奠定必要的法律基础。

之前，联邦委员会议员一般都由各地区的一把手、行政长官、共和国总统或地区议会领导人担任。对此，普京认为，这种状况将导致联邦委员会的议员成为自己应当执行的法律的起草者，违反了权力分立的原则。于是他提出联邦委员会议员由地方选派专业代表，形成长期专职职务，联邦主体的行政长官不再兼任此职。

4．明确规定，中央拥有解除地方长官职务和解散地方议会的权力。

普京认为，连俄联邦总统违反宪法都能被解除职务，地方领导人及其下属机关领导人当然不能例外。这一举措，让中央政府和俄罗斯联邦总统对地方势力构成强大的制约。

普京的种种"削藩"举措，引起了联邦委员会和地方长官的不满。

许多地方领导人尤其反对改组上院，反对剥夺自己上院议员的资格，因为这实际上使他们失去了成为全国级政治家的机会，同时使他们失去了议员的豁免权，而且随时都有被总统解职的危险。

莫斯科市市长卢日科夫认为，总统的提案是"任意性决定"，违反宪法。印古什共和国总统阿乌舍夫说，除了选民，谁都无权解除地方长官的职务。

寡头政治家别列佐夫斯基甚至公开发表声明，指责普京违反宪法，违反民主原则，是开历史倒车。他甚至宣布退出国家杜马，放弃议员资格，以此来表示对普京的集权倾向的抗议。

虽然普京的这些举措得到了以"团结运动"和俄罗斯共产党为主的国家杜马的支持，其法案在国家杜马中以压倒多数通过，但在2000年6月28日的联邦委员会表决中，却遭到了心怀不满的联邦委员的顽强抵制，最后，联邦委员会以129票反对、13票赞成的表决结果否决了该法律草案。普京"削藩"计划严重受挫。

最后，经过国家杜马协调，经过多次讨价还价，前后经过70多天的反复折腾，2000年7月26日，上院终于通过修改后的提案。此时，立法提案的内容虽然已经做出了重大修改，对地方长官做出了诸多让步，但不可否认，地方长官退出上院，本身就意味着普京"削藩"措施的巨大胜利。

出于安抚考虑，2000年9月1日，普京宣布成立由一些联邦主体的首脑和议长提出的联邦国务委员会，普京任委员会主席，每三个月举行一次会议。这只是一个"协商性机构"，通过这个机构，地方领导人可以经常同普京见面，参加全国性重大事务的讨论和解决。

至此，普京加强中央集权的改革获得初步的胜利：地方权力自行其是的倾向得到控制；地方精英在一定程度上被"驯服"；车臣等民族分离主义势力受到了遏制。

反腐倡廉，提高政府效率

俄罗斯经济转轨过程中，官商勾结、腐败盛行，而且"政权机关和国家公务员的腐败，是俄罗斯政权效率低下、外资裹足不前的根源之一"，而俄罗斯"政府本身"同样也是"影子经济和灰色体系盛行、腐败猖獗以及资本大规模外逃"的根源所在。在普京上台时，"老百姓对行政机关的专横已经怨声载道，庞大的、笨拙的、无效的国家机关正在成为国家发挥巨大潜力的障碍"，因此，反腐倡廉、提高政府工作效率、建设"高效政府"是整个普京时代都突出强调的施政重点。

对于腐败，普京主要从以下两个方面着手：

1. 加大打击力度，推动反腐工作的系统化、专业化。

俄罗斯十年动荡时期有两大祸根，就是恐怖主义和腐败。普京的"铁腕"打击已经成功遏制了恐怖主义，但腐败却几乎已经成为了俄罗斯人的"另一种生活方式"，家长给老师塞钱，老师给医生塞钱，医生给交警塞钱，交警给上级塞钱……腐败早已以令人惊讶的深度和广度渗透到了俄罗斯社会的各个角落。在国际组织"透明国际"（Cransparency International）每年评选出的"全球腐败指数排名"中，俄罗斯的排位一

普京：像对待叛国罪一样惩治腐败！

直居高不下，甚至和一些非洲国家的腐败程度不相上下。普京也曾经向西方国家的媒体坦承："腐败是俄罗斯社会主要的问题之一。"

普京深知腐败的危害，在其执政时期反腐力度不断加大。在2000年总统《国情咨文》中，普京指出，"无论是中央还是地方，肆意亵渎国家法制、压迫经营者、为腐败创造条件的官员都大有人在。而要想铲除滋生腐败的土壤，就必须减少部门章程、简化企业注册、考核、投资审批等程序"。从此，历年的国情咨文都对反腐工作有所涉及。2003年，普京在全国范围开展了反腐肃贪运动，清理了一大批贪赃枉法的官员和警察。此外，普京要求"既要抓受贿者，也要抓行贿者"，俄罗斯政府以此为依据相继出台近100项根除行贿的长、短期措施，并且拟定了相关反腐防腐制度。2004年3月，俄罗斯成立"国家反腐败委员会"，普京明确做出指示，"要做系统性的、专业的工作，而不仅仅是侦破个别大案"。

2. 推进行政改革，建设高效政府，从制度、机构等根源上根除腐败。

普京多次强调行政改革的必要性，他认为"政府效率低下是导致1998年那场持久而深刻的经济危机的重要原因之一"，同时也是俄罗斯腐败盛行的根源之一。在俄罗斯，"官僚集团在很大程度上还是一个封闭的和傲慢的集团，把国家公务看做是一种生意"。对他们来说，"任何行政障碍都可以用贿赂来攻克，障碍越大，贿赂就越大，受贿官员级别也越高"。而和这些"权力大，职能多，人也多"的俄罗斯官僚相比，"高效的、具备现代化技能的管理人才却少之又少"，由此可见，行政改革已经迫在眉睫。

因此，普京执政之初就出台了俄罗斯《行政改革构想》，从俄罗斯整体发展战略的角度，为俄罗斯经济发展松绑解套，同时注重与国际接轨，实行行政改革。改革从调整各级政府机关的职能开始，本着"用不着说服官僚机构缩小其胃口，而应当用命令的方式限制它。应当从根本上减少国家机关职能"的思想，大力精简机构，裁减冗员，推进行政改革，以求"提高国家管理的有效性，使严格守法的官员能向居民提供高质量的公共服务"，并"使国家机关变得高效而精干，既能适应时代要求又能符合国家的发展目标"。

调整国家安全战略

进入21世纪，随着叶利钦时代的终结，普京担负起"照看好俄罗斯"的重任。然而，在叶利钦担任总统的10年中，虽然俄罗斯不断调整转型，但这只"熊"的伤势却越来越重：综合国力严重衰退，更面临着地缘政治恶化、外部军事压力增大及国内政局动荡、经济危机、民族骚乱等种种严峻态势。

同时，华约解散又使得俄罗斯战略缓冲地带后退了1000多公里，苏联解体又使俄联邦防御线缩短了近1000公里。

因此，普京上任后的各项举措，都一定程度上继承了俄罗斯传统的"大国主义战略"的强势风格，重点突出"三强"——强国理念、强军政策、强力举措。但和冷战时期苏联"对外扩张势力范围、争夺全球性战略利益"的军事战略不同，普京主导提出的俄罗斯军事战略的前提是确保国家自身安全，根本保障和最终目的是谋求重新恢复强国地位。

1999年10月，在就职政府总理之后，普京就提出更新俄罗斯国家安全战略，引起国际世界特别是西方的广泛关注。

2000年1月6日，普京任代总统之后颁发的第一个总统令就是修改《俄罗斯国家安全构想》，并最终在1月10日正式签署了新的《俄罗斯国家安全构想》。

新的国家安全构想强调，强大的军事实力是保障国家安全的基础和支柱，是解决外部安全隐患的最终决定力量。因此，在新的国家安全构想中，提出要确保对21世纪可能出现的威胁作出相应反应的能力，俄罗斯应拥有足够的防御能力，必要时可动用各种力量和手段，包括核武器。

2000年2月，普京提出新军事学说，并于4月21日，在俄罗斯联邦安全会议上获得通过，普京当日就签署了批准该文件的命令。

俄罗斯军事学说由三部分组成，分别为军事政治基本理论、军事战略基本理论和军事经济基本理论，全面阐述了当今条件下保证俄军事安全的理论。该军事学说有以下基本点：加强军事实力，确保国家安全；以美国和北约为主要防御对象，立足于准备打一场"大规模战争"；在与美国的军事较量上，推行既谋求发展合作关系又加以严密防范、既避免直接军事冲突又善于同美周旋的双重政策；加强战略核力量，维护和巩固俄罗斯"军事大国"地位；推进独联体的军事一体化进程，构筑有利的军事地缘环境；面向亚太，发展同中国、印度、日本等国的军事关系，全面缓和东线军事关系，以集主要力量于西部同北约抗衡，为重振大国地位提供实力后盾和军力支持。

之后，俄罗斯相继出台《2001年至2005年俄武装力量建设与发展计划》和《2001年至2010年武器和军事技术装备发展规划》。

普京的新军事战略思想的基本内涵可以阐发为以下几点：

从军事战略理论角度，主张以军事手段为依托，综合利用非军事手段防止和解决军事冲突；强调应付局部战争和武装冲突，包括动用武力维护国内宪法秩序。

从国家安全观角度，认为应该把安全观念从政治、经济、军事等传统安全要素扩展到民族、人口、宗教、精神、文化、生态、信息等领域，把军事危险和军事安全置于国家、社会整体危险和安全体系的特殊地位。

提出"杀手锏"战略，强调俄要保持和发展强大的核遏制力量，把核能力定位于攻防之法宝，并再次重申"俄在必要时可首先实施核打击"的坚决立场。

从军队建设角度，强调武装力量规模必须建立在国家的经济能力允许范围内，军队必须由"数量规模型向质量效能型"转变，通过精兵减员和更新武器装备等手段强化质量建军。

从军力配备角度，提出俄军建设方向的指导原则，即"均衡发展"战略核力量与常规力量，明确今后一个时期俄军装备的发展重点还在于常规力量，计划于2005年前完成向"三军种"（陆军、海军、空军）和"三兵种"（战略火箭兵、航天兵、空降兵）的建制结构过渡。

从国防预算角度，增加军费，解决官兵实际困难，加紧军事武器研发，着意提高部队机动作战能力，建立一支精干的、机动灵活的现代化军队。

相对于俄军历史上曾经出现过的主动性的军事战略，例如冷战时期赫鲁晓夫的"火箭核战争战略"和勃列日涅夫的"积极进攻战略"，以及被动型的军事战略，例如戈尔巴乔夫"改革与新思维"时期的"纯防御性军事战略"和叶利钦时代"全方位机动防御战略"与"现实遏制战略"，普京把"防为更好进攻，攻是最佳防守"的策略有效贯穿于国家大政方针中，尽力使得国防建设和武装力量既显锐气，又有韧性。

普京推出的新安全战略和新军事学说，推动了俄罗斯军事改革的步伐，同时也向全世界全面展示了自冷战后俄罗斯经过不断调整而形成的面向21世纪的国家安全战略。这是俄罗斯在21世纪重建大国地位的行动纲领，标志着俄罗斯面对以美国为首的西方国家的咄咄逼人，下定决心要重振雄风。

全力倡导混合市场经济模式

普京当选总统之后，尤其是2003年以来，从本国的具体国情出发，以建设强大的经济为根本出发点，对经济战略、经济政策做出了全局性和根本性的调整，从叶利钦时代建立自由主义市场经济的政策取向逐渐向混合市场经济模式转变。

叶利钦时代，经济发展上把目标和手段相混淆，"为改革而改革"，从而使得俄罗斯经济全面"休克"。进入普京时代，经济战略和政策调整中最根本的就是目标取向发生了明显变化，提出了"建设强大的经济"这个核心和根本目标，具体政策上则兼收并蓄。

普京上台之初，经济政策重点在于稳定。事实上，不论是经济层面的经济凋敝，国家财政捉襟见肘，还是政治和社会层面的混乱，国家处于分崩离析的边缘，首要解决措施都是要求稳。所以，这一时期，普京经济政策重在完善市场经济制度，通过修补漏洞、整顿秩序，力图稳定市场经济。同时，通过制定、颁布和修改一系列带有自由主义市场经济特征的基础性法律、法规，诸如民法典、税法典、劳动法典、土地法典等，以及继续推进经济改革，减少国家干预，规范企业行为，整顿垄断行业，完善养老金改革等措施，终于被欧盟和美国先后承认为市场经济国家。

但普京第一任期即将结束时，以"尤科斯事件"（即普京肃寡行动的标志性事件，对此后文有详细评述）为标志，俄罗斯的经济政策开始发生逆转，强化了国家的作用，突出表现在国家对经济的宏观调控、对企业的微观控制都在不断加强，从而最终形成了混合型的所有制结构、经济运行机制和调控管理体制。

俄罗斯混合市场经济模式有以下几个突出特征：

1. 国有制、集体所有制与私人所有制并存。

2. 市场调节与国家控制相结合。

3. "非法治化"与市场经济原则对立。

4. 垄断与自由竞争并存。

5. 经济集中程度高，自由化程度则较低。

6. 强化兼顾公平与效率原则。

综合上述种种，不难得出俄罗斯经济发展模式是以"建立强大经济"为目标导向的混合市场经济模式。如果说叶利钦的经济改革实现了经济体制的转换，那么普京就是在继续坚持市场化改革的前提下，通过整顿经济秩序、调整经济政策，在执政的第一个四年任期中，从转型到稳定，摆脱经济危机，使俄罗斯走上了经济增长和发展的强国轨道。

力争融入国际经济

普京的经济发展战略并不仅仅局限在国内，在国际经济关系和对外经贸领域同样连连出招，无论在区域经济一体化方面，还是在和国际金融经济组织的合作方面，都取得了重大进展，使得俄罗斯融入国际经济的深度在原有的成绩上得到加强。

为了融入国际经济，普京主要做出了以下努力：

1. 在独联体内部，积极主导独联体次区域经济一体化进程。

（1）2000年1月份，俄罗斯和白俄罗斯《建立联盟国家条约》生效。

该条约规定俄白两国在保持各自国家主权、独立和国家体制的同时，建立邦联型国家机构。随后，两国又签订了一系列条约，在统一货币、统一关税等方面加强了合作。在俄白联盟国家建设中，俄白两国不断增加投入，经济联系不断加强。此外，联盟国家的建设也产生了良好的经济效益，并解决了500万人的就业问题。

（2）2004年4月，俄罗斯、白俄罗斯、哈萨克斯坦、乌克兰四国"统一经济空间"协议正式生效。

2004年5月，"统一经济空间"协定国元首举行了首次高层会晤，初步构建了"统一经济空间"的法律框架。

（3）大力推动欧亚经济共同体的一体化进程。

欧亚经济共同体的前身是1996年形成的俄、白、哈关税联盟。此后，吉尔吉斯斯坦、塔吉克斯坦先后加入。在独联体一体化组织中，欧亚经济共同体是发展相对较快的次区域一体化组织，该组织在统一关税、确定成员国加入世界贸易组织立场协调机制、统一或协调海关政策、进出口环节税收以及服务贸易等领域的合作上取得了较大进展。

2. 2003年5月，俄欧决定在合作与伙伴关系框架协议内创建四个"统一空间"：统一经济空间，统一自由、安全和司法空间，统一外部安全空间和统一科教文化空间。其中，统一经济空间立足于建立开放和一体化的俄欧大市场，是四大统一空间的核心，对于俄欧经贸关系的发展具有非常重大的意义。

3. 积极参与"上海经合组织"：2001年，中国、俄罗斯、哈萨克斯坦、吉尔吉斯斯坦、塔吉克斯坦和乌兹别克斯坦六国启动"上海合作组织"总理会晤机制，并签署了《关于开展区域经济合作的基本目标和方向及贸易投资便利化进程的备忘录》；2002年，六国启动经贸部长和交通部长会晤机制；2003年总理会晤期间成立经贸高官委员会和五个专业工作组，并签署《成员国多边经贸合作纲要》。

俄罗斯积极参与上海合作组织区域经济合作，以求在"上海合作组织"中发挥更大的作用，同时利用上海合作组织机制加强与中国和中亚国家的经济合作，特别是恢复与中亚国家的传统经济联系。

4. 努力加强与亚太经合组织的合作，并作出积极努力，这一方面是为了加强俄罗斯亚洲部分与亚太经合组织其他成员国之间的经济联系，同时也是为了利用亚太经合组织的潜力，使俄罗斯最有效地融入亚太地区一体化机制，提升俄罗斯在亚太经合组织中的地位。

5. 20世纪90年代，国际货币基金组织和世界银行向俄罗斯提供了大量贷款，并且附加了苛刻的政治经济条件，试图影响乃至于控制俄罗斯经济和经济政策。普京执政后，俄罗斯不断调整与国际货币基金组织和世界银行的关系，随着国内经济状况的好转，逐渐从被动走向主动。

6. 积极推动俄罗斯"入世"，谈判全面展开。"入世"问题一直是俄罗斯对外经济关系中的热点问题，关系到其参与世界经济一体化的程度，是俄罗斯对外经济政策调整的指向标。俄罗斯"入世"谈判主要分为俄罗斯外贸制度审议阶段、关税减让谈判阶段和包括服务市场准入的全面谈判阶段。2000年，在普京的积极推动下，包括俄罗斯"入世"所有问题的全面谈判正式展开。经过多年的努力，俄罗斯终于在2011年12月16日成功"入世"。

第三章
CHAPTER3

"库尔斯克号"与"米格－26"的悲剧

尽管我在总统职位上才100多天，但我还是应该对这次悲剧负有全部责任，我有过失。我将与军队、舰队同在，也将与人民同在。我们大家不仅要一起来重振军队、舰队，还要振兴国家。

——弗拉基米尔·普京

"库尔斯克号"沉没事件

在普京总统任期内，2000年的"库尔斯克号"沉没应该是最为严重的事件之一。当时，普京刚刚就任总统，立足未稳，该事件的发生对他无疑是一次严峻考验。

"库尔斯克号"是当时俄罗斯最新的高性能核动力潜艇之一，隶属于俄罗斯北方舰队，是俄罗斯海军奥斯卡级II型飞航式导弹核潜艇的第10艘舰艇，舷号K141。

该潜艇排水量达13900吨，长154米，由两个核反应堆提供动力，最大潜水深度为300米，潜水时的最大航速为28节，浮出水面时的最大航速为15节。

"库尔斯克号"号称"航母终结者"，它能够发射24枚巡航导弹，专门用来对付敌军的航空母舰战斗群，是俄罗斯海军的主力舰只。直到现在，世界上也没有任何一支舰队拥有对付这种潜艇的有效武器。"库尔斯克号"潜艇针对敌军航空母舰特别设计，最适合用来悄悄追击敌军的航空母舰，在与敌舰保持适当攻击距离的同时，艇上的巡航导弹可以随时发动攻击。这些巡航导弹被北约称为"沉船导弹"，每枚重7吨，射程约为500公里，足以把敌方一艘航母及周围10艘以上的护航舰只击沉。此外它还可以用来攻击敌方的潜艇。

"库尔斯克号"1994年下水，1995年开始服役，能在深达300米的海底连续执行任务120天。参加演习时，该艇艇员满编，即艇上至少有107名船员，包括48名军官。

2000年8月12日，"库尔斯克号"核潜艇船员在准备发射鱼雷时，由于鱼雷上易燃物质过氧化氢发生泄漏，鱼雷装置发生爆炸。爆炸引起潜艇隔仓内温度急剧上升，高达2000到3000摄氏度。第一次爆炸2分钟之后，潜艇内存放的其他鱼雷发生第二次大爆炸，导致"库尔斯克"号核潜艇沉没，艇上118名官兵遇难。

"库尔斯克号"事件发生后，俄军迅速开始救援行动，但由于营救工作紧迫而艰巨，普京不得不请求外援。然而，"库尔斯克号"作为俄海军新型主力战略核潜艇，涉及海军核心机密，如接受外国，即北约等西方国家的援助，不啻于将俄罗斯战略海军对潜在的对手全面开放。无论从国家安全还是军人尊严考虑，这个提议都不可行，然而"救人要紧"，普京不得不咬牙做出一种"痛苦的选择"。

2000年8月17日，事故发生5天后，英国LR5救援潜艇和挪威救援人员分别乘船赶往巴伦支海，在海上航行两天后抵达出事海域。

俄军方于18日透露，当天俄海军救援装置首次接触到"库尔斯克号"的逃生舱口，但由于舱口已经遭到严重损坏，救援装置无法与潜艇实现对接。

与此同时，关于艇内人员已经死亡的猜测越来越多。时任俄罗斯联邦政府副总理的克列巴诺夫表示，只要还有一线希望，救援工作就绝不会中断。随后，俄北方舰队总参谋长莫察克发表讲话，指出"库尔斯克号"的多数密封舱都已经进水，估计艇上人员都已经死亡，其中多数应该是在事故发生后不久死去的。此外，北冰洋恶劣的气候让俄军和国际社会所有的营救努力不得不以失败告终。

20日，挪威深海水下摄像机拍摄到了"库尔斯克号"的镜头，录像显示，身穿特殊防护服的挪威深海潜水员在海下作业数小时，试图用人工方法打开已严重受损的舱盖，但没有成功。与此同时，普京表示，俄将会把抢救潜艇内人员的努力进行到最后一分钟。

21日格林威治时间上午9：00，挪威潜水员在几经努力之后，终于打开了"库尔斯克号"潜艇应急舱的内外两层密封舱门。人们最为担心的情况终于出现。潜艇的隔离舱早已经充满水，在这种情况下，不可能有人生还，被困的118名艇员已经全部遇难。见此情景，挪威领队立即同俄罗斯北方舰队司令波波夫协商，双方认为抢救"库尔斯克号"被困艇员的行动应该到此结束。不过，俄罗斯方面请求挪威潜水员可以继续协助打捞遇难艇员的尸体。

2001年7月18日，为期两个月的"库尔斯克号"核潜艇打捞工作开始。俄罗斯与挪威潜水员展开联合打捞行动。25日，俄潜水员首次进入已经沉入北冰洋底的核潜艇，发现了四具遇难者尸体。26日上午，确定首具遗骸

被打捞起的"库尔斯克号"核潜艇。

身份。此外，打捞者在遇难士兵遗骸上发现一张字条，根据该字条，可以判定潜艇沉没时至少有23名船员没有当即死亡。10月8日，"库尔斯克号"核潜艇由"巨人4"号大型驳船从巴伦支海海底打捞出水，并停泊在位于科拉湾畔、罗斯利亚科沃镇附近的船坞中。

潜艇虽然打捞上来，但事情远远没有结束，甚至在整个救援及打捞过程中，普京都面对着沉重的压力。

从俄联邦当局于2000年8月13日确定"库尔斯克号"沉没开始，俄罗斯上下都忙做一团。对普京来说，这同样是一次严峻的考验，稍有不慎，就可能给不怀好意的人留下口实和把柄。

救援开始时，由于涉及军事机密，普京不便公开表态，但到了8月16日，普京终于坐不住了，他就潜艇被困之事首次正式表态。他承认了俄军已经做出最大努力，并作出寻求外援的决定。

营救行动在紧张地进行着，各种谣言和指责已经接踵而至，而千奇百怪的传闻和各方媒体的报道又让此事烟幕重重。

媒体各种指责海军"懒散"，普京"不说话""不作为"的声音此起彼伏。深受普京打击的俄罗斯"寡头"也通过舆论对普京展开了新一轮的疯狂攻击。国外尤其是西方媒体也表示了对普京的不满。英国的《金融时报》和《每日电讯报》的社论撰写人对因俄罗斯迟迟没有请求外援而导致船员未能获救特别不满。《每日电讯报》表示："过去几天所发生的事反映出，该国并没有在这名年轻、精力充沛的领导人执政下复兴，而是具有和过去相同的弱点。""隐瞒意外的严重性以及无谓的尊严，延迟了当局向外国寻求援助，这可能导致人命丧亡，两者反映出俄的最大弱点。""普京无疑希望，只要他保持低调，就能不对这起灾难负责。"

库尔斯克号核潜艇沉没五周年纪念日上，人们用鲜花告慰逝去的生命。

在各种指责甚嚣尘上的同时，对事故的原因，人们也开始作种种猜测。克列巴诺夫认为，"库尔斯克号"是遭受到巨大的外来物的撞击而搁浅的。但西方媒体则猜测潜艇上曾发生两次巨大的爆炸……

8月21日，被困118名艇员确认死亡后，8月22日，普京先后去看望了"库尔斯克号"潜艇指挥官根纳季·利亚钦的遗孀以及牺牲艇员的家属。

在遇难者亲属们的号啕大哭声中，普京看上去不像是国家元首，而更像是一位能够感同身受的俄罗斯普通公民。他悲痛地说："首先我向你们表示衷心的慰问，所有牺牲的艇员都是国家英雄，我为他们感到骄傲和自豪。他们虽然牺牲了，但会永远活在俄罗斯人民的心中……我没意识到，舰艇处于如此可怕的状况。这是一场灾难，国家会尽最大的努力处理好善后事宜。所有牺牲艇员家属的合理要求，我们都会尽量满足。我代表国家并以我本人的名义向你们再一次表示慰问，并向你们致敬。因为父母培养了英雄的儿子，妻子拥有英雄的丈夫，孩子拥有英雄的父亲。虽然他们牺牲了，但他们的灵魂将与我们同在，他们的精神将永存。"

8月23日晚，普京在俄罗斯电视台的专访中，回答了过去10天来令社会躁动不安的所有问题。首先，普京表示自己应承担这次事件的全部责任，"尽管我在总统职位上才100多天，但我还是应该对这次悲剧负有全部责任，我有过失。我将与军队、舰队同在，也将与人民同在。我们大家不仅要一起来重振军队、舰队，还要振兴国家。"稍作停顿，他又用坚定的语气鼓舞全国观众："俄罗斯永远拥有未来！对此，我深信不疑。"

普京的这段话不论是出于政治角度，还是出于个人角度，都显示了一个国家领袖应有的气度和担当。实际上，核潜艇沉没事发后，他的所有解释都只能是越抹越黑。而他的这种负责的表态也有助于悲痛的俄罗斯民众冷静下来，对于事故的后续处理更加有利。

2001年12月，北方舰队司令员波波夫上将和参谋长莫察克中将被解职。

2002年2月18日，俄罗斯总检察长弗拉基米尔·乌斯季诺夫就"库尔斯克号"沉没事件调查工作发表讲话。调查结果表明，核潜艇并不是受到任何任何其他物体撞击而沉没的。调查中发现"库尔斯克号"在演习准备和在演习过程中出现过一系列"玩忽职守"的现象。同时，鱼雷爆炸是"库尔斯克号"失事的重要原因之一。

"库尔斯克号"事件是俄罗斯历史上一个重大的悲剧性事件。"库尔斯克号"事件虽然已经结束，但对普京本人、对俄罗斯政府及俄军却产生了极为深远的影响。

首先，俄核潜艇事故使普京重振海军的雄心受挫。其次，"库尔斯克号"的沉没把俄军存在的一系列问题暴露无遗，让普京对俄军的现状有了全面的认识。第三，此次事件再一次让普京认识到，要想建设一支强大的军队，必须有雄厚的经济实力为后盾。

又一个"8·19事件"

历史经常出现惊人的巧合。1991年的8月19日，著名的"8·19"事件导致苏联以及俄罗斯政局动荡，普京也是在那场政变中做出了一个重要的人生抉择，开始放弃克格勃，真正步入政坛。而在11年后的8月19日，普京已经踏足俄罗斯权力巅峰，却又发生了一次"8·19"事件，那么，这次事件对于已经在总统任上两年多的普京来说，又意味着什么呢？

2002年8月19日下午4时50分，俄罗斯车臣共和国首府格罗兹尼郊外的坎卡拉军事基地内，在直升机场边武装值勤的两名卫兵听到了一阵直升机轰鸣声由远及近，有"巨无霸"之称的米-26直升机庞大的机身已经隐约可见。然而转瞬之间，一直让外界深感神秘莫测的"米-26"重型直升机竟然突然坠落，一头栽入坎卡拉雷区！

这里需要说明一下，坎卡拉军事基地是车臣俄军的指挥中枢，驻车臣俄联邦武装部队司令部、驻车臣俄内务部队司令部、俄联邦特警部队车臣司令部均设于此。因此，这里的防卫格外森严，除全副武装的卫兵、嗅觉灵敏的军犬和先进的电子侦测装置外，基地四周密密麻麻的灌木林和蒿草丛也已经被布置成一个巨大的雷区。该雷区宽2000米，方圆8公里，埋设了各种反单兵地雷、饵雷、绊雷近万枚，可以毫不夸张地说，连一只耗子都休想安然穿过这片雷区。因此，坎卡拉军事基地的雷区成为了车臣武装分子的禁地，也构成了车臣俄军官兵的安全天堂。

然而，转瞬之间，天堂成为了地狱。事发现场浓烟滚滚，满地残骸，受伤的空军士兵呼救连连。但就在几百米外，救援人员却只能眼睁睁地看着这一切，因为谁也不敢贸然强闯雷区。

正在救援人员束手无策，一筹莫展之际，基地的工兵和弹药专家匆匆赶来，以最快的速度清理出了一条通道。救援人员这才得以进入雷区，将幸免于难的战友送往基地医院抢救。基地医院的部分军医也被紧急抽调，对一些重伤员现场急救。

事后，据俄罗斯ORT国家电视台报道，此次事故是俄军历史上最惨重的军事空难。失事的直升机上的147人中，114人死亡，仅33人生还。

米-26有"光环"之称，为当前世界上最重的，同时也是较为先进的直升机。米-26直升机为多用途重型直升机，其运载

俄罗斯现役米-26直升机的体积和重量均为世界上现役直升机中之最。

能力与美国C-130运输机的运输能力相当。

这样一种技术比较先进和成熟的直升机怎么会突然坠毁呢？据称，事故发生当天，天气晴朗无风，能见度高，也不存在任何降落障碍，这架米-26从印古什共和国军事基地起飞执行任务。既然如此，事故的原因到底是什么呢？

围绕这一问题，人们纷纷提出质疑和推测：是驾驶员的技术失误，还是被导弹击中？

对外界的种种猜测，官方的回应不但没有让事情得到澄清，反而因为分歧和争论而让事情变得更为扑朔迷离。俄罗斯国防部发言人尼古拉·杰里亚宾称，事发当时，米-26驾驶员曾报告一只引擎起火，请求紧急迫降，在迫降过程中，直升机直接跌入雷区酿成惨剧；车臣俄军副司令波多普戈拉上校则猜测事件发生原因可能是超载，因为米-26重型直升机设计载客人数为80名全副武装的士兵，但实际上此次事故中却塞进了147人。但对此，俄国防部长伊万诺夫却认为，"这是一种荒诞离奇的解释，米-26直升机载重量很大，就是一个发动机工作，也可以装载这么多、甚至更多的乘员"。不过，令人费解的是，波多普戈拉上校没有解释为什么核定载重量80人的直升机上硬是挤上了147人。

得知事件发生后，普京第一时间要求有关方面随时向他通报事件的最新进展情况。同时，他还说："我们将尽快向车臣派出一个专门的调查委员会，彻底调查这起灾难。"

那么，事情的真相到底如何呢？

事故发生不久，车臣非法武装即宣称对这次空难负责。他们在专门的网站上贴出一张米-26直升机烈火熊熊的照片，同时附有一份书面声明："凭借'针'式地空导弹的神力，我们一举击落了一架米-26重型直升机。这是反抗'占领军'的重大胜利！"同时，这个网站还绘声绘色地描绘了车臣叛军的一个猎杀伏击小组在格罗兹尼地区侦察跟踪俄军直升机、潜入坎卡拉军事基地雷区外围密林中、发射便携式地空导弹击落米-26的全过程。

车臣非法武装的声明让事故原因更加扑朔迷离。8月22日，普京对车臣武装分子击落俄军用运输机，致使114人丧生的行动进行了强烈谴责，并宣布8月22日为全国哀悼日，悼念19日在车臣发生的军用直升机坠毁事件中的遇难者。

当天，普京将国防部长谢尔盖·伊万诺夫召进克里姆林宫，要求他详细汇报目前的调查进展情况。俄罗斯电视台播放了两人的对话。在对话中，普京要求他最亲密的政治盟友、前克格勃同事伊万诺夫亲自负责调查这件事。他面色严峻地说："即使是最初的调查结果，也显示出这样的悲剧通常是由于一些官员玩忽职守而造成的。"早在1997年，俄罗斯就明文规定，不允许使用米-26直升机运送士兵。普京质问伊万诺夫说："为什么在国防部明令禁止使用这样的飞机运送士兵的情况下，还会发生这样的事情呢？"普京还指出，他极力主张的军事改革就是为了"使俄军队更加强大有效，以至于以后不会再次发生这样的惨剧"。

俄政府之所以对米-26直升机坠落事件如此重视，是因为在此事前，有一系列的武装袭击事件在车臣发生，如果此次直升机失事事件确系车臣非法武装所为的话，则意味着非法武装活动越来越猖獗，大有卷土重来之势。而他们的目的也很明显，利用山高林密的优势袭击俄军，从而威逼俄军谈判，并增加谈判筹码。

总之，不管是什么原因造成了飞机坠毁，都给俄罗斯带来了沉重的打击，给普京应对突发危机的能力提出了挑战。最终，普京采取了如下措施：

首先，针对这次坠机事件暴露的俄军内部的各种问题，他下令严办玩忽职守者。9月7日俄罗斯国防部长伊万诺夫宣布，俄罗斯国防部米-26直升机坠毁事故原因调查委员会已于6日结束调查工作，国防部对此次事故负有责任的五名国防部高官分别被处以警告、严重警告等不同处分。

同时，对于车臣非法武装，普京也要求加大打击力度。坠机事件发生后不久，俄军就在车臣诺扎伊—尤尔特山区一次特别行动中，一举歼灭了50多名车臣非法武装分子。

第四章
CHAPTER4

整肃寡头：
智慧与力量的激烈较量

任何人都不能要挟国家！

——弗拉基米尔·普京

拿"传媒大亨"古辛斯基开刀

叶利钦时代造就了一个寡头阶层，俄罗斯近70％的财富被寡头把持。"寡头干政"更是成为20世纪90年代俄罗斯政治的一大"怪胎"。甚至1998年3月至1999年5月俄政府的三次更迭都与金融寡头的幕后操纵有关。不仅如此，在俄罗斯社会转型过程中，庞大的寡头集团几乎渗透到国家经济、政治和文化传媒等社会生活的方方面面。据别列佐夫斯基估计，包括俄罗斯"七寡头"在内的金融工业集团当时已经控制了近50％的俄罗斯经济。

在贫富悬殊的俄罗斯社会，绝大部分普通民众对寡头集团十分反感。而且，不摆脱"寡头"的控制，普京在政治上就只能是一个傀儡。所以，从当政的第一天起，他就在努力摆脱叶利钦留下的这份不轻松的"遗产"。

2000年普京上台后曾和寡头们达成一个不成文的协议，亿万富翁们可以保留他们在叶利钦时代获得的一切，但此后不能再干涉政治并且必须合法纳税。但对普京的警告，俄罗斯的寡头们显然没有当真，他们有恃无恐，变本加厉地干预政治。

普京为了"将未来的政治危险扼杀在萌芽状态"，于是开始大力出击，整肃寡头。寡头们绝非无懈可击，他们的资本积累过程伴随着无数违法行为，这是他们的致命弱点。

打响肃寡战争第一枪的是对七寡头之一、俄"传媒大亨"古辛斯基的拘捕。

2000年6月13日，俄罗斯总检察院以诈骗和盗窃罪将古辛斯基拘捕。证据是，1996年年底古辛斯基的"大桥"集团以仅仅25万旧卢布的超低价

普京案板上的第一个寡头——古辛斯基。

购买国家电视公司"圣彼得堡第十一频道"70％股份。合同签署12天后，有100万美元打入该频道的负责人在芬兰的个人账户。上述事实使俄罗斯检察机关认定古辛斯基在其他地方存在类似的侵吞国家财产的犯罪行为。被捕后的古辛斯基立即被押送到莫斯科条件最恶劣的布德尔卡监狱。

此事之后，俄政坛掀起轩然大波。紧随其后，又有数名金融寡头连遭传讯，一场普京和俄金融寡头的殊死争斗拉开帷幕。

反寡头行动先拿古辛斯基开刀，普京也有自己的考虑。从某种意义上讲，这是杀鸡儆猴，普京是要让那些处处跟政权过不去的大小政客好自为之。

古辛斯基是俄罗斯媒体大亨，通过旗下的"大桥媒体集团公司"控制着俄罗斯颇有影响的独立电视台、"莫斯科回声"电台、《今日报》和《总结》周刊等公众媒体。在1999年的国家杜马选举和2000年的总统选举时，古辛斯基利用手中的媒体资源，大力支持和叶利钦积怨颇深、且雄心勃勃的普里马科夫－卢日科夫竞选联盟。其时，该集团旗下媒体几乎无所不用其极地抨击叶利钦及其家族，甚至曾经试图寻找普京的"黑材料"，在普京当选前的那场媒体攻势中可以说充当了一个非常不光彩的角色。

而且，在普京任代总统期间，古辛斯基更是利用自己控制的媒体向当局发动了猛烈攻击，指责俄最高当局在车臣等问题上的政策，对1999年莫斯科等地发生的数起恐怖爆炸案件进行大肆渲染，甚至造谣诽谤，使得这种说法被西方利用，用以攻击俄当局，使俄罗斯在车臣问题上陷入被动局面。

即使在普京当选总统之后，古辛斯基仍执拗地继续与克里姆林宫唱反调。他利用手中的媒体频频对普京的改革措施大肆攻击，指责普京是在"复辟专制制度""压制言论自由"，甚至跑到西方国家游说西方媒体对俄罗斯的各项内政外交政策施压。

普京政府对此极为恼火，于是古辛斯基理所当然地成为了这场肃寡斗争的首选打击对象。普京凭借已经掌握的大量证据让检察机关追究"大桥媒体集团公司"的金融诈骗行为。

事实上，俄罗斯联邦政府对古辛斯基的打击并不是一蹴而就的，在一年多以前就已经初露端倪。据"大桥"集团公司相关人士透露，其实早在1999年春，总统办公厅就曾向古辛斯基施压，总统办公厅主任沃洛申在时任总理斯捷帕申的办公室里半开玩笑半认真地对古辛斯基说："让我们替你偿欠款，再给你1亿美元，条件是你在总统大选前必须移居国外。"

总统大选期间，俄上层又要求古辛斯基偿还4600万美元的贷款，以此来向"大桥"集团施压。2000年3月，俄上层权力机关走廊里开始出现要把独立电视台从"大桥"集团分离出去的传言。5月11日，俄执法部门对"大桥"集团的几间办公室进行了强行搜查。5月17日，俄中央银行在"大桥"银行任命了临时负责人。此后不足一个月，古辛斯基身陷囹圄。6月16日，古辛斯基在经历三天牢狱生活后被取保候审，假释出狱。但事情显然没有结束，古辛斯基必须不时去总检察院受审。

在古辛斯基被捕受审的同时，普京也没有停止对其他"寡头"的打击。

2000年6月20日，莫斯科检察院上诉仲裁法庭，要求对波塔宁的俄国际集团公司收购诺里尔斯克镍公司38％股份的合法性进行重新审核。波塔宁于1997年斥资1.7亿美元收购了实际价值为3.1亿美元的世界第二大产镍企业诺里尔斯克镍公司，有人揭发波塔宁是利用自己曾经任职政府副总理的权力达成了这笔差价高达1.4亿美元的交易的。

普京在行动，寡头们也没有束手待毙，他们在惊恐中等待机会。终于，2000年8月12日，"库尔斯克"号沉没事件之后，寡头们感到机会来了，他们开始利用自己控制的媒体兴风作浪，让局势雪上加霜。

然而，面对这些，普京没有退缩。他知道，对于寡头来说，如果不能刹住他们的嚣张气焰，他们只会变本加厉，这于民于国都是不可容忍的。2000年10月20日，在俄罗斯和法国媒体记者面前，普京表态："他们希望保持现状，而在我看来，这种现状对国家是危险的，对人民是有害的。""国家手里握着一根橡皮警棍。我们只是牢牢地把它抓在手里，让人们不可小看它。等我们真被惹恼的那一天，我们会毫不犹豫地使用它：决不允许要挟国家！"

在普京的坚持下，俄联邦检查院终于采取了进一步措施。2000年11月13

日，俄联邦总检察院正式指控古辛斯基非法获取3亿美元贷款和50亿卢布借款，但被告古辛斯基却并未出庭，其律师也拒绝透露他的去向。于是，俄总检察院于次日宣布全国通缉古辛斯基。12月12日，古辛斯基在被他称为"第二故乡"的西班牙落网。

2001年1月5日，俄罗斯联邦副总检察长科尔莫格洛夫宣布，俄总检察院继续对古辛斯基进行刑事调查。与此同时，俄有关部门也开始清算古辛斯基的"大桥"媒介控股集团公司国内外财产。

至此，古辛斯基一案终于告一段落，但是普京和寡头的战争却刚刚开始。

头号寡头别列佐夫斯基被轰出国门

普京反寡头行动的第二号目标是俄媒介、金融、政治寡头别列佐夫斯基。

作为寡头干政的代表人物，别列佐夫斯基在普京的"登顶"之路上大力助推，但普京当选总统之后，根本立场的尖锐对立让两人很快决裂。

可以说，别列佐夫斯基是叶利钦时代政治影响力最大的寡头。在寡头内讧与俄罗斯金融危机之后，别列佐夫斯基的经济实力与政治资本得到进一步扩张，俨然成为了整个寡头集团在政界的代言人。与此同时，叶利钦"软政府"政治资源不断萎缩，别列佐夫斯基的影响力随之逐步达到巅峰，成为了幕后的"国王的缔造者"。就在切尔诺梅尔金的总理职务被叶利钦正式解除之前，别列佐夫斯基就曾经向公众预言将有重大的职务变动，同时他还对将参加2000年总统选举的每一个候选人进行圈点评论，称没有一个人适合，言辞间干预政治、操纵政治的霸气显露无遗。叶利钦在选定普京为继承人之前，接连换了五任总理，每一任背后都有别列佐夫斯基的影子。他先后参与扳倒了基里延科与普里马科夫政府，并为辅佐普京上台出了大力。

普京执政后，别列佐夫斯基以一种想当然的姿态继续干政，并由此遭到了新生代政权不遗余力的打击。

2000年3月，别列佐夫斯基在一次记者会上强调，他与普京有着良好的关系，每天进行一次电话交谈。随后又警告说，没有寡头们的支持，普京将不复存在。"就我个人而言，将不会有什么改变。寡头的作用将会上升。"

显然，普京对他的这种威胁并不买账。而且，由于他的咄咄逼人，迫使普京开始将肃寡的矛头指向了这位曾经的盟友。

在别列佐夫斯基发表声明不久，俄税务总局就开始调查他旗下的伏尔加汽车公司逃税案。该公司1999年虚报"拉达"轿车产量，从而大量逃税。

此后，针对联邦政府的车臣政策及其他改革措施，别列佐夫斯基开始进行回击。2000年5月30日，别列佐夫斯基在公开场合指责普京的行政改革将会把俄罗斯的民主制度彻底摧毁。2000年7月19日，在国家杜马大会上，别列佐夫斯基当场辞去杜马议员职务，扬言创办反对党，并声称："我不想参与这样的闹剧，我也不想在我的手中亲自将俄罗斯变成一个集权的国家。"这样，别列佐夫斯基与普京的矛盾进一步激化。

2000年11月2日，俄总检察院开始传讯别列佐夫斯基，指控罪名是：他控制的两家在瑞士注册的公司内外勾结，把俄罗斯航空公司在境外的几亿美金款项清洗并据为己有。该航空公司的总裁是叶利钦的女婿奥古廖夫，如果深挖到底，必然会牵扯甚广。普京不会不清楚，当年普里马科夫恰恰就是因为这个问题翻了船。

别列佐夫斯基此时已经在英国。仗着和叶利钦家族的渊源，他有恃无恐，公然拒绝回国接受传讯，并向媒体披露了一条爆炸性的新闻——他曾经利用俄罗斯航空公司瑞士公司洗的黑钱，赞助普京竞选总统和组建"团结运动"。此时的别列佐夫斯基显然已经气急败坏，不惜公开自己的无耻行为向普京身上泼脏水，他甚至断言："普京的总统任期最多一年，长不了。"但这个时候，普京的威望已经很高，"库尔斯克号"核潜艇沉没事件的迅速妥善处理无疑又给他挣得很多印象分。

但由于别列佐夫斯基的特殊身份，普京不能像对待古辛斯基一样一定要将其引渡回国。在取得叶利钦的支持后，普京决定对别列佐夫斯基在英国政治避难的消息予以默认，其实这也是对付他最好的办法。无论如何，这个曾经号称"教父"的头号寡头从此被轰出国门，远离了人们的视线，再不能在俄罗斯政坛上兴风作浪。此举，也起到了敲山震虎、威慑其他寡头的作用。

收回尤科斯，控制石油

普京反寡头的第三号行动，就是"一箭数雕"的尤科斯事件。

在俄罗斯，霍多尔科夫斯基的名字曾经和财富、地位和权势紧密相关，这个年轻的石油巨头以自己的显赫背景，目空一切。其对政府的强硬作风，让人不得不另眼相看。

霍多尔科夫斯基和普京，一个是俄罗斯最富有的人，身家80亿美元；一个是俄罗斯最有权力的人，铁腕总统。自普京上台，两人的较量就开始了。2003年，这场较量终于进入尾声，权力战胜了金钱，霍多尔科夫斯基银铛入狱。

2003年10月25日，在新西伯利亚机场，霍多尔科夫斯基被俄联邦政府逮捕，理由是他拒绝出庭接受俄总检察院有关尤科斯石油公司的下属公司偷税、逃税的调查。

当天傍晚，俄罗斯总检察院对霍多尔科夫斯基提起刑事诉讼，指控他犯有巨额诈骗罪、多次大额逃税、伪造公文等7项罪行。

霍多尔科夫斯基一案被认为是苏联解体以来俄罗斯最重大的案件之一。国际媒体称这一案件由普京政府一手"导演"，目的是拿霍多尔科夫斯基开刀来"驯服"众寡头。

霍多尔科夫斯基曾经于2002年被福布斯评为全球十大最有影响力的富翁。而他的发家史也和其他俄罗斯新贵们一样，极具"俄罗斯特色"。

霍多尔科夫斯基的摇钱树便是尤科斯：1995年，霍氏旗下的"梅纳捷普"投资银行以3.5亿美元

曾经的俄罗斯首富——霍多尔科夫斯基银铛入狱。

的低价买下尤科斯石油公司78％的股份。两年后，尤科斯石油公司市值达90亿美元。2003年8月，俄反垄断政策部批准尤科斯石油公司与俄第五大石油公司西伯利亚石油公司合并。合并后的尤科斯-西伯利亚石油公司成为俄罗斯第一、世界第四的私营石油公司。该公司近20万名员工，日产原油170万桶，日出口原油110万桶，其原油产量和出口量分别占俄原油总产量和出口总量的10％和18％，2004年石油开采量为8567万吨。作为俄罗斯石油第一大公司，却掌握在私人手中，这也是普京下决心拿下它的主要因素之一。

此外，霍多尔科夫斯基在美国大搞个人公关，后来更是试图把尤科斯公司40％的股份卖给美国埃克森-美孚石油公司。这个举动危及俄罗斯国家的能源战略利益，为了避免美国控制俄罗斯战略资源，普京必须做些什么。

最重要的是，霍多尔科夫斯基所谓的三大目标：在丑闻充斥的俄罗斯私有化过程中幸存下来后，逐步改变自己的声望；重整尤科斯，使其与一家西方石油公司合并；促进俄罗斯经济和政治的变化，其最终目的都是要问鼎政治。为了达到这个目的，他采取双向下注的手法：既在议会里拥有自己的代表，也斥巨资资助反对派政党。

2002年12月，在议会下院，霍多尔科夫斯基用电话遥控自己的代表发言，和他的盟友一起成功阻止一项对尤科斯不利的税收法律通过。当普京从杜马主席谢列兹尼奥夫那里得知霍多尔科夫斯基直接干预的消息时，"当时极度愤怒"。

"卧榻之旁岂容他人酣睡"，对信奉"可控民主"的普京来说，可以允许不同政见的存在，却痛恨真正威胁其权势的人，尤其在2003年12月的杜马选举和2004年3月的总统选举中，拥有巨额财富的霍多尔科夫斯基是俄罗斯惟一有能力也有野心向普京发动独立的政治攻击的人。

霍多尔科夫斯基一直秘密计划着要把俄罗斯变成纯粹的议会政治体系并使自己出任总统。因为在现有体制下，作为犹太人的他永远不会被选为总统，为此，他需要改变政治体系，包括修宪，以达到自己最终问鼎权力巅峰的梦想。这可能也是普京最无法容忍的一点。

在拘捕霍多尔科夫斯基之前，普京曾经多次向他发出警告，但他却一再越过普京"不许富豪干政"的底线。于是，俄当局于2003年7月传讯霍多尔

2005年，俄罗斯石油巨头尤科斯破产前一年，莫斯科街头清洁工正在擦拭尤科斯的标志。

科夫斯基，想要"敲打"他一下。

但霍多尔科夫斯基不但不思悔改，反而变本加厉。针对当局的传讯，他大造舆论，公开和普京政府对抗。

2003年10月25日，霍多尔科夫斯基被捕。消息传来，俄罗斯举国哗然。各大财阀明确表示反对，俄杜马中各派政治力量也对此议论纷纷，支持有之，声讨也有之。西方媒体和一些政界要人也对此事表示关注。

2003年10月27日，普京对此事公开表态："任何人在法律面前应当平等。"此外，他宣布，这是一个独立的个案，俄政府不会因此修改私有化法案。

2003年11月俄罗斯杜马竞选结束，支持普京"反财阀"政策的党派大获全胜。

2005年5月31日，尤科斯案在持续11个月之久的波折之后，终于尘埃落定。霍多尔科夫斯基被判9年监禁。2005年10月，霍多尔科夫斯基被"发配"到偏远的西伯利亚的IK-10监狱服刑。

"尤科斯事件"是普京整肃寡头行动的一个里程碑，它体现了俄罗斯政权和财阀之间由于政治经济利益而引发的政治裂变。同时，发生在俄罗斯国家杜马选举和总统选举的政治敏感时期，"尤科斯事件"演绎了一出政治角力的精彩篇章。在此案中，经济案件和政治问题相互纠缠，经济案件中折射着深刻的政治内容，而政治问题则以经济案件的形式来摊牌。

同时，国际舆论认为，逮捕霍多尔科夫斯基，彻底打击寡头干政，解散卡西亚诺夫政府，是普京与叶利钦时代"割裂"和"诀别"的标志，在此过程中，普京也完全树立了自己的铁腕形象、强人铁律。

正如他学生时代的好友所言，普京"从来不害怕任何人"。对西方说"不"，普京做到了，从而也得到了民众的普遍支持。

打击1%，让其余99%继续效力

在整个肃寡斗争中，普京采取了"打击"、"规制"和"利用"三种政策，即从经济问题入手，严打冒尖者；从法律专政入手，控制国家经济命脉；采取"分而治之"的策略，效法100年前美国总统西奥多·罗斯福的做法，打击1%，让其余99%继续为俄罗斯发展效力。

在"严打"中，普京先发制人，经过整肃，"七寡头"风光不再，该跑路的跑路，该坐牢的坐牢，给寡头们上了一堂奉公守法的"示范课"。

在与寡头的斗争中，普京充分认识到了掌握经济命脉的重要性，这是国家避免被寡头要挟的基础，也是和多数"驯服"的寡头共存的前提。为此，普京先后采取一系列手段重新控制国家经济命脉。以尤科斯事件为例，他迫使寡头让出战略行业的控制权，从而达到和多数"驯服"的寡头共存、双赢的目的。

就本意来说，普京不想也不能试图铲除掉大资本。对此，普京曾经明确表示："当然，我们今后仍将致力于提高国家机关的威望，仍将支持俄罗斯实业界。不过，家财亿万的商人和各级官员都应该知道，如果他们利用特殊的相互关系获取非法利益，国家不会对他们的行为视而不见。"

为了达到打击1%，让99%继续效力的目的，普京上台之初就跟富豪们约法三章，表示以2000年为界，国家不再追究寡头们在私有化过程中的违法现象，但是寡头们必须杜绝干政现象。承认俄罗斯暴富的人的财产合法，这是普京最高明的一步棋。此举让很多"寡头"专心于商业，不再过多地涉足政治，为肃寡之后国家和不干政的寡头共存打下了基础。

此外，由于寡头在俄罗斯政治、经济和社会生活中确实存在着深刻和广泛的影响，同时，普京为了达到自己的强国之梦，这些寡头的力量同样不可忽视，所以，普京对那些不干政的寡头，必须采取利用和安抚的政策，对其旗下产业的经营依然给予大力支持，并视之为政权的支撑力量之一，诸如普加乔夫、科甘、杰里帕斯卡等寡头都在这个范畴。

所以，肃寡之后，俄罗斯仍然存在规模巨大的大资本。他们也并不是真的就此远离政治，毕竟政治和经济从来是"双生子"，两者相互依存。这些大资本依然有着对政府施加影响的实力，只不过这种影响运作的方式更加委婉，也更加巧妙，因此可以把他们定义为新兴寡头与隐形寡头。

俄罗斯卡内基基金会的分析人士利普曼曾经说过："我们再也看不到那种公开的、四处炫耀的影响力。就像我们以前说的那样，他们能用脚踢开克里姆林宫的大门。"

据世界银行的一份报告显示，23位寡头以及他们的金融集团仍然继续控制着俄罗斯经济的重要行业。而且有分析人士声称，即使在联邦政府层次上，寡头们也没有彻底消失或者被政府完全摒弃。例如费里德曼的工商集团阿尔法集团还与俄联邦政府达成经营俄罗斯谢里米特沃机场的协议，经营汽车工厂的德里帕斯卡集团也成功地游说俄联邦政府做出暂时保持进口车税率不变的决定。

但与以往不同的是，寡头们正在寻求一种与联邦政府"双赢"的局面。有资料显示，为了继续掌控俄罗斯经济，许多寡头在减税、投资贷款和补贴等方面越来越多地求助于地方政府，这使他们的生意更有竞争力，而且能够不引人注意。世界银行称之为"占领"地区，即通过这种"占领"形成隐蔽的贸易壁垒，从而有效地排挤外资企业的进入。据世界银行对俄罗斯数百家企业的研究表明，俄联邦已有七个地区被大型全国商业集团所"占领"。

但是从保护民族工业企业的角度来说，这种现象却似乎也不能算是坏事，至少在某种程度上是符合普京大国战略的。

第五章
CHAPTER5

血泪交织的俄罗斯反恐战争

为什么不把拉登请到白宫，问问他想要什么，然后给他想要的，让他安静地离开！

——弗拉基米尔·普京

怒斥西方媒体：来莫斯科做手术

在担任总理期间，普京在车臣取得了重大胜利，但战争远没有结束。于是，在他当上代总统之后，再次打响了车臣战争，以图彻底解决车臣问题。

通过广播，普京对前线俄军做了动员："俄罗斯民族又一场伟大的卫国战争开始了，而只有你们才能拯救伟大的俄罗斯民族，现在就用你们的实际行动来拯救这个国家、拯救伟大的俄罗斯，胜利将永远属于光荣伟大的俄罗斯战士！"受到普京讲话鼓舞的俄军将士斗志昂扬，战争再次开始！

2000年1月17日，俄军开始第二次车臣战争中最重要的一战——解放格罗兹尼的战役。

2000年2月1日，在经过激烈巷战，完全清剿了残余的车臣非法武装分子后，俄军终于攻占了格罗兹尼的米特努卡广场，俄军将士欢呼雀跃，普京也发来贺电。

2000年2月4日到6日，俄军又数次对格罗兹尼进行"地毯式搜剿"，陆续俘虏了375名非法武装人员。至此，格罗兹尼战役宣告胜利结束。

此战包括所谓的"车臣独立之父"杜达耶夫侄子在内的4名战地司令和车臣副总统阿尔萨诺夫等车臣非法武装分子3000多人被击毙。车臣非法武装重要领导人马斯哈多夫和巴萨耶夫等人逃逸。

2000年2月11日，俄军开始对南部山区潜藏的非法武装分子进行重点清剿。但由于山高林密、交通不便，不利于大兵团作战，而车臣非法武装既熟悉地形，又有当地群众掩护，战争陷入僵持，变成了一场旷日持久的运动战和游击战。更严重的是，这给以后的一系列恐怖袭击带来了隐患。

2001年1月22日，普京宣布俄军从车臣全面撤军。第二次车臣战争转为反恐行动，由留驻车臣的15万俄军担负这个重任。

随着第二次车臣战争的胜利，恐怖事件和反恐战争接踵而至，其斗争之剧烈、场面之惊险、伤亡之惨重，都让人触目惊心。然而，在正义与邪恶的反复、长期、艰苦的较量中，普京的坚毅与果决，俄罗斯政府的忍耐与智慧，俄罗斯人民的善良与信心都得到了充分的展现。

然而，对于普京而言，他所面对不仅仅是恐怖袭击，还有西方国家的指责和刁难。从俄罗斯对车臣采取军事行动的第一天起，西方国家就对普京的做法反复诘难。他们对车臣非法武装的恶行似乎并不太感兴趣，只是一再指责俄罗斯军队在车臣滥杀无辜、实行"种族清洗"政策，践踏人权。西方媒体更是经常置换概念、混淆视听，例如在俄罗斯常用字眼中的车臣"匪徒""恐怖分子"经常被他们称为"战斗队员""起义者"。

车臣战争仿佛成了西方国家诘难俄罗斯的一个话筒，西方许多国家纷纷向俄罗斯展开舆论战。

首先是美国，批评俄军事行动违反了1990年欧洲常规裁军条约，认为俄罗斯和普京不应该派军队镇压"车独"，并要求普京停止战争，与"车独"分子对话。

接着是法国。早在2000年，法国就因车臣和俄新闻自由等问题和俄罗斯吵得不可开交。8月，普京在日本冲绳会见希拉克，两国关系有所改善。但2002年普京访法时，希拉克却又旧事重提，他说，虽然车臣匪徒与拉登"基地"组织有联系，但他认为不能简单地将车臣问题归结为恐怖主义。

面对希拉克的发难，普京镇静地回击："当我们谈到阿富汗时，都承认有一个犯罪组织曾在那里活动，塔利班的犯罪制度支持了它。而那些塔利班的代表们也曾在车臣境内活动，车臣的犯罪制度同样也支持了他们。这个犯罪制度与塔利班有什么区别？根本没有区别！要说有区别的话，那就是这个制度更加血腥罢了。因此，我们有权同他们进

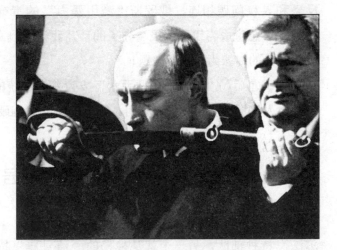

对经常和马刀亲密接触的普京来说，"用马刀把恐怖分子的头砍下来！"绝不是随口而出的一句口头语。

行斗争！"

　　普京承认，在两年多的车臣战争中，双方的实际对话时间只有两个小时，但这并不是问题所在，问题的关键是，车臣是否有诚意与俄罗斯政府对话。

　　2001年9月7日，普京向外界发表声明，只要车臣分离分子承认并遵守俄罗斯宪法，无条件缴械，并交出所有有血债的主要匪徒，俄政府可以与他们接触和谈判，但时间最多不得超过3个月，否则只是无意义的拖延。

　　9月21日，在接受德国记者采访时，普京说："不应当得出这样的结论，即在莫斯科炸毁大楼的是争取自由的战士，而在其他国家搞这种活动的人是恐怖分子。其实他们都是犯罪分子。"

　　"9·11"事件之后，美国政府态度发生改变，美国终于承认并宣布"车独"武装为恐怖分子。许多西方国家也紧随其后，对普京政府的车臣战争给予肯定。2002年10月23日莫斯科人质事件发生后，美、英、法、德等西方大国的首脑纷纷致电表示谴责。10月30日，丹麦政府迫于压力，拘捕了正在哥本哈根出席"世界车臣大会"的车臣非法武装头目扎卡耶夫。

　　2002年10月23日傍晚，普京成功地解决了莫斯科人质事件。11月10日，在布鲁塞尔举行的俄罗斯-欧盟领导人峰会上，面对法国媒体的记者把车臣反恐和人权问题相连、俄罗斯"滥用暴力"的责难，普京总统怒发冲冠："如果你愿意成为伊斯兰极端分子的话，我请你到莫斯科来做包皮手术。我们有最好的专家为你解决问题！"

　　此事之后，"来莫斯科做手术"成为普京总统的又一句标志性用语，再一次向人们展示了普京爱憎分明、绝不妥协的"强硬"性格。

普京的反恐利剑："阿尔法"和"信号旗"特种部队

　　普京有两把打击恐怖主义活动的"尖兵利剑"，一个是闻名遐迩的"阿尔法"特种部队，另一个就是神秘的"信号旗"特种支队。"阿尔法"与"信号旗"两支部队在创建之初分工不同："阿尔法"主要在俄境内从事反恐活动，与恐怖主义和以劫持人质、运输工具等手段进行要挟的其他极端主义行动进行斗争；"信号旗"则在国外专门执行特别任务并对俄驻外目标实施安全警戒。

"阿尔法"特种部队

"阿尔法"特种部队的历史可以追溯到1974年7月，最初的名称是克格勃A小组。1991年改名为"阿尔法"特种部队，隶属于俄罗斯国家安全局。"阿尔法"成员约有700人，其中包括一支250人的精锐部队和几支较小的分遣队。这些成员个个身手不凡，而且各有所长，其中既有百发百中的狙击手、胆大心细的

普京的反恐利剑："阿尔法"和"信号旗"特种部队。

爆破手，也有业务纯熟的无线电报务员、技术高超的解密专家，还有攀岩高手"壁虎"和水中蛟龙"蛙人"。此外，每名"阿尔法"队员都能熟练驾驶各式汽车、飞机、轮船、坦克、装甲步战车，对于擒拿格斗、攀岩涉水、投弹射击、跳伞越野等也样样精通。

1993年，俄罗斯民航一架伊尔－86客机从矿水城飞往莫斯科途中，被一位名叫扎哈里耶夫的中年男子劫持。"阿尔法"特种部队闻讯出击，趁夜色从飞机底部的货舱进入客舱。一场短兵相接之后，劫机者束手就擒。

1997年，又一起劫机案发生，"阿尔法"特种部队临危受命并果断出击，劫机者被捕，142名乘客安然无恙。十余天后，"阿尔法"又挫败一起劫持瑞典外交官的事件，恐怖分子被击毙。

在两次车臣战争中，"阿尔法"更是锋芒毕露。

1996年，车臣匪首拉杜耶夫率领600多名匪徒冲入基兹利亚尔市，3000名医生、护士及市民受到劫持。"阿尔法"特种部队担任强攻突击群的第二梯队，负责最后解救人质。经过殊死搏斗，人质终获自由。

2002年莫斯科人质事件中，"阿尔法"特种部队在恐怖分子开始残杀被扣人质时，果断采取行动，一举将50多名匪徒歼灭，拯救了700多名人质。虽然他们因在行动中使用特殊气体导致100多名人质死亡而备受责难，但其对人质的成功解救无疑在俄罗斯的反恐行动中又立新功。

2005年一个星期六的清晨，多名被俄罗斯警员追捕的恐怖分子占领了达吉斯坦首府马哈奇卡拉市内的一栋房屋，他们声称自己是"伊斯兰的斗士"，并劫持一名7岁女孩进行顽强抵抗，甚至首先开火打死两名特种兵。傍晚时分，"阿尔法"特种部队投入战斗，在装甲车的配合下，经过数小时的激烈交战，"阿尔法"特种部队将部分恐怖组织成员击毙，其中包括被俄罗斯反恐机构列为甲类恐怖组织首脑之一的阿卡耶夫。俄罗斯地方反恐机构发言人称，这次战斗中，俄特种部队有4人死亡，包括一名上校指挥官和"阿尔法"特种部队军官。而武装分子方面除了6人死亡外，还有4人被俘。

"信号旗"特种部队

"信号旗"特种部队成立于1981年8月。它原属苏联克格勃反间谍局，1991年和"阿尔法"特种部队一起转属俄总统保卫局，1993年底解散，后又重建，现隶属俄国家安全局反间谍局。

"信号旗"特种部队共有队员约350人，主要担负反颠覆破坏、反恐怖，保卫重要目标和首脑人物的安全，确保国家大型活动的顺利进行等职责。该特种部队还辖有针对核恐怖主义的精锐组织——"韦加"特种反核恐怖分队。自组建以来，"信号旗"特种部队也屡建功勋。

1992年夏，"信号旗"特种部队在加里宁核电站举行了一次反恐怖演习。在演习中，"信号旗"所有队员从滑翔机上跳下，惊险而又轻巧地避开了设置在降落伞下降路线上1.5兆伏的高压电缆，准确跳到了核反应堆机组顶部，漂亮地完成了所有演习动作。

1992年，在莫斯科"三个车站"地铁站内，10名"信号旗"特种部队队员用不到10秒钟的时间成功制服了14名武装暴徒，缴获100万假美金。

1993年6月，几名恐怖分子劫持了一艘核动力船，"信号旗"特种部队奉命赶到。几名"蛙人"以特殊方法神不知鬼不觉地潜到了船舷两侧，以迅雷不及掩耳之势拿下了船上的外围警戒。紧接着，几名空降兵从天而降，十几分钟后，几名恐怖分子被押到了岸上。

成立30多年间，"信号旗"队员损失很少：苏联时期在阿富汗的坎大哈损失1人，在车臣战争中牺牲了3人。此后在别斯兰人质事件中，"信号旗"减员7人，成为该部队历史上损失最严重的一次。

西方媒体发表评论认为，"信号旗"特种部队与美国的"捷尔塔"特种部队和英国的CAC部队相比毫不逊色，甚至在许多方面都超过了它们。如同"阿尔法"特种部队一样，"信号旗"特种部队的队员都是"超人"，个个骁勇善战，人人身怀绝技。

现在，根据不同时代国际国内形势和任务的需要，俄罗斯的特种部队已经发展成为分属十几个部门、彼此配合又不无竞争，能够执行各种特别使命和特殊任务的强大队伍。他们永远处于整装待发的战斗值勤状态，组成了俄罗斯武装力量的灵魂和反恐行动中最犀利的力量。

风暴之门：俄罗斯最血腥的反恐战斗

面对车臣恐怖分子的挑衅和肆虐，普京毅然发出了"决不向恐怖分子妥协"的呼声，他的铁腕和坚定让俄罗斯民众认同的同时，也带给了这个民族某种坚定和执著的爱国热情，尤其在军队中，一种为了国家牺牲、永不妥协、永不放弃的精神更是逐渐成为每个军人最后的坚持。2000年3月在车臣发生的血腥激战就是最好的证明。

2000年3月，在车臣乌鲁斯克尔特地区，90名俄罗斯空降兵战士视死如归，为阻止2000多名车臣匪徒突围，坚持战斗三天三夜，直至打完最后一发子弹，流尽最后一滴血。

这出铁血传奇发生的经过如下：

2000年2月28日，俄联邦军队得到消息，一股2000多人的车臣武装在车臣著名恐怖分子哈塔布的带领下，从车臣南部重镇沙托伊突围后，在乌鲁斯克尔特地区重新集结，准备从这里突围，进入达吉斯坦作战。俄军指挥所经仔细分析认定，乌鲁斯克尔特附近一条200米宽的峡谷是这股车臣非法武装突围的惟一路线，于是便派遣了一个空降兵加强连共90人的兵力镇守这一地区。指挥部下达了死命令，一定坚守阵地，不许放过一个敌人。

2月29日上午，空降兵占领了乌鲁斯克尔特附近的两个山头，封锁了匪徒的退路。当天，车臣武装集结1500多人的兵力向空降兵阵地发起冲锋。空降兵战士面对十几倍的敌军毫不畏惧，他们凭借有利地形，集中火力，与车臣武装展开了殊死搏斗。战斗进行得异常激烈，双方均出现较大人员伤亡。29日当天，俄军已有31人战死。

3月1日，车臣武装再次组织冲锋，但又被俄军击退，俄军又有26人战死。

3月2日，俄军阵地上只剩下33人，而且大多数身负重伤。车臣武装试图劝降，但被俄军将士严辞拒绝。于是，车臣武装发动了更为猛烈的攻势。双方再次发生激烈交火。

战斗结束，俄军只剩下了最后6人生还。其中，连队13名军官全部遇难，包括指挥官叶夫秋欣中校。

这是俄实施车臣反恐怖行动以来，俄联邦军队伤亡最为严重的一次战斗。

据报道，此次战斗中，俄军官兵表现得十分勇敢，可以称得上悍不畏死。一位名叫罗曼诺夫的指挥官在被地雷炸断双腿后，仍强忍着剧痛，在断腿上用布条粗粗缠几下，就挺身继续作战，一直到生命最后一刻。还有一名叫弗拉德金的机枪手在俄军阵地被攻破后落入敌人手中。在被毒打之后，他被车臣武装分子当作死人扔在了山坡上。没想到弗拉德金很快苏醒过来，一睁开眼睛，他就马上摸到自己的机枪，拖着伤痕累累的身体，从后面追上敌人，一阵扫射把几名车臣匪徒打死，并救下了两名被俘的战友。弗拉德金以自己的英勇无畏获得了俄罗斯英雄的称号。

在这次战斗中，空降兵连共消灭400多名车臣匪徒，为俄联邦军队完成对这股匪徒的包围赢得了宝贵时间。此外，俄军方证实，如果这股匪徒突围成功，俄军很可能失去对他们的控制，车臣局势也会因此复杂化。

但是这个战例最引人注目的并不是其不菲的战绩，而是在战斗过程中，整个空降兵连表现出的属于战士的铁血，属于英雄的无畏。同时，这场战斗中，那种血腥和残酷，也让民众更加真实地认识到了恐怖分子的含义。

这个极富感染力的故事先后被写进报告文学《连队消逝在天际》，拍成电影《风暴之门》，引起了全世界军界、军人的轰动。

电影《风暴之门》的主题就是："当风暴来临的时候，我们的任务是将它拒之门外。"

2000年3月初，俄罗斯大地依然白雪皑皑、寒气逼人，然而人们无法安坐家中，整个俄罗斯所有人都流着泪，为钢铁般的勇士逝去而悲伤。

3月14日，这支空降兵的常驻地——普斯科夫市将宣布这一天为追悼日，为死难将士举行葬礼，以慰藉英灵。

普京发表电视讲话："你们是俄罗斯国家的英雄！你们是俄罗斯公民的骄傲！愿你们的英名与俄罗斯大地世世代代同在……"与此同时，他特批在此战中牺牲的连长叶夫图欣上校的同胞弟弟——俄罗斯北海舰队海军陆战队副营长叶夫秋欣少校调入空降兵部队，并主持重建那个在天际消失的英勇连队。

莫斯科剧院人质危机

2002年10月23日傍晚，位于莫斯科东南区杜布洛夫卡大街上的莫斯科轴承厂文化宫正上演一部在莫斯科颇受欢迎的美国音乐剧《东南风》。巨大的剧场里座无虚席，1000多名观众大都是附近街区的莫斯科市民。

21时30分左右，就在音乐剧第二幕即将结束之际，50多名包括"寡妇军"在内的恐怖分子突然出现在舞台上，宣称接管整个音乐厅，所有观众及100多名演员和文化宫的工作人员均成为他们的人质。

恐怖分子疯狂地叫嚣，提出要俄军撤军、释放战俘等要求，否则就要引爆莫斯科轴承厂文化宫大楼。并警告警方不得采取强硬手段，否则他们每

"牺牲"一人，就会杀死10名人质作为抵偿。

事件发生后，莫斯科警方、内务部和"阿尔法"特种部队迅速赶到现场，并封锁了米尼科夫大街和周围街区。除了街道上上千名荷枪实弹、全身武装的军警之外，在剧院附近的高层建筑上也安排了狙击人员。此外，几十辆装甲车和消防车、医疗救护车停在街道两边随时待命。距离剧场不足500米处，"紧急情况指挥中心"临时组建起来。随后"阿尔法"特工成员化装成工人，在剧场附近以挖凿排污和供暖管道为掩护对恐怖分子进行严密监视。

直到23时，恐怖分子陆续在两小时内释放了近20名儿童和人质中的高加索人，并再次以炸平文化中心大楼威胁俄当局不得采取行动。

事件发生时，普京正准备出访德国和葡萄牙，随后他将前往墨西哥参加亚太经合会议。接到消息后普京立即取消了原定计划，并责令莫斯科警方立即在事发现场成立指挥部，由俄联邦安全局副局长普罗尼切夫负责解救人质的行动，莫斯科内务总局局长普罗宁坐镇指挥。同时，普京连夜召集俄罗斯联邦安全局、内务部、俄南部联邦区、军队等部门最高级别官员举行紧急会议，商讨解救办法。会上普京没有照惯例抚慰人质和受害者家属，做出"俄将争取使人质安全获释"的承诺，而是再次强调了俄罗斯长久以来坚持的"决不向恐怖分子妥协"的政策。

实际上，普京此举实在算不上一个成功的政客所为，因为对于政客来说，拉拢民心是第一要务，之后才能够提及其他。但是普京在克格勃的经历让他惯于从"国家利益至上"的观念出发，表现在行动上，则更具有军人的铁血风格。在普京看来，政府一旦妥协，将会刺激更多的绑架事件出现，这无论于国于民，都是非常有害的。

在要求国内各相关部门通力协作的同时，普京还积极寻求国际上的舆论支持。但是，他的努力显然没有得到人们的理解。

据一名被释人质透露，恐怖分子在剧院内的座椅、柱子、墙壁、走廊和自己身上都绑上了炸药，情势可以说非常危急。被劫人质给普京写信，人质家属上街游行，都希望普京能答应绑匪条件，从车臣撤出。全国电视台公布了人质的呼吁："我们要求您做出明智决定，结束战争。我们厌倦了战争，希望和平。"

此外，俄罗斯政坛及国际舆论要求谈判的呼声同样强烈。国家杜马召开紧急会议，杜马主席谢列兹尼奥夫强调应同绑匪进行谈判。戈尔巴乔夫也出来说话，主张通过谈判解决人质危机。许多国家在谴责车臣恐怖分子的同时，都希望和平解决人质危机。

面对种种压力，普京不为所动，仍然坚持强硬立场。普京宣布，俄政府决不向绑匪妥协，决不向车臣叛乱武装让步，决不让俄军撤离车臣。普京声明："如果释放全部人质，可免绑匪一死，并将他们送出俄罗斯国土。"这是他能做的惟一的让步。

俄罗斯国家杜马呼吁车臣劫匪保持克制，不要随意伤害无辜人质。俄罗斯联邦委员会也公布一份致世界各国议会的公开信，要求共同谴责此次绑架事件，并配合俄罗斯共同解决此次人质危机。

2002年10月24日下午4时左右，一向与车臣部族头领关系良好的俄国家杜马议员卡伯松，在国际红十字会两名代表和一名英国记者的陪同下，走进被恐怖分子劫持的剧院，开始与恐怖分子接触。恐怖分子同意释放3名儿童人质，并带给政府释放人质的谈判条件。

10月25日早晨6时30分，7名人质被释放。中午12时30分，包括一名瑞士女孩在内的8名8至12岁的儿童被释放。然而绑匪本来答应会释放所有75名外国人质的诺言没有兑现。

10月25日晚上7时，普京再次召开强力部门负责人会议，表示这次危机的当务之急是"确保人质的生命安全"，并授权总统驻南部联邦区全权代表卡赞采夫担负这一重任。摸清情况后，普京命令"阿尔法"特种部队做好突袭准备。

10月25日午夜，俄罗斯著名的车臣战地女记者波利特科夫·卡娅被任命为绑匪头目巴拉耶夫和当局的调停人，并与绑匪进行了面对面的会谈。

10月26日凌晨2时30分，被绑匪击伤的一男一女被救护人员从剧院救出。3时30分，巴拉耶夫提出的"最后期限"已到，他开始枪杀人质。一些人质见状试图逃跑，"寡妇军"立即举枪射击，顿时，剧院内的枪声和爆炸声响成一片。混乱中8名人质成功逃脱。

　　10月26日5时30分，"阿尔法"特种部队开始发动突袭。他们从通风管道向剧院内施放了大剂量的"神秘气体"——一种强效麻醉剂。同时，他们在大楼墙壁上炸开了一个大洞，从中冲入剧院，与"寡妇军"展开激烈枪战，激战中"寡妇军"引爆了一些被绑在支撑天花板支柱上的炸弹。数分钟的战斗之后，包括绑匪头目巴拉耶夫在内的30多名绑匪被击毙。特种部队士兵无严重伤亡。

　　10月26日7时10分，特种部队士兵将活着的绑匪押出剧院，许多被救人质也陆续离开。7时25分，安全部队彻底控制剧院，解救所有人质。相关部门官员后来宣布：750名人质被救，34名绑匪被击毙。

　　这起历经57小时、震惊世界的人质事件至此落下帷幕。

　　2002年10月26日晚，普京亲自前往斯克利福索夫斯基医院看望获救人质，并逗笑了一名刚刚恢复知觉的获救人质。

　　这次解救人质虽然取得成功，但并非十分圆满，其间也出现了重大纰漏。主要是由于施放"神秘气体"导致128名人质死亡，还有500多名人质受伤，必须住院治疗。虽然有人认为，只要人质死亡不超过20%，解救行动就算成功，但128名人质的死亡终归非同小可。

　　2002年10月的"莫斯科人质事件"，是历史上最大规模的人质事件。在此事件发生到完结的60个小时里，不仅700多名人质及其亲友饱受煎熬，普京也面临上任两年来最艰巨的考验。

　　在莫斯科人质危机中，普京处理人质危机的方法独树一帜，其危机处理能力受到全球瞩目，他的强硬态度和手段虽然令100多名人质死亡，但国际舆论普遍持肯定和支持态度，就连一向偏袒车臣的美国，也一反常态，甚至公开拒绝指责俄罗斯使用毒气的行为。当然，这也和全球的反恐大环境有关。

　　此外，普京强硬的态度也得到了不少评论人士的肯定。据民意调查，85%以上的俄罗斯公民对普京的行为表示赞同。这是因为，他展现的品质正是俄罗斯人民渴望已久，希望在国家领导人身上见到的那些品质——那就是坚毅和强硬的态度。事后，普京立即下令车臣驻军开始对叛匪进行新一轮的剿灭。"如果今天不动手，明天损失会更大"，可以说，普京的这次行动，就是要传达给车臣叛军一个信号——对付恐怖分子，决不手软，决不妥协。

在这场危机处理当中，普京最大的成功之处在于，他一开始即将反叛军归类为恐怖分子，进而将俄罗斯与车臣的冲突提升至由美国主导的全球反恐战争的范畴。如此一来，如果他再出兵车臣也就师出有名，有了反恐的旗帜，西方舆论也不好大加讨伐，对普京重申自己的强硬立场非常有利。

综合来看，普京身为俄罗斯总统，虽然在整体战役布局上，"攻心"方面欠缺力道，管理体系也暴露了一些"预防危机能力不足"的弱点，但是，他抓住了"全球性反恐"的战略主轴，以卓越的军事攻坚，化解可能的重大伤亡，可谓取得了战术上的成功。

普京遭受的12次暗杀

普京自1999年8月出任俄政府总理，直到就任总统以后，对待车臣问题都是十分强硬的。他不仅悍然发动第二次车臣战争，更是采取各种强硬措施，大力打击车臣恐怖势力。这一切都使车臣恐怖分子对其恨之入骨，他们除了加紧策划各种针对普通民众的恐怖活动外，还企图暗杀普京。直到今天，普京曾经遭遇大大小小十几次暗杀，但都化险为夷。

第一次，2000年2月24日索布恰克葬礼上，普京不顾车臣叛军司令巴萨耶夫在互联网上高高悬挂的"追杀令"，亲赴葬礼现场。此外，车臣恐怖势力还安排了杀手，所幸，俄罗斯情报部门及时发现并通过严密的防范解除了威胁。

第二次，2000年8月18日，普京出席雅尔塔独联体峰会时险遭恐怖袭击。

第三次，2002年1月9日到10日普京出访阿塞拜疆之时，险遭炸弹袭击。

第四次，2002年2月6日，一精神病男子开车冲击克里姆林宫围墙，欲杀普京。

第五次，2002年11月底，俄罗斯安全部门在普京回家必经的公路旁排除了三箱炸药。

第六次，2003年6月23日，在普京车队将要通过的一处天桥下，惊现爆炸装置。

第七次，2003年10月12日，两名来自俄罗斯的前"特工"被英国警方抓获，其欲在普京访英时暗杀的计划破产。据悉，此事和在英国"政治避难"的别列佐夫斯基有关。

第八次，2004年9月18日，俄安全部门在莫斯科市中心拆除了两枚针对总统车队的汽车炸弹，并逮捕一名恐怖分子。

第九次，2006年圣彼得堡八国峰会、俄罗斯—欧盟峰会期间，俄安全部门成功挫败数起针对普京的刺杀阴谋。

第十次，2007年黑海经合组织伊斯坦布尔峰会期间，恐怖组织再次策划对普京的暗杀行动，被土耳其安全机关破坏。

第十一次，2008年3月2日总统选举日，俄安全部门在杀手扣动扳机前逮捕该杀手。

第十二次，2012年2月27日，俄罗斯情报部门逮捕涉嫌阴谋策划刺杀时任总理普京的两名男子。他们声称受雇于车臣共和国反政府武装头目多库·乌马罗夫。

以上数次暗杀都是被安全部门或者警方破获的，无疑，不为世人所知的暗杀企图恐怕更是数不胜数。正如普京卫队长佐洛托夫所说："对于杀手来讲，机会总是存在的。而我们就是要把杀手的机会化解为绝对的零。"

然而，普京却和其他领导人不同，他总是要求车队尽可能地不要中断城市的交通，要尽量不声张地出入克里姆林宫。

同时，保卫人员对普京的好动也有所认识，"总统是个充满自由精神的人。他只要认准了什么事情得去干，就一定去干。我们一定要了解他的这种性格。他是个好动的人，你们一定时刻做好准备"。这也为普京的保卫工作增加了难度。

此外，俄罗斯局势的复杂多变，尤其是车臣因素，让普京几乎时时处在暗杀的威胁中。然而，面对如此种种，普京显然表现出了一种镇静、从容的领袖气度和"不惧怕任何人"的勇者精神，也正是这种精神，让普京的人格魅力经久不衰，让俄罗斯人民更加认同他、崇拜他。

普京的超级保镖"黑衣人"

对于一个总统而言，人身安全是非常重要的问题。由于身份的特殊性，他们常常会面临危险。这就需要采取严密的防范和保护措施。普京的安全保卫工作由联邦保卫局全权负责，这些负责总统安全的保安人员都经过精挑细选，装备非常精良。他们配备的手枪、步话机、袖珍金属探测仪、特制装甲公文夹、直升飞机、装甲运输车等都是世界上最先进的。此外，他们还装备有9毫米"斑蝰蛇"手枪。"斑蝰蛇"枪体表面光滑，可迅速从枪套或口袋中取出。而且，它还有一大特点就是能够在50米的距离内打穿防弹背心，在100米的距离内打穿汽车座舱。

除了联邦保卫局这些全副武装的人员外，总统的保镖还包括一些不引人注目的便衣，经常伴随在总统身边的那些手提小型公文包的年轻人就是便衣保镖。他们手中提的小型公文包实际上是一种应急盾牌，可以用来抵挡恐怖分子的子弹。别看公文包很小，将公文包打开就能变成防弹装置。

总统的这些保镖执行任务时通常穿黑色外套，戴墨镜，所以被外界称为"黑衣人"。在公共场合，他们总是风度翩翩、冷酷从容。他们有一个极其响亮的名字——总统超级保镖。他们个个身怀绝技、武艺超群，已经成为普京生活中须臾不可离开的人物。

普京身边有一位名叫安纳托利·库兹涅佐夫的"黑衣人"。他是普京的贴身警卫，曾当过苏联总理雷日科夫的警卫。有一次，雷日科夫在外访问时，一头公牛突然向他冲过来。库兹涅佐夫一个箭步挡在了雷日科夫前面，赤手空拳抓住公牛的牛角，将它摁倒在地，使雷日科夫免受伤害。

这些"黑衣人"深感自己责任重大，因此，对待任何事情都一丝不苟，精益求精。即使普京仅仅是要去朋友家做客，他们都要提前一个星期准备，更不要说一些重要的公务活动了。但普京是一个率性男人，有一段时间，普京迷上了马术，开始认真学习。这样一来，总统安全局便遇到一个很头疼的问题：兴之所致，普京常常突然间策马狂奔，全然不顾一个初学者所应遵

普京背后黑衣人：随时准备为普京挡冷枪。

守的基本规则。每到这时，一旁守候的"黑衣人"都会吓出一身冷汗。好在普京学得很快，不久之后他就已经熟练地掌握要领，俨然一个职业骑手了。有时候，普京外出视察时会心血来潮，突然改变行程，这更是让这些"黑衣人"手忙脚乱。不过，普京总统却轻松地说："普京不怕死，是总统怕死。"

当然，多数情况下，普京都非常尊重警卫人员的意见。如果警卫坚称有危险的话，他也会听从安排，这与他在克格勃工作的经历不无关系。

普京身边黑衣人的存在，早就已经引起国内外媒体的广泛注意。据披露，总统保镖会服用一种特殊药品，从而提高他们的听觉和视觉敏锐度，甚而提高他们的侧视视力，同时也使他们拥有冷天不打颤、热天不出汗这种"特异功能"。但这些"非常待遇"会过早地摧垮他们的身体：多数超级保镖35岁就不得不退役。

这些"黑衣人"不仅尽心尽力地维护普京的安全，对于来访的外国元首同样也不敢怠慢。

有一次，英国女王访问圣彼得堡期间，突然提出要乘船巡河一游。按规定，需要提前对女王乘坐的游艇进行全面检查。可是时值5月份，圣彼得堡气温仍很低，水温只有三四摄氏度。面对突如其来的特殊状况，负责保护的"黑衣人"毫不犹豫地跳入冰冷的河水，对游艇底部仔细检查，以确保万无一失。"黑衣人"的举动令在场的英国同行大为吃惊，他们对俄方警卫人员的敬业精神连连表示赞佩。

第六章
CHAPTER6

双翼外交：
普京在国际舞台上纵横捭阖

　　普京在叶利钦外交策略的基础上，进行了发展和创新，提出了"双翼外交"，使俄罗斯的外交政策更具灵活性和平衡性。

从双头鹰外交到双翼外交的过渡

普京执政时期的一个重头戏就是外交。刚接任代总统时，他在外交事务上的态度颇为谨慎，但正式就任后，展现在人们面前的就是一个在俄罗斯外交上日渐活跃，并且初露锋芒的领导人形象。

普京的外交策略可以概括为"双翼外交"，实际上是对叶利钦时代的双头鹰外交战略的继承和发展。

俄罗斯独立以来，开始时是亲欧亲美，采取的是向西方"一边倒"的外交战略，幻想能以妥协和让步换取西方的接纳和青睐。然而俄罗斯显然只是一厢情愿，不仅没能成功融入西方，反而不得不忍受改革的阵痛，更丧失了在东方的传统影响，自身利益和大国形象严重受损。

于是叶利钦在总统的第二任期内，不得不改弦易辙，最终确立了"既重视西方又重视东方"的双头鹰外交战略。该战略是在对当代世界格局的发展趋势、俄罗斯的国际地位进行重新认识，对俄罗斯外交战略得失进行反思之后提出的，得到了俄罗斯社会各阶层的认同。

普京上台以后，在叶利钦双头鹰外交的基础上进行调整、发展和创新，制定了巩固独联体、平衡东西方的全方位外交政策。在这一外交政策中，东西方宛如俄罗斯外交的两翼，只有双翼齐飞，才能自由翱翔于国际舞台，因此又被称为"双翼外交"战略。

在外交政策及其实践中，独联体被普京置于特殊的地位，而欧美和亚洲则被列为优先发展方向。东西方虽然在排列顺序上有先后之分，但在俄外交中占有的位置却几乎同等重要。正如普京所指出："俄外交政策的特点在于平衡性，这是由俄罗斯作为一个欧亚大国的地缘政治地位决定的。"

普京执政以后，就外交问题先后签署了两个纲领性的文件：2000年4月的《俄罗斯联邦外交政策总则》和2000年7月的《俄罗斯走下去》。

在外交政策方面，普京不仅主张双翼齐飞，而且在全球范围内四路并进。

第一，与美国在对抗中合作；

第二，把欧盟看做是极为重要的政治经济伙伴，努力消除分歧，拉近和欧洲国家的关系，这是俄罗斯外交政策传统的优先方面；

第三，布局亚洲，稳定后方。其中，积极发展同中国的战略合作伙伴关系是重要的一环；

第四，普京外交政策的优先方面是保证与独联体国家进行的多边和双边合作，重点在于发展与独联体所有国家的睦邻关系和战略伙伴关系。

普京的"双翼外交"以巩固独联体为依托，推动东西方外交的平衡发展。尤其在北约继续东扩和美国NMD（国家导弹防御体系）不断发展的情况下，面对西方全方位的挤压，俄罗斯必须从军事安全的战略角度考虑，一方面积极发展同西欧的合作，另一方面也抓紧同东方发展关系，以图建立稳定的战略大后方。同时也必须努力推动经济合作，开发潜力巨大的市场。

由此可见，普京的"双翼外交"是由俄罗斯现实的需要和长远的利益决定的。普京"东西并进"的全面外交对想要重新崛起的俄罗斯来说更为适合。在这一策略指导下，他放下了俄罗斯超级大国的架子，改变了"小马拉大车"的形象，在处理国际事务中有进有退，自西向东展开务实外交，可谓东西兼顾，左右开弓。

俄美：对抗与合作

俄美关系在普京的外交战略中占据着非常重要的位置。2001年9月11日，美国纽约世贸中心和华盛顿五角大楼遭遇基地组织的恐怖袭击，数千人罹难。事发当天，普京立即致电白宫，对美国政府和人民深表同情。普京是第一个致电布什的外国元首。对此，布什总统评论说，普京一定是真的像他常说的那样，认为美国和俄罗斯不再互为敌人。翌日，普京在电视讲话中再次表达了对经历这一悲剧的美国人民的深切同情，并意味深长地加了一句，"俄罗斯人民对此感同身受"。

"9·11"事件是"冷战"之后国际政治与安全形势发展进程中的一个

重大转折点，它使得美国全球安全战略发生重大变化，同时也成为俄罗斯再次调整对美政策的历史契机。

鉴于俄美在综合国力上的巨大差距，以及普京确立的优先发展本国经济的基本国策，普京一直在寻找打破俄美关系僵局的最佳时机。在《千年之交的俄罗斯》和《俄罗斯联邦外交政策构想》中，普京提出，将俄罗斯定位为"地区性（欧洲）大国"，避免外部孤立和自我孤立；称"俄罗斯准备消除最近与美国关系中出现的重大困难，维护将近花了10年时间建立起来的俄美合作的基础"；宣称"要保持各个级别的经常性双边接触，不允许双边关系中出现停顿，不允许有关政治、军事和经济的主要问题的谈判中止"。这些有别于叶利钦时代的外交思考为"9·11"事件后俄美关系的全面改善提供了理论基础。

基于以上思考，普京在2001年初，就积极谋求和新上台的布什政府改善关系，再加上中美之间在2001年4月1日发生的撞机事件，美国政府开始执行联俄反华的外交政策。俄美双方于2001年6月和7月举行了卢布尔雅那和热那亚元首会晤，俄美关系的气氛得到初步改善。

在"9·11"事件之后的全球反恐大环境下，普京力图与美国建立长期的反恐伙伴关系，以实现三个重要的战略目标：改变美国自俄罗斯独立以来奉行的对俄防范和遏制政策，为俄罗斯的经济发展创造宽松的国际环境；通过与美国建立合作关系使美国尊重俄罗斯的国际利益；利用美国打击对中亚南部安全构成威胁的阿富汗塔利班势力，为彻底解决车臣问题创造国际条件。

为了实现自己的目标，普京在对美关系上实施了一系列战略妥协，例如，允许美军进驻中亚；

八国峰会会间的普京和布什。

对布什政府退出《反弹道导弹条约》反应温和；与美国签署对实际裁减战略核力量毫无约束力的《莫斯科条约》，对北约第二轮东扩采取默认态度。

但是，在普京第一任期，俄美关系除了不断寻求合作之外，还存在一系列对抗因素。

首先是在"9·11"事件之前，普京的对美外交战略继承了叶利钦时代自科索沃战争后提出的抵制美国单极霸权的战略，主要体现在利用各种外交手段阻止美国实施《NMD法案》和退出1972年《反弹道导弹条约》。

普京上任伊始，就敦促俄罗斯国家杜马于2000年4月14日批准关于导弹防御问题的"一揽子"协议，并补充声明，如果美国部署国家导弹防御系统，俄罗斯将采取包括退出《美俄第二阶段削减战略武器条约》在内的对等的回应措施。

2000年6月以及2001年6月，普京在俄美先后两次最高级会晤中，都坚持不容许修改《反弹道导弹条约》的立场。

与此同时，普京积极开展双边外交，先后访华、访朝、访问古巴和加拿大等国，联合上述国家反对美国修改《反弹道导弹条约》。

即使在"9·11"事件之后，普京在对美国作出一系列战略妥协的同时，俄美关系中的对抗因素也依旧存在。

首先是在阿富汗合作反恐主旋律之外，俄美双方对阿富汗战后政治重组问题、美国在中亚政治影响力不断扩大上存在巨大矛盾和分歧。

其次，围绕着是否应该对伊拉克动用武力，俄美出现"9·11"事件后首次严重分歧，暴露了俄美反恐伙伴关系的脆弱性。

最后，虽然普京处于战略考虑，对北约的二次东扩采取温和态度，但是北约东扩本身这个俄、美关系中最主要的矛盾点并没有得到缓解和消失。而之后的事实也证明，俄、美脆弱的反恐战略伙伴关系也终因此而彻底破裂。

总结普京在第一任期对美的外交战略，实际上是从本国实际利益出发，以务实为首要原则，同时对美国单极霸权主义战略持谨慎防范态度，即在此阶段，俄美关系既有合作也有对抗，两者相互纠缠，显示了国家之间外交局面和利益纠葛的错综复杂。

俄欧：消除分歧，拉近关系

俄罗斯将欧盟视为"文明标杆""合作典范"和"真诚对话者"。不同于和美国的对抗和合作，对于欧盟，普京的外交策略是尽量消除分歧，拉近彼此关系。

首先，从彼得大帝开始，俄罗斯数百年来形成了一种浓重的"欧洲情结"。"进入欧洲，成为欧洲强国"成为俄罗斯魂牵梦绕的追求。

同时，欧洲一直是世界政治经济中的一支重要力量。对于普京来说，借欧盟平衡美国，提升俄罗斯在欧洲和世界的影响力，是他的双翼外交战略的重要一环。此外，欧盟作为俄罗斯最大的贸易伙伴，普京对外经济政策的重点无疑是在欧盟。而能源合作也是俄罗斯和欧盟共同经济空间的重要内容。

因此，普京提出俄罗斯应"回归欧洲"，与欧洲实现政治、经济和安全空间"一体化"，注重与欧盟发展实质性合作关系，形成一种"与其大声说，不如悄悄做"的外交发展趋势。

担任总统后，普京以灵活、务实、积极进取的外交方针处理同欧洲各大国的关系。从2000年4月起他展开了一系列对欧洲各国的外交攻势，4月访问英国，6月访问意大利、西班牙、德国，并且实现了俄罗斯同欧盟首脑的会晤。

在这一系列外交活动中，普京实行"经济务实"的对外政策，将双边经济合作以及多边经济合作的问题摆在首位，在经济合作与经济援助方面取得了丰硕的成果。与美国的口惠而实不至不同，欧盟在经贸领域对俄罗斯提供了现实的、强有力的援助。

最能体现俄欧关系取得重大进展的，是在普京的努力下，"欧洲统一空间"的建立被提上了日程。2000年5月29日，俄与欧盟在莫斯科召开峰会，通过了建立"欧洲统一空间"的文件，签署《俄罗斯与欧盟能源和安全合作》文件，进一步拉近了俄欧关系。此后，这样的峰会每年都会举行，而且始终保持着低调而高效的特点。

普京知道，俄罗斯与欧盟的合作其实是个双赢的局面，俄罗斯离不开欧盟，欧盟也无法拒绝与俄罗斯合作的诱惑。

欧盟的市场、资本和技术对推动俄经济改革非常重要，而俄丰富的能源和巨大的市场潜力对欧盟来说无疑也是一块诱人的大蛋糕。而且，经济上的合作与相互依存必将推动欧俄在政治安全领域内建立互信关系。为此，从提出"欧洲共同经济空间"到俄欧"四个空间"，普京一直致力于不断推进俄欧的战略合作。

此外，2002年到2003年间，欧盟酝酿出了一个"睦邻"政策，欧盟东扩进程开始加速。而与对待北约东扩的态度不同，对于欧盟东扩，俄罗斯基本采取认可和合作的态度。普京对欧盟扩大表示"理解和尊重"。

在2003年的伊拉克战争中，俄罗斯、法国和德国形成一个反战轴心，这在"冷战"结束后是前所未有的。可以说，伊拉克战争让俄法、俄德的双边政治关系得到巩固和深化。

可以说，对于欧盟，普京的外交战略是近一点，再近一点，尽最大努力消除双方存在的分歧，以求真正实现俄罗斯融入欧洲、成为欧洲强国的梦想。

俄中：战略合作伙伴关系

普京执政之初，基本继承了叶利钦时代对华友好的政策，但并非其外交的重点。

2000年7月普京访华。2001年7月俄中两国元首签署了睦邻友好合作条约，规定了俄中在21世纪战略协作的大方向。然而，此时普京外交的重心是西方，奉行的是亲西方的退却政策，还没有认识到中国的重要性。

2004年以来，在俄罗斯外交战略中，中国的地位逐渐上升，两国能源合作受挫的消极后果得到成功化解，俄中关系步入了快速发展的轨道。

此后，俄中两国在政治、经济、文化和军事上加强了战略协作。两国关系迅速发展，每年都能跨上一个新台阶。

2005年，中俄两国进行了四次高层会晤，发表《中俄关于21世纪国际秩序的联合声明》，反映出两国对当代国际秩序的基本问题持共同的基本立场；启动两国战略安全磋商机制，中俄两国就双边、多边的重要安全问题开展实质性对话。同时，这一年还启动了中俄两国议会间的定期交流机制，并成功召开中国全国人大与俄国家杜马合作委员会第一次会议，标志着中俄议会合作实现机制化。

2006年3月普京访华，两国间的能源合作进入新阶段，达成能源合作协议。一些涉及到电力、石油、天然气、机械制造等领域的大型长期项目得到落实，俄中经贸合作取得质的进展，两国的睦邻关系进一步向深度和广度发展。

2007年，胡锦涛主席和国务院总理温家宝先后访俄，中俄双方在经贸、科技等领域达成一系列合作协议。

同时，2006年在中国成功举办"俄罗斯年"主题活动，2007年在俄罗斯成功举办"中国年"主题活动，显示出两国关系步入一个新台阶，两国人民的了解与友谊不断加深。

当前，俄中两国的战略协作伙伴关系实现了机制化，除了高层定期互访、总理定期会晤、议会合作、安全磋商等机制外，俄中两国还有多达15个的各专业分委会，几乎涵盖了俄中合作的各个关键性领域。这种完善的机制使得俄中关系成为大国关系中最为成熟的一对关系。

在中俄两国不断深化和发展战略合作伙伴关系的同时，两国之间也存在一些不和谐的因素。首先是地缘相近、历史上一些遗留问题以及俄中经济发展的反差等因素，使得俄中两国在政治互信方面存在一些问题。总之，普京上台之后，俄罗斯和中国的战略协作伙伴关系在磨砺中不断深化，至今已经进入一个稳定和务实的发展时期。

依托独联体的战略外交

普京上台之后，积极推动独联体外交战略，把与独联体国家的关系作为重中之重来抓。2000年12月24日在谈到对独联体政策时，普京说："对于我们来说，与独联体国家的关系，不是与独联体这个组织，而是与独联体国家的关系，过去是，将来也是头号重点。"

独联体是独立国家联合体（CIS）的简称，它是在苏联解体后建立起来的。俄罗斯一直把独联体视为其"后院"和世界战略依托。

但在叶利钦时代，由于俄经济连年衰退，以及对独联体政策失误，一些独联体国家对发展与俄关系顾虑重重。而且，美国等西方国家也利用这种矛盾不断向独联体渗透。它们力图通过所谓的"双乌"战略，使独联体内部"离心"倾向和亲西方因素不断滋长，俄罗斯在独联体的地位不断被削弱。为了扭转这种不良趋势，普京上台后加紧实施独联体外交战略。

首先，普京积极开展对独联体国家的"首脑外交"。还在担任代总统期间，普京就将首次出访的国家定为白俄罗斯和乌克兰。出任总统后，首次出访也选择了中亚地区的乌兹别克斯坦和土库曼斯坦，并先后访问了9个独联体国家。此外，俄罗斯总理、外长、国防部长等政府要员也频繁出访。普京通过这种"首脑外交"和俄罗斯其他官员的外交活动，力图加强俄罗斯在独联体的地位，增强独联体的凝聚力。

其次，普京积极推动独联体经济一体化进程。2000年10月，为有效推动5国关税联盟和统一经济空间的进程，在普京的倡议下，白俄罗斯、哈萨克斯坦、吉尔吉斯斯坦、俄罗斯和塔吉克斯坦5个关税联盟成员国总统签署了建立欧亚经济共同体条约，使独联体成员国之间的关系进入了一个新阶段。之后，俄罗斯加强欧亚经济共同体的条法建设和经贸合作，力图使之成为独联体一体化进程的核心。

与此同时，俄罗斯支持欧亚经济共同体发展对外联系，提升国际声望。而事实表明，欧亚经济共同体并没有辜负普京的期望，已经逐步发展成为拉动独联体地区经济一体化进程的火车头，成为成员国在各领域和各层面进行政治对话与合作的平台。

其三，普京大力加强与独联体国家的军事合作，继续维持俄罗斯在独联体国家的军事存在，巩固以俄罗斯为主体的独联体地区安全机制。普京积极促进集体安全合作，倡议建立共同防御系统，并率先与白俄罗斯迈出实质性的一步。2001年1月26日俄白联盟条约生效，正式组成俄白联盟。此外，普京在独联体集体安全条约机制内加强军事合作，联合举行大规模军事演习，共同打击三股恶势力，并在俄罗斯倡议下，于2000年12月在莫斯科成立了独联体反恐怖中心。

"9·11"事件后，为扼制美国在中亚及独联体其他国家的地缘政治扩张，俄罗斯加强了与独联体国家在军事安全和经济等领域的多边合作，同时致力于推动独联体的机构改革，以提高独联体的工作效率。此外，俄罗斯对独联体国家展开积极的外交，试图在参与国际反恐联盟方面形成独联体国家统一的立场，并组建统一的独联体反恐联盟，同时利用独联体反恐中心及其分支机构发展在独联体框架下的反恐合作。2002年，俄罗斯与伙伴国共同将集体安全条约机制升格为集体安全条约组织，将打击恐怖主义等非传统安全威胁列入组织的任务范畴。2003年在吉尔吉斯斯坦建立坎特空军基地。

上述措施可以看出，普京的独联体战略同样以现实主义和实用主义为基本原则，考虑到独联体各国政治经济发展水平的差异和原苏联地区不同层次、不同速度的一体化等情况，他在继续积极推进独联体一体化的同时，将对独联体政策的重心转向经营集体安全条约和欧亚经济共同体两大机制上，从而更大幅度增强独联体内部的凝聚力，发展俄罗斯与独联体国家的双边合作关系。

布局亚洲，稳定后方

在普京的双翼外交战略中，亚洲是其不可忽视的重要一环。而且亚太地区近年来已经成为世界经济发展的火车头，无论从本国的全面协调发展，还是从世界发展来看，俄罗斯都不能再忽视亚洲。既介入欧洲事务，也介入亚洲事务，不仅是俄罗斯独有的地缘政治特征，同时也是它无可争议的优势。

普京亚洲政策的核心有两点：一是在亚洲继续扩大已经建立起来的俄中、俄印双边睦邻和伙伴关系；二是继续积极参与亚太地区有发展前景的多边合作机构。同时普京致力于积极推动亚太经济一体化，从而带动俄罗斯远东地区的经济发展，也为俄罗斯在西方与美欧角力营造一个稳定的大后方。

为此，普京上任后，积极活跃在亚洲的国际舞台上，在亚太方面采取了一系列举措。

首先，普京借助和利用与亚太国家的协调行动，来巩固和提高俄罗斯的国际地位及影响力。这一点在俄中关系上表现最为明显。纵观中俄战略协作伙伴关系的十年发展历程，1999年3月至2001年9月，共同面对的恶劣的战略环境使得中俄两国结成了真正意义上的战略协作伙伴，并将双方协作的战略重心转向对美国单边主义政策的联合制衡。从2000年1月至2001年9月，普京执政之初，俄罗斯政府基本延续了这种外交政策。2001年7月16日，中俄两国首脑在莫斯科签署《中俄睦邻友好合作条约》，用法律形式明确了双方的"世代友好，永不为敌"的战略协作伙伴关系。该条约也成为指导中俄关系的"宪法"。

其次，普京上台后致力于进一步改善和发展与亚洲邻国的睦邻友好合作关系，稳定俄罗斯的东部周边环境。在"上海五国"元首会议于2000年7月发表的《杜尚别声明》中，就中亚地区的安全、稳定和发展问题达成多项共识。此外，在中俄双方的共同努力下，俄中在领土方面几乎所有的争议问题都已解决。

普京本着南北"平衡"的外交战略，积极参与朝鲜半岛事务是俄罗斯亚洲布局中的重要一环。就朝鲜半岛局势，2000年2月，普京在韩国议会发表演讲时阐述了俄罗斯对朝鲜半岛局势五个方面的基本立场。2001年8月，普京邀请朝鲜最高领导人金正日访问俄罗斯。金正日成功访俄，表明俄罗斯意欲在朝鲜半岛统一进程中"发挥建设性的负责作用"，在朝鲜半岛事务中扮演"积极参与者"的角色，而非"旁观者"。

俄日关系涉及到俄日和平条约问题，而签署和平条约的惟一障碍就是北方四岛领土问题。2001年7月，在意大利热那亚峰会上，普京与时任日本首相的小泉纯一郎会谈时着重就两国关系问题阐明了俄罗斯方立场，进一步确认了俄日以前达成的协议，其中包括《伊尔库茨克宣言》，表示上述协议将是俄日未来关系发展的基石。

第三，积极加强与亚太国家的经贸以及其他领域的合作，参与亚太地区经济一体化，参与亚太特别是东北亚地区安全机制构建。

普京上台之后，俄罗斯与中国，俄罗斯与日本、朝鲜、韩国的经贸都在原有基础上向前迈出了一步。此外，普京在出访中、朝、日的过程中，就合作开采和输送俄罗斯远东石油、天然气等资源问题和相关国家交换了意见，并制定了一系列合作计划，有力地推动了地区性经济合作。

第四，普京在亚洲地区的布局，在突出东北亚这个重点的同时，并没有忽略东盟以及南亚。以南亚为例。俄罗斯一向十分重视发展同印度的传统战略伙伴关系。在普京提出的"稳定弧线"外交战略主轴体系中，最引人注目的便是"俄-中-印"亚洲轴心。这个三角的建立，既可以用来制约欧、美，又可以用俄罗斯与欧美的三角关系来制衡中国和印度，还可以用中国牵制印度，用印度牵制中国，真可谓左右逢源。事实上，从国际谋略的角度看，普京的"三角思维"的特点就是通过所有别国的"互减"，来达到自己的"全加"。

总体来看，在普京的东西方平衡的多方位外交战略中，亚洲地区的地位日趋重要。普京通过各种外交手段不断加强和改善与亚太国家的关系，从而增强俄罗斯在亚太地区以及全球的国际影响。

Part 5

像彼得大帝一样：
连任让"普京时代"的辉煌延续

黑寡妇阴魂不散、"别斯兰"惨剧震惊寰宇、"颜色革命"呼啸而来……普京第二任期刚刚开始就是那样的鲜血淋漓，惊心动魄。8年总统路，对于普京，似乎除了艰难还是艰难。然而磨难中方显英雄本色，8年执政，普京带给俄罗斯的是崛起，是救赎，也是正在延续的辉煌。

普京获得连任：
一场没有悬念的竞争

天时不如地利，地利不如人和。普京连任是民心所向，因为他此前"一直是努力工作的，而且是真诚工作的。人民一定感觉到了"。

大选序幕：角逐国家杜马

俄罗斯第四届总统大选定于2004年3月举行。作为大选的揭幕战，各派政治势力在国家杜马大选中展开了激烈的角逐。

鉴于以往选举中某些政党利用公关手段互相攻讦，而使选民对选举态度冷淡的情况，为保证各政党平等竞争、诚实选举，2003年8月22日至27日，俄中央选举委员会召集各准备参选的政党、媒体和从事选举活动的政治技巧专家代表在马涅日广场签署了名为《社会条约——2003年选举》的文件。这是一项协定，旨在把杜马选举引上公正、平等的轨道。同年9月2日，时任俄罗斯总统的普京签署法令：俄罗斯第四届国家杜马选举将于12月7日举行。法令一出，俄各派政治势力粉墨登场，各政党积极活动，准备参与国家杜马选举。

统一俄罗斯党、俄罗斯共产党、人民党、亚博卢集团、右翼力量联盟、自由民主党、农业党、祖国联盟、俄罗斯复兴党-俄罗斯生活党、波赫缅尔金-费奥多洛夫联盟等政治团体参加了本次的杜马选举。每一个政治团体都很清楚，要想在第四届总统大选中有绝对把握胜出，就必须在竞选国家杜马中获得多数席位，以便控制国家杜马这个十分重要的议会机构，掌握立法机关的"控股权"。

老辣的普京自然对这一点洞若观火。于是，他在法律允许的范围内采取高压方法，压制挑战政权的其他政治势力，以确保支持他的统一俄罗斯党能够胜出。

在与反对党的对抗中，普京走出了非常重要的一步棋，就是利用手中的权力削弱支持反对党竞选的金融寡头。普京对寡头干政十分痛恨，他坚定地说："我不喜欢监狱和手铐，但商界影响太大，有时候也不得不采取这样的手段。"

普京为了打压那些与自己对着干的寡头，可谓是重拳出击、不遗余力。

他在继续寻求引渡藏身国外的媒体大亨古辛斯基、传媒和汽车工业巨头别列佐夫斯基之际，对于其他试图问鼎政治的寡头也毫不手软。其中最有力的一击，就是在选举前的关键时刻，把资助左翼反对派俄罗斯共产党的俄罗斯首富、拥有83亿美元资产的尤科斯石油公司总裁霍多尔科夫斯基投入牢狱之中。

俄罗斯第四届国家杜马选举于2003年12月7日8时正式开始。当天，普京同夫人柳德米拉一同来到设置在科西金大街的物理化学大学的2039号投票点，参加了国家杜马以及莫斯科市长的选举。柳德米拉首先投了票，而普京填写选票的时间则比较长。当被记者问及投了谁的票时，他沉思片刻说："因为我的回答可能会被视作选举前的宣传，所以，我投弃权票。但是，我的倾向大家是知道的。"

根据投票结果，有四个得票率超过5％的政党将在杜马中获得一席之地。其中，统一俄罗斯党以36.84％的最高得票率居绝对领先地位，甩开位居第二的俄罗斯共产党20多个百分点。经此一役，俄罗斯共产党势力大减，支持率较上届选举少了近一半，其第一大党的桂冠也被统一俄罗斯党摘走。

在本次的国家杜马角逐中，统一俄罗斯党可谓是大获全胜。那么，统一俄罗斯党在哪些方面具有优势呢？事实上，早在竞选之初，该党就以大力宣传普京政绩等方式来获得群众基础，还用经济总量早日翻番、消除贫困和实现军队现代化等目标来争取选民。这可以说是其竞选胜出的根本原因。但最关键的还是普京的支持。普京一直十分信赖统一俄罗斯党，他公开宣布支持统一俄罗斯党参选，并且称他将亲自领衔统一俄罗斯党竞选名单，参选国家杜马，为统一俄罗斯党赢得不少选票。统一俄罗斯党的获胜，也让普京长舒了一口气。

自此，亲普京的政党控制了议会，结束了以往议会与总统对抗大于协作的局面。这也意味着在以后很长的一段时间内，普京可以说没有任何有力的政治竞争对手，从而能够完全按照自己的政治设计来治理俄罗斯，他所面临的施政环境要比叶利钦时代好得多。

顺利获得连任

普京的第一个总统任期转眼间就到期了，2004年，他能否连任成为俄罗斯国内乃至国际重点关注的话题。

回首普京的第一任期，他政绩卓著，深孚众望，很多重大决策符合俄多数人的利益和要求。他的选民支持率长期保持在70％以上，甚至有53％的选民希望他连任三届总统。的确，普京在四年的任期内，倾其全力带给俄罗斯的改变足以让俄罗斯国民感动不已，有谁不希望这么好的领导人继续留任呢？

尽管受到绝大部分国民的青睐，普京还是对竞选做了精心准备，因为在他看来，只有保证竞选成功才是无愧于国民信赖的惟一方式。在位于莫斯科红场的竞选总部，他饱含深情地对记者说："我想这些年来，我一直是努力工作的，而且，我是真诚地工作的。人民一定感觉到了。我向你们保证，在今后四年中，我将以同样的方式工作。"这番话简洁而有力，充分体现了他再干一届的诚意和决心，也为他赢得了更多选民情感上的共鸣。

同时，普京很清楚，只有实际充分的行动才会让选民们看到希望。

2004年2月24日，普京没有如约参加在克里姆林宫举行的国务委员会会议，确切地说，那些准时到达会议地点的俄政府高级官员们都被放了鸽子。然而，当天下午，人们在俄罗斯两个官方电视台上看到了他们的领袖。

普京在电视讲话中十分严肃地说："根据俄罗斯《宪法》第117条，我决定今天解散政府。总理下台回家，其他要员暂时留任。"他同时宣布原副总理赫里斯坚科代行总理职务。面对电视机前一双双疑惑的眼睛，他非常庄重地说，实际上，卡西亚诺夫政府干得不错。但俄罗斯今后的道路应该由你们决定。

事实上，这是普京竞选班子的策略之一，是早已策划好的大选前的重要一步。普京的考虑是，提前解散政府，可以平衡杜马党团中各党派的力量，孤立、分化和击破左右翼集团，并由议会大党组建未来新一届政府。

普京选择赫里斯坚科，是为了进一步深化经济改革，力图使俄罗斯尽快加入世界贸易组织，加强与世界各国的经济联系，从而确保实现2010年前国内生产总值翻番的政治目标。尽管被免职的总理卡西亚诺夫在经济上的成绩也不错，但他对普京的经济目标有所保留，这显然不符合普京的总体政策。

对普京此举，俄罗斯《独立报》认为："总统把解除卡西亚诺夫总理职务一事看作是一个有效的竞选步骤。"俄罗斯《展报》认为："解散政府是为了刺激选民的情绪，提高国民的积极性。"

如果普京充分衡量过竞争对手的实力的话，他一定会感觉出自己是过于紧张了。事实上，在总统大选前夕，很多有能力和他一较高下的反对党领导人都已经放弃了此次竞选。于是，克里姆林宫不得不"请"出几个三流人物来"陪太子读书"，以免总统选举过于冷清。这次获准参选的总统候选人只有6人，是1991年俄罗斯总统选举制度施行以来最少的一次。俄罗斯中央选举委员会公布了几位总统候选人的名单：

第一位，祖国联盟领导人格拉济耶夫。6人中只有他稍微有点实力，与普京差距最小，但也只有2%～4%的选民支持率，很难同普京较量。

第二位，联邦委员会主席、生活党领导人米罗诺夫。他参选的惟一目的是"陪伴"普京，他说："当一个受人信赖的领导人上战场的时候，不能一个人孤零零的，必须有人在身边陪伴。"

第三位，俄罗斯共产党推举的哈里托诺夫。此人不仅社会上名不见经传，在左派中也是次要人物，他并非俄罗斯共产党员，而是农业党创始人，让他代表俄罗斯共产党参选是党内两派斗争妥协的结果。

第四位，自由民主党推举的马雷什金。他是日里诺夫斯基的贴身保镖。有人说，这是把总统选举视为"儿戏"。亚博卢党主席亚夫林斯基就说："我简直无法想像普京先生将和日里诺夫斯基老兄的保镖同场竞选。"

第五位，日裔女性伊琳娜。她是自告奋勇出来参选的，但她在2003年杜马选举时连议员都没有当上，她所在的右翼力量联盟也不赞成她出来竞选。

最后一位是雷布金。他在叶利钦时期当过杜马主席，现在已经没落，成为流亡寡头别列佐夫斯基资助的"傀儡"，其选民支持率不足1%。

论实力，这六位都难以对普京连任构成威胁。普京这次参选，实际上是凭借统一俄罗斯党在杜马选举获胜的东风乘胜追击，加上他得到各种"行政资源"的大力支持，得到官方媒体的"热情捧场"，高票当选已是大势所趋。可以说，这是一场毫无悬念的大选。这样的局面就连一向喜欢凑热闹的俄罗斯社会学家们都提不起兴致来。

2004年3月14日，普京以最高票再次当选俄罗斯总统，顺利实现连任。

对于这种意料之中的胜利，普京显得十分平静。他发表公开谈话对参加投票和支持他的选民表示感谢，坦言他的工作信条是："不能为了任何人都不明白的某种荒谬理想而工作，应该始终以现实为基础，为现在生活着的人，为明天和后天生活的子孙后代而工作。"

同时，普京还阐述了新政府在未来四年的执政纲领。他说，今后四年俄罗斯内政方面的优先目标是提高民众的生活水平。他强调，政府非常重视国民经济的稳定，俄经济和社会领域将继续向前发展。他还承诺，政府将采取措施惩治腐败，杜绝官僚中饱私囊的现象；建立统一而强大的联邦制国家政权机关，使国家成为改革与发展的主要推动者，并将以渐进方式推进改革，避免大起大落，以免破坏或损害人民对政府的信心；树立"俄罗斯新思想"，以实现社会思想统一和社会团结；俄罗斯还将继续奉行多边外交政策，发展与美国、欧盟和欧洲国家以及中国和印度等亚太国家的伙伴关系，同时以重振大国雄风为目标，营造一个和平稳定的外交环境。

普京的施政纲领让俄罗斯人看到了新的希望和俄罗斯的美好前景。

普京踏上新征途

普京是伴随新世纪的到来而冉冉升起的一颗政治新星，那时，不管是外国人还是俄罗斯人对他能否管理好俄罗斯这个大国都持怀疑态度。然而，短短四年，普京就用卓著的政绩和总统大选的再次高票胜出证明了自己。

2004年3月15日凌晨，普京向全国公民发表致词。从电视上你可以看到，他意气风发，从骨子里表现出一种能够把俄罗斯引向繁荣富强的强大信心。他在致词中对所有选民表达了真诚的感谢。

对于那些投其他候选人票的人，他表示了尊重和认可，并说："无论如何，即使你们的候选人未能当选总统，这个结果也很重要。这对我很重要，因为对现政权对我，这些信息是必要的，我们必须考虑得到选票的政治家的意见和观点。不管有多少选民投他们票。"对于那些支持他的人，他表示："我非常感谢你们，因为这是最重要的支持与自信手段。""我认为，作出这种选择的人，支持的不仅是近年来我们国家发生的积极变化、不大的但积极的好转……我认为，不是这些简单的成绩，而是你们忠诚的公仆、现任总统近年与你们工作时的情绪与献身精神，赢得了支持。"

以此，普京向选民承诺："未来4年，我将尽我所能地工作，以使政府加强工作。"他提出对内将保障已有的民主成果，巩固多党制、巩固公民社会，竭力而为保证媒体言论自由，并将继续高举反腐大旗，保证经济稳定增长，同时也要做出实际行动保证公民福利。同时，他也会让俄罗斯国内那些以"夸夸其谈的漂亮言辞和民主外衣为自己捞好处"的人再无立足之地。

而在对外关系上，普京重申了自己以国家利益为目的的灵活而合作的外交方针，从而为国家发展创造良好的外部环境。

从这篇致辞来看，普京将推动新一轮经济改革，发展经济仍然是他第二个总统任期内的主要任务。

另外，从他对政府新总理的选择上也可以看出这一施政方向。2004年3月1日，普京提名米哈伊尔·弗拉德科夫担任政府新总理，3月9日正式宣布任命。

之所以任命弗拉德科夫为总理，首先，是因为他有能力应对对外贸易，尤其是同欧盟间越来越大的贸易困难。

其次，弗拉德科夫是一个没有明显政治野心的技术专家，是各对立派别的混合体。

第三，弗拉德科夫当过联邦税务警察局局长的情况，给俄罗斯企业界发出一个重要的信息：克里姆林宫将继续执行严查偷税减税、损害国家利益的公司政策。普京认为，弗拉德科夫是一位强有力的行政官员，不仅是经济方面的专家，而且对强力部门也很熟悉，在打击腐败方面富有经验。

第四，弗拉德科夫了解政府和经济的运转，然而，他没有强有力的可靠政治支持者。他了解并同保安机构和经济改革派成员共过事，但都不是这两个阵营强有力的领导者。

普京顺利获得总统连任后宣誓就职：从容的神情和有力的动作无不显示出普京再踏征程的强大自信。

普京不允许在总理这个位置上出现一位独立的政治家，政府实际上将由总统直接领导。媒体认为：随着对弗拉德科夫的任命，普京使自己成了政府。

再从经济形势来看，经过5年的连续增长，俄国内生产总值已经初步恢复元气，达到苏联时期的70%，下一步主要是实现从单纯增长到合理发展的过渡。但俄经济结构还存在着严重缺陷，石油、天然气等能源行业占国内生产总值的15%、出口额的55%和政府收入的一半。因此，俄罗斯的经济容易受国际市场变化的冲击，还导致加工和非出口部门缺乏竞争力。普京下决心改变过分依赖能源出口的现状并开启新的经济增长点。他打算将下一任期内经济工作的重点放在规范自然资源开采、对铁路和电力系统进行现代化改造、完善财政和税收体系等方面。

同时，普京将下大力气营造公平合理的竞争环境，有意识地扶持中小企业；也会关注社会领域的改革，出台一系列涉及居民既得利益的改革措施，在医疗保险、教育和住房领域实行彻底改革。此外，还要面临继续打击恐怖主义、惩治腐败的艰巨任务。

经历了长达10年的贫困和动荡，俄罗斯人对普京执政以来出现的政治稳定和经济增长格外珍惜。此时，俄罗斯发展前景的不确定性已经消除，整个社会克服了对改革阵痛的恐惧心理，虽然普京没有也不可能在4年时间里解决10年巨变积累的所有问题，但是老百姓从他的身上看到了国家发展的希望。

自此，普京踏上了新的征途，俄罗斯历史翻开了新的篇章。

第二章
CHAPTER2

劫机事件与"别斯兰"惨剧

       "8·24"空难、别斯兰人质危机,刚刚获得连任,恐怖分子就为普京送上了一份极其血腥而残忍的特别"贺礼"。于是,世界在震惊,俄罗斯在痛哭,铁血普京在磨刀霍霍,决心为枉死的子民复仇。于是,两年之后,巴萨耶夫被杀,铁血总统以血为祭,告慰那些逝去的灵魂。

空难——"黑寡妇"又来了

连任总统不到半年，新的考验就又摆在了普京面前。

2004年8月24日晚，两架从莫斯科起飞的俄罗斯图-154、图-134民航客机在飞往南方途中，突然发生爆炸坠毁，两架飞机上90名乘客和机组成员全部遇难。消息传出后，举世震惊。

由于失事的两架飞机是从同一个机场起飞，又几乎同一时间从地面雷达屏幕上消失，所以，俄罗斯媒体及不少专家都认为，这是一起俄罗斯版的"9·11"事件。

然而，由于此时车臣大选在即，俄当局极力淡化恐怖袭击的可能性，更不想把它与车臣恐怖分子联系在一起。《共青团真理报》就此评论道：联邦当局之所以如此，是因为他们不愿意相信在车臣选举的前三天，车臣恐怖分子又上演了如此血腥的一幕，而且还是在俄罗斯的纵深地区。

但是，随着调查工作的深入，"人为因素、机械故障、油料质量、天气恶劣"等俄当局最希望看到的原因被一一排除。就在这时，两名车臣女性乘客进入人们的视线。

其中一名叫捷比尔汉诺娃，是图-154的乘客。调查人员在她身上发现了诸多疑点，如压根儿没有人来认领她的尸体，甚至没有任何亲戚朋友打电话来过问。此外，当调查人员将电话打到西伯利亚航空公司后赫然发现，除了名字，没有其他任何有关她的记录。这种违规登机的行为自然引起了调查人员的重视。

调查中还发现，捷比尔汉诺娃起初买的是25日飞往索契的伊尔-86的票，她是后来临时改乘24日晚的图-154的。从飞机残骸的调查情况看，爆炸是从卫生间里开始的，而捷比尔汉诺娃乘坐的2F座，距离飞机卫生间很近。

另外一名叫纳佳耶娃，图-134的乘客。救援人员经过反复搜寻，最后在飞机的卫生间里发现了她的尸体。

纳佳耶娃出生在车臣维杰诺地区吉罗沃村，后来才到格罗兹尼。三四年前，她的一个哥哥被俄联邦军带走了，从此便没有音讯。为了复仇，只有27岁的纳佳耶娃成为一名"黑寡妇"，并参与了这次恐怖事件。

调查人员在两架客机上均发现了黑索金炸药的痕迹，因此判断，坠机事故是由恐怖爆炸所引起的。

关于这次恐怖事件的目标竟成为一时之争。曾有媒体报道说，恐怖分子打算袭击核电站和普京在索契的度假官邸。一个自称基地组织下属组织的"伊斯兰布利旅"甚至在网站发布消息，称两架客机上分别有5名该组织的"伊斯兰战士"。

但专家认为，这仅仅是一起旨在向俄当局示威的恐怖袭击事件，目的是影响大选前的车臣形势。专家分析说，如果要迫使飞机改变航向，至少需要有人分别控制驾驶舱和客舱，而他们并没有发现多人劫机的证据。

车臣局势一直以来就是普京最为忧虑的，而定于8月29日举行的车臣总统选举日益迫近，在这个节骨眼上发生坠机事件，很容易让人联想到此前不久他曾突然飞抵车臣，并亲赴5月份被恐怖分子炸死的车臣前总统卡德罗夫的墓地悼念。在车臣恐怖分子眼里，这无疑是一种挑衅。他们这次炸毁飞往普京常去的度假胜地索契的班机，明显带有警告普京的味道。

但这并不足以吓到普京，反而让他更加关注车臣，更加痛恨那些为达到某种政治目的而无视平民生命的车臣恐怖分子。受此次恐怖事件的震动，普京主张从国家财政收入中拿出20亿卢布，作为2005年的反恐预算，并实施一项新的反恐计划。

但是，即便如此，俄罗斯的反恐战争仍旧还有很长的路要走。

首先，车臣恐怖主义势力在车臣战争之后，已成为俄罗斯和普京挥之不去的一个毒瘤。其历史因素和现实因素也导致了该问题很难被根除。

而且，俄军两次出兵车臣，看似已剿灭了车臣非法武装的主力，但车臣武装分子的游击战术也让俄军防不胜防。他们还时不时集中力量，对俄军进行一定规模的突袭，俄军则时常因装备老化、战术落后等问题遭受较大损失。

最后，普京在车臣问题上的强硬立场虽然受到国内民众的普遍支持，但在国际上得分却很少。包括美国在内的一些西方国家，为防止俄罗斯的重新崛起，一直利用车臣分裂势力进行牵制。而且，他们还为车臣分裂分子提供政治庇护，阿赫马多夫和扎卡耶夫两位马斯哈多夫政府的成员，就分别以政治难民的身份流亡美国和英国。所有这些，都在一定程度上助长了车臣分裂分子的嚣张气焰。

虽然在打击车臣恐怖势力的道路上，面临重重困难和矛盾，但对普京而言，只要有人民拥护他，一切都不可怕，他会用他有力的臂膀保护好俄罗斯和他的人民。这一点在之后的几年里，被世界的目光所见证。

哭泣的"别斯兰"

我在这里出生、长大

我热爱这片土地

可你们为何在我的床头摆上蜡烛

让蜡滴在我的嘴唇上凝聚

我多么想读书啊

请不要

对我扣动扳机

——写在别斯兰第一学校体育馆断壁上的诗句

别斯兰是俄罗斯南部北奥赛梯共和国的一个小城，靠近印古什和车臣。在俄罗斯，每年的9月1日是个特殊的节日，人们称之为"学识日"。对于别斯兰人来说，这是个特别喜庆的日子。在这一天，别斯兰的孩子们总要穿上崭新的校服，带着鲜花和气球，同父母一起到学校迎接新学年、新同学和新老师。

但在2004年的9月1日，人们在别斯兰看到的却是泪水和忧伤。在这一天，别斯兰的孩子们遭遇了一场让他们血泪交加的恐怖劫持。按幸存下来的孩子们的回忆，那一天原本一切正常，孩子们很兴奋，家长们则喜气洋洋。从校园的广播里，不断地飘出一首老得掉牙的20世纪80年代老歌。那是一首关于童年和纯真的俄罗斯歌曲，孩子们熟悉得都能倒背如流。但就在音乐结束的那一刻，一小队身穿迷彩，手拿自动步枪和炸药的恐怖分子冲进了校园，并迅速包围了操场。被枪声、恐吓声惊吓的人们哭喊叫嚷着四处奔逃，指望

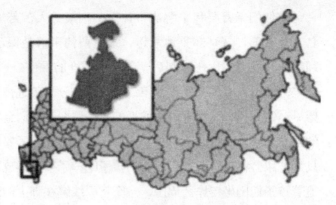

北奥塞梯共和国

着恐怖分子可以对他们网开一面。可是人们错了，这是一伙毫无人性可言的恐怖分子，他们早已用枪林弹雨架设好了一道道封锁线。最后看清状况的人们只能屈服地趴在地上。大部分人在惊叫声和恐惧中顺从了，但也有人乘机狂奔而出，逃到了安全地带。16岁的萨多就是其中一员，但他的好朋友卡兹别卡却在冲出岔道的一瞬间迟疑了，因为他想起了自己可爱的妹妹，于是，他又回到了操场，回到了惊恐的妹妹身边。

当天，和萨多同样幸运脱逃的还有十几个孩子。据其中一名叫做克里斯汀娜的女孩回忆，她们在英文老师的带领下，成功地躲进了学校的锅炉房，恐怖分子发现了他们，但却没能打开锅炉房的门，最后恼羞成怒地向房内扔了两枚手榴弹却没有爆炸。

事后证实，共有1200人在当天被恐怖分子劫持。对于仅有三万人口的别斯兰来说，这意味着几乎每个人都有亲人或者是熟人被关在了那间被炸弹、地雷和恐怖分子包围的体育馆里。

当天下午，普京就从黑海沿岸度假地索契紧急返回了莫斯科，并且取消了原定的出国访问计划，留在国内指挥这场营救活动。警察和军队在接到指令的第一时间迅速包围了学校。而在学校附近的文化宫，全别斯兰的人都焦急地等待着，没有人知道孩子的命运将会怎样。人群中弥漫着焦灼、惊恐和哀伤。

"你们千万要和平解决事件"，别斯兰人苦苦地哀求政府军。面对近千名儿童人质，普京郑重地承诺，最重要的事情是保证人质的安全。而参与谈判的罗沙利医生，在谈判后，作出了同样的保证。

9月2日，人质事件进入第二天，恐怖分子带进体育馆的食物和水已经消耗殆尽。但因为害怕下毒，他们拒绝了俄罗斯政府送食物、饮水和药品进体育馆的请求。30多度的高温，孩子们热得难受，脱光了衣服，有些孩子渴极了，就只好把尿撒在鞋里喝掉，还有的孩子吃掉了手里的玫瑰花。残忍的恐怖分子逼迫着孩子们围坐在炸药周围，一个将引线绑在脚上的恐怖分子还不断地吓唬着孩子，说只要有一个恐怖分子同伴受伤，就会杀掉他们当中的20个人，而如果政府军敢冲进去，他们所有人会跟他脚下的炸药一起变成碎片。

终于，26名头一天参加开学礼的妇女和幼儿在恐怖分子与印古什共和国总统的谈判后被幸运地放了出来。26个人质的自由给彻夜守候的别斯兰人带来一丝微弱的希望，却也带来更残酷的痛苦。一个妈妈在离开体育馆前经历了最残忍的斗争，因为只允许带走一个孩子，她硬着心肠推开了14岁女儿的手，假装没能看见女儿那和其他几百个孩子一样惊恐绝望的眼睛。而对于名叫西玛的老妇人来说，她找回了自己的女儿，但却仍在承受痛苦的煎熬，因为她8岁的小孙子的生命还紧紧地攥在恐怖分子手里。

9月3日下午1时，一队人员经过谈判，刚被允许进入体育馆抬走尸体，巨大的爆炸声就打破了别斯兰脆弱的平静，同时也震碎了守候的人群最后的希望，一个老妇人的双眼瞬间噙满了泪水，3天来她最害怕的担心发生了。所有孩子家长在听到响声后开始哭喊起来，他们明白，这意味着孩子们的生命失去了保障，恐怖分子会由此大开杀戒。

果然，爆炸后的几秒钟内，枪声开始大作，校外的政府军和校内的恐怖分子在隐忍了两天之后，开始激烈地交火。而在双方你来我往的枪林弹雨中，是几百个3天没吃过东西的惊恐尖叫着的别斯兰孩童。疯狂的恐怖分子向无辜的孩子扫射、爆炸引起的屋顶坍塌，都让体育馆的地板上铺满了孩子们的尸体。

这时候，越来越多几乎赤身裸体的孩子从混乱的体育馆里逃出来，但更多的人背后中枪倒在校园烧焦的草坪上，再也没有起来。一个叫弗拉米尔的小男孩趁乱逃了出来，可他却失去了妈妈和弟弟。弗拉米尔成为最先成功逃脱的30个人质之一。两天前失散的亲人们开始迎来劫难后的重逢，而在停尸间外的草地上，伤痛欲绝的母亲在抚摸孩子幼小的身躯。别斯兰在这一刻被枪声和炮声、欢欣与哀恸同时淹没。

下午2时，在普京的有力组织下，直升机加入了战斗，装甲车开始了正面进攻。同时，普京派出了数量庞大的救援队伍，越来越多的伤者被救护车、警车，甚至民用车不断地送往医院。据亲历的人们回忆，担架上有些孩子像洋娃娃一样身子都是扁的。

9月4日凌晨，别斯兰市第一中学的枪声停息才几个小时，普京就在第一时间火速飞抵现场。他下令关闭北奥塞梯共和国边界，搜捕一切与劫持人质事件有关的人员。普京走下飞机后，立即乘坐一辆小型巴士，径直朝当地最主要的医院驶去。普京在医院逐一察看了除重症病房以外的所有病房。他脸色严峻，停下来摸了摸一名受伤儿童的头部和一名妇女受伤的胳膊。普京说：“全俄罗斯都与你们同悲痛。即便与过去最残酷的袭击相比，这一恐怖行为也是非常特殊的，因为它针对的是孩子。”

当天，普京在向全国发表的电视讲话中说：北奥塞梯发生的劫持人质事件是恐怖分子对整个俄罗斯和全体俄罗斯人民的挑战；俄罗斯面对的不是孤立的恐怖行径，而是国际恐怖主义对俄罗斯的直接攻击，是一场已经多次夺走俄罗斯人生命的残酷的大规模的全面战争；世界经验表明，这种战争不会很快结束。因此，俄罗斯必须建立更加有效的安全体系，使护法机构的工

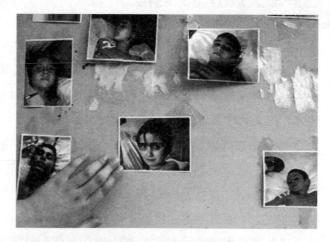

那些无辜无助的孩童，映射的是恐怖分子残忍的内心。

莫斯科纪念别斯兰人质悲剧一周年。

作能够应对已经出现的新威胁。

据俄方最新统计资料显示，在别斯兰市人质事件中，共有331人遇难，其中有186名儿童。此外，还有包括639名儿童在内的958人受伤，123人落下残疾，26名儿童父母双亡。

这所有一切的阴影，或许能随时间推移逐渐散去，但切肤之痛却不会那么轻易就被消磨掉，特别是对于普京这样一个性格坚韧的汉子来说。屡次呈现的血的场景使俄罗斯当局和社会不得不思考这样几个词，车臣、反恐和民族纷争。

巴萨耶夫被击毙的内幕

巴萨耶夫为世界所知，始于2004年9月造成300多人死亡的别斯兰人质事件。这位号称"高加索之狼"的恐怖分子头目，据说有着坚韧冷酷的个性，他沉默冷静的外表为他在武装组织中赢得了威望和号召力。他身边有一批追随者，跟着他转战各地。

巴萨耶夫可以说是车臣反政府武装的灵魂人物。车臣总理卡德罗夫曾说，如果巴萨耶夫被消灭，车臣战争"99％就结束了"。2005年3月，车臣非法武装的主要头目马斯哈多夫被打死时，就有分析认为，巴萨耶夫最有可能取而代之，他将以不妥协、不谈判的强硬姿态，继续与俄罗斯对抗。

巴萨耶夫奉行的，是在高加索建立一个宗教国家。他以宗教的名义与极端组织有着千丝万缕的联系，并从其中寻求援助。不仅如此，他还不惜采取恐怖和滥杀无辜的手段达到自己的目的。也正因为如此，他成为俄罗斯反恐斗争的心腹大患，也是普京最想除掉的人。

早在2004年，普京就曾悬赏1000万美元要巴萨耶夫的项上人头。悬赏令颁出的第二天，巴萨耶夫就在车臣非法武装网站"高加索中心"上发表声明，嘲笑说："就冲这1000万美金，我会坐着卡马兹货车去投降的！"

历史就是这么神奇，这个满脸络腮胡子的独腿悍匪做梦都没有想到，一句戏言竟然成真。不过，他不是坐着卡马兹货车去投降，而是被满载着火药的卡马兹货车炸得粉身碎骨。

2006年7月10日凌晨，在俄罗斯印古什共和国首府纳兹兰郊外埃卡扎沃村边的公路上，一辆卡马兹货车在三辆轻型汽车护卫下，匆匆行驶。途中，打头行进的卡马兹货车突然停了下来，当护卫车辆接近时，货车突然发生爆炸。

闻讯赶来的俄罗斯联邦特工在清理现场时，找到半颗鲜血淋淋的人头——光秃的头顶，烧焦的胡子，炸烂的双眼……他们看了又看，瞧了又瞧，最后惊喜地一致认定：这颗头颅就是巴萨耶夫的。随后进行的医学鉴定也证明：巴萨耶夫被炸死了，错不了。和他一起被炸身亡的，还有12名车臣非法武装分子。

对于这次成功的"斩首"行动，俄罗斯安全部门当时并没有提供更多的细节，只是强调说，俄罗斯的海外情报人员为这次行动立下大功，他们帮助俄安全部门派员打入了巴萨耶夫团伙的内部，混到了得以接近巴萨耶夫的高层，才使这次行动大获成功。

2007年，传说中的"海外情报人员"终于浮出水面。原来，打入车臣匪巢内部、卧底在巴萨耶夫身边的，是俄军特种部队"格鲁乌"的一名少校军官，当时他的化名叫加兹尼。

在加兹尼走向巴萨耶夫之前，俄罗斯联邦安全局特工和"格鲁乌"军官，也曾数度打入车臣匪巢，但都没有来得及接近巴萨耶夫，就被发现了。在惨遭严刑拷打后，有的被斩首，有的遭活埋。巴萨耶夫因此得意地放言："能除掉我的俄罗斯人还没有出生呢！"

　　但经过俄政府几年的清剿，车臣非法武装的力量大为削弱，即便是巴萨耶夫身边的追随者也不多了。因此，他急需要人。俄罗斯特工部门及时做出判断：打入巴萨耶夫团伙内部的最佳时机到了。

　　于是，秘密驻守中东某国多年、已与当地人融为一体的"格鲁乌"少校加兹尼，成了最佳卧底人选。加兹尼是阿拉伯裔，家族在当地不显赫但却很有渊源，与一直向巴萨耶夫提供资金和武器的富商熟稔，历来以激进的形象出现在众人面前。其间，加兹尼还跟车臣非法武装做过几次"不大不小"的军火交易，巴萨耶夫多少听说过他的名字。因此，当急于拉人手的巴萨耶夫向富商要人时，加兹尼"幸运"地被收入帐下。

　　但靠近"高加索之狼"的路途十分凶险，加兹尼经历了生与死的考验。有一次，巴萨耶夫故意当着加兹尼的面，大谈如何进攻车臣境内的俄军驻地，并透露了具体的时间、地点与方案，然后又给加兹尼留出单独活动的时间。正当加兹尼犹豫是否应该与线人接头时，他发现了破绽：准备集结的非法武装人员所穿的迷彩服与袭击地区颜色不一致，如果真要发动攻击，那么迷彩服会要了他们的命。

　　还有一次，巴萨耶夫推出两名"俄军战俘"，要加兹尼当着众人的面审讯后"处理掉"。这让加兹尼非常矛盾，他清楚这是巴萨耶夫对他进行的又一次考验。容不得他多想，两名"战俘"已经押到了面前，在经过半个多小时的审讯后，加兹尼再度发现了破绽：这两个自称是"俄军突击队员"的人却没有真正特种兵的习惯性动作。加兹尼二话没说，拔枪就将他们当场打死。事后证明，这两人是车臣非法武装分子，巴萨耶夫对他们起了疑心，于是想出这条"一箭双雕"的计策。

　　两次考验都没有发现任何破绽，巴萨耶夫终于放心地将加兹尼纳入亲信的行列。

　　2006年3月初，加兹尼得知，巴萨耶夫秘密购买了一批烈性炸药，准备在圣彼得堡八国峰会期间实施大规模恐怖袭击。加兹尼把这个重要情报秘密送了出去。普京接到线报，立即组织人力，制定了"猎狼"行动。

　　在这次行动中，加兹尼扮演了一个重要的角色——巴萨耶夫让他与中东的富商联系，设法将大批军火弄到印古什共和国。

在中东反恐机构的协助下，俄罗斯联邦安全局和"格鲁乌"派出了精干的特工扮成"军火走私商"，军火如期运到了印古什共和国，准备在一处秘密地点交给巴萨耶夫。

巴萨耶夫果然十分狡猾，交货的地点连加兹尼都没有告诉。所以，设伏的特工只能眼睁睁地看着巴萨耶夫从闹市中心接走满满一货车炸药。情急之下，随行的加兹尼喝令一名特工扮成的军火商"随车押送"，以免"货被调包"。巴萨耶夫觉得有理，同意让这名"军火商"随车同行，而加兹尼也获准跟车"监视"。

汽车开出印古什首府纳兹兰，眼看着即将驶出俄特工控制区域了，随行的"军火商"急中生智，强烈要求叫外卖，理由是"不知道还要多久才能吃上饭"，心领神会的加兹尼立即答应了。"军火商"在一家饭店前停了车，叫了食物。两名装扮成服务员的联邦安全局女特工，悄悄在卡马兹货车司机点的饮料里下了迷魂药。

饭后，一行人继续上路。没多久，驾驶货车的非法武装分子就"睡"着了，"军火商"和加兹尼便接管了卡马兹货车。加兹尼驾车继续前进，而"军火商"则迅速将一枚隐藏在鞋跟里的定时炸弹取了出来，安放在炸药中间。

当车行驶到一个拐弯处时，加兹尼稍稍加了一下速，把尾随其后的巴萨耶夫一行隔在视线之外，然后停车，迅速躲到隐蔽地方。当巴萨耶夫一行三辆护卫轿车驶近卡马兹货车的一刹那，加兹尼按下了手中的按钮，三辆小轿车连人一起被炸上了天。

当天，普京通电嘉奖所有参加这次行动的特工，尤其是卧底加兹尼。当然，他并没有向外界提及这个勇敢的"格鲁乌"少校。

巴萨耶夫的死可以说是普京铁腕反恐斗争取得的一次最耀眼的胜利。但普京并没有为一个巴萨耶夫的死而松口气，他强调说，俄罗斯所面临的恐怖威胁依然严峻，因此反恐工作不能放松。

第三章
CHAPTER3

呼啸而来的"颜色革命"

独联体是俄罗斯最后一道生存防线，普京决不允许"颜色革命"的浪潮在他的家门口肆虐。面对这股"革命"的潮流，他严阵以待、坚决反击。

近在咫尺的可怕风暴：颜色革命

苏联刚一解体，美国便启动了"支持新生独立国家"计划，动用一切资源在独联体各国"培植民主土壤"，"营造民主气氛"，"物色民主骨干"，"树立民主榜样"，要把独联体各国打造成"新型民主国家"。美国这样做的主要目的是在后苏联空间建立亲西方联盟，控制独联体国家，挤压俄罗斯的地缘政治空间，最终实现美国称霸世界的战略目标。美国公开宣称："钱是美国人出的，这是美国外交政策的组成部分。无论是商业组织，还是社会团体，它们都是政府的左膀右臂。"

就在以美国为首的西方国家鼓吹民主改革和民主演化之下，独联体国家度过了风雨飘摇的20世纪最后10年。进入21世纪，独联体内部的"民主风气"已经日渐鼎盛。

2003年，格鲁吉亚率先发动了针对选举舞弊的群众暴动，并夺取了政权，成为"颜色革命"的第一波。"颜色革命"的浪潮一直持续到2005年上半年，步格鲁吉亚的后尘，乌克兰和吉尔吉斯斯坦在2004年和2005年相继爆发了针对当局的"街头革命"，并完成了政权更迭。

从格鲁吉亚、乌克兰到吉尔吉斯斯坦，一场"颜色革命"正在延伸。令人印象深刻的，不仅是一个个政权几乎毫无抵抗地迅速倒下，还有与之相随的各国反对派的街头斗争：从独联体到中东，声势之大，已经远远超越地域的限制。此种情势不仅让人震惊："颜色革命"究竟能闹多大？

对于坐在克里姆林宫的普京来说，这场"颜色革命"无疑是对他和俄罗斯的另一个严峻考验。"颜色革命"爆发后，整个俄罗斯都在关注着一个问题，那就是这一风潮是否会波及俄罗斯，俄罗斯一旦发生"革命"又将是何种颜色？

虽然，大部分政论家都认为，同格、乌、吉三国相比，俄罗斯已经处于全然不同的发展阶段。俄罗斯已经实现了从"人心思变"到"人心思定"的历史跨越，况且普京等政治精英掌控政权的能力亦非其他独联体国家领导人能比。

正如俄罗斯国家杜马（议会下院）主席纳雷什金所说，和苏联解体时相比，当前的俄罗斯社会情绪已完全不同往日，已经变得更加自由并更富有责任感。俄罗斯人明白，政治体系的变革必须在法律框架内实现。那些希望政治体系发生变化的人并不希望这些变化危及国家的存在。因此，"颜色革命"在俄罗斯没有前途。

2012年2月4日，莫斯科十余万人的集会，口号就是反对在俄罗斯搞"橙色革命"，也证明了这一点。

然而，即使对俄罗斯抵御"颜色革命"有着足够的信心，但普京政府仍旧做出了相应的应对措施。2005年7月20日，普京在莫斯科一个会议上说了这样一段话："我接到报告，说外国的资助直接用于支持俄罗斯国内具体的政治活动，而且还是非常敏感的方面。任何一个尊重自己的国家都不会允许这种行为出现，我们坚决反对外国资助俄罗斯的政治活动。"普京的这番话正是表明了他和俄罗斯对西方非政府组织在俄活动的警觉。此后，俄政府开始制定法规，及时堵住外来干预渠道，以防"颜色革命"在俄罗斯上演。

其实，相比俄罗斯国内，让普京更为担心的是"颜色革命"给俄罗斯战略空间带来的巨大冲击。到2005年年中为止，"颜色革命"主要集中在两个区域，一个是独联体，一个是中东。这里有一个重要的外因，就是美国，因为这正是美国两大战略重点地域。美国持续在这两个地区不遗余力地推进这种革命，从而达到控制中东和挤压俄罗斯战略空间的目的。而之后的事实也证明，在争夺独联体的斗争中，美国似乎找到了对付俄罗斯的最佳方法。如何应付这种趋势，是普京和俄罗斯急需面对的关键问题。

其次，普京在第二个总统任期，制定了一系列社会领域和政治体制改革计划。其中最引人注目的当属福利制度改革。改革措施出台后，引起了城市低收入者和社会弱势群体的强烈反对。他们的理由是所发现金不足以抵偿原有的优惠和通货膨胀，同时也不相信补贴能及时足额发放。于是人们走上街头，抗议政府的决定。

同样颇具争议的是选举制度改革：俄罗斯各联邦主体的领导人将不再由民选产生，而是由总统提名之后，由地方杜马投票确认；国家杜马代表也不再像以前那样，一半按照国家杜马中各政党得票比例分配，一半由单席位选区选举产生，而是改成了全部根据政党的得票率来分配。这样一来，政权党的优势将更加突出，有利于总统通过政党来控制议会。此举遭到国内反对党和右翼力量的攻击，批评普京压制民主，恢复独裁。

第三，随着苏联解体和北约不断东扩，俄罗斯在全球战略上的分量已今非昔比，但美国为了保住自己的世界霸主地位，仍将遏制俄罗斯复兴作为自己的战略目标，并一直奉行打压俄罗斯和挤压俄战略空间的政策，通过军事和经济等多种手段加紧拉拢独联体成员国，引导它们向美国和西方靠拢。而俄罗斯为了复兴全球性大国地位，巩固独联体成为它的战略抉择。面对独联体的不断弱化趋势，普京精心谋划"统一经济空间"计划，希望借此展开经济互动，进而推动独联体内部的安全和军事一体化。然而，尽管莫斯科竭力保持对独联体成员国的影响，但已力不从心。

"颜色革命"的不断蔓延冲击着俄罗斯政局，使本就内忧外患的俄罗斯更是雪上加霜。伴随着"颜色革命"在独联体的迫近，普京对稳定的热盼即将远去，俄罗斯有"山雨欲来"之势……

格鲁吉亚的玫瑰革命

2003年11月，就在格鲁吉亚首都第比利斯，一场席卷全国、声势浩大的"革命"在玫瑰花香四溢中和平进行。

11月2日，格鲁吉亚议会换届选举正式在全国展开，选举当天就发生了反对派因对选举委员会提供的选票不满而冲击地区选举委员会大楼的事件。3日公布的选举初步统计结果表明，支持谢瓦尔德纳泽的"为了新的格鲁吉亚"联盟在选举中领先。格反对派当即指责计票工作中存在舞弊行为，认为当局对选票做了手脚，并从4号开始，组织支持者在首都第比利斯等城市举行大规模抗议活动。革命者手无武器，只有一枝玫瑰花。他们一次又一次走上街头，迫使当权者"跪倒"在他们面前。

这场后来被称为"玫瑰革命"的推动者和组织者之一就是当时30岁出头的名叫米哈伊尔·萨卡什维利的青年志士。他曾游学于美国，回国后受时任格鲁吉

玫瑰革命的发起者：米哈伊尔·萨卡什维利。

亚总统谢瓦尔德纳泽的器重和提拔，后来以革命的名义、以反对派领袖的身份向其政治恩师谢瓦尔德纳泽及其领导的政治势力发起挑战。在玫瑰花的感召下，群众如洪水般加入了萨卡什维利的队伍，向导致选举不公、腐败、民主进程缓慢的谢瓦尔德纳泽政权发起最猛烈的街头政治攻势。

最终，"玫瑰革命"把年轻的萨卡什维利推到了格鲁吉亚政坛的顶峰，同时也使统治了格鲁吉亚长达11年的谢瓦尔德纳泽黯然离去。谢瓦尔德纳泽是苏联，也是格鲁吉亚政坛的常青树，是曾经举手投足都为世界关注的政治明星。这位被称为高加索"银狐"的精干长者，在其一生的政治生涯中历经坎坷，建功无数，多次出生入死却总能化险为夷，但这一次却十分不体面地被自己一手提拔起来的晚辈打败了，而且输得是那么的狼狈，那么的彻底。他自称曾经拯救过世界，但却在由几个年轻人掀起的一场政治风暴中无法拯救自己。

2004年1月，36岁的萨卡什维利宣誓就任格鲁吉亚总统，成为世界上最年轻的国家元首，也为"玫瑰革命"画上了看似圆满的句号。

"玫瑰革命"后，格鲁吉亚投入西方的怀抱，这对邻国俄罗斯是不可估量的打击。格鲁吉亚曾经是苏联的一个加盟共和国，并为苏联贡献了一个富有传奇色彩和充满争议的领袖——斯大林。苏联解体后，分别独立的格、俄，在地缘上有着共同的边界线。而且，格还控制着外高加索的咽喉要道，以及黑海、中东向外输送石油的重要管道。格俄有着传统的政治经济交往，格俄的经济关系与经贸合作在格鲁吉亚的对外经济关系中占有重要地位。

但在1996年以后，双方高层互访减少。2000年以后，双方在车臣问题以及阿布哈兹和南奥塞梯两地的独立问题上争论不休，政治关系骤然紧张。格鲁吉亚"玫瑰革命"使本就貌合神离的格俄关系雪上加霜，更加吸引了克里姆林宫政治家们的目光。谢瓦尔德纳泽在走投无路之际曾给普京打过电话，普京一反常态，在这次政治事件上对谢瓦尔德纳泽表示了支持。但是，普京的支持并没能挽救这位"古稀领袖"的命运。

在得知格鲁吉亚发生政变以后，俄罗斯迅速地做出了反应。就在谢瓦尔德纳泽被赶出议会大楼的第二天凌晨，俄罗斯外长伊万诺夫就受普京委托乘飞机抵达第比利斯。伊万诺夫出生在第比利斯，并在这里度过童年。这使他成为谢瓦尔德纳泽和反对派都能接受的调停人。但令人吃惊的是，伊万诺夫来到格鲁吉亚首先会见的并不是谢瓦尔德纳泽，而是反对派领袖萨卡什维利。萨卡什维利在会晤结束后说："我们向伊万诺夫表达了我们的原则立场：这个国家的总统和议会必须改变。他同意将这一意见转达给谢瓦尔德纳泽。"

伊万诺夫还来到集会的人群中间用格语向群众问好，他说："我在格鲁吉亚生活过6年。我的父亲是俄罗斯人，而我的母亲是格鲁吉亚人。让我祝愿俄格友谊不断深化。"伊万诺夫的格语问候立即博得了在场民众的好感。伊万诺夫表示俄不会干涉格鲁吉亚的内政，驱散了格反对派担心俄罗斯会扮演消极角色的所有疑虑。力量的天平决定性地偏向了反对派一边。

在同反对派的会谈结束以后，伊万诺夫又来到谢瓦尔德纳泽位于第比利斯郊外的官邸，与谢氏进行了会谈。这次会谈的结果没有向外界透露，但是谢瓦尔德纳泽不再坚持自己的强硬立场，同意和反对派再次进行谈判。

在俄方的斡旋下，谢瓦尔德纳泽与反对派领导人再次坐到了一起，在反对派做出了保证谢瓦尔德纳泽人身安全和不追究其责任的情况下，谢氏终于同意在辞职书上签字。

格鲁吉亚的"玫瑰革命"，开创了独联体国家"反对派通过和平革命的方式民主更替政权"的先河。可以说，在"玫瑰革命"的进程中，俄罗斯起到了一锤定音的作用。普京在最后时刻突然抛弃了谢瓦尔德纳泽，正是他从大国利益出发的政治考量。"城门失火，殃及池鱼"，邻国格鲁吉亚的混乱局面一定不利于俄罗斯国内好不容易建立起来的稳定局势和长远发展，而格反对派背后的西方势力又极其强大，在这种情势下，普京主动"帮"了萨卡什维利一把，是正视矛盾和妥善处理危机的上策。

乌克兰的橙色革命

在冬日的寒风里，乌克兰刮起了一股强劲的橙色风暴，并一直持续到年终。乌克兰的这次选举就像一场没有硝烟的战争，既是国内地区间的博弈，又是国际各种势力的角力。

2004年隆冬时节，时任政府总理的亚努科维奇及反对派"我们的乌克兰"组织领袖尤先科两位总统候选人对大选计票结果各执一词，都宣布自己理应当选，引起两派大规模的群众抗争，甚至在街头大打出手。

受情势所迫，当局随后决定重新举行投票。尤先科在新一轮投票中获得51.99％的选票，以微弱优势战胜对手。对此，各方反应全然不同。尤先科欢欣鼓舞，宣称"这是乌克兰人民的胜利"；亚努科维奇则表示不满，并提出多项申诉，但无济于事，只能默默接受；美国和欧盟深表"满意"，认为它是"自由、公正的"；俄罗斯和许多独联体国家则十分不满，强调这次投票存在大量违法舞弊行为，"是非法的"。

从各方表现来看，乌克兰的这次总统选举不仅反映出两位总统候选人以及他们所代表的东部地区和西部地区之间的"对立"，更加能够突显出俄罗斯与美欧国家地缘战略利益的"对立"。

在本次选举风波中，尤先科的支持者在游行示威中举橙色旗帜，着橙色服装，因而，这次以群众运动为后盾，推翻大选结果的行动被称为"橙色革命"。

"橙色革命"虽已尘埃落定，但它在一定程度上打破了各方利益均衡，产生了广泛的国际影响。

首先，俄罗斯与美欧之间的"裂痕"进一步加大。苏联解体后，俄罗斯实力逐渐衰弱，趁此时机，西方急欲彻底摧毁俄的大国地位，甚至企图将俄"变身"为西方的附属国。为此，北约和欧盟先后大范围东扩，把过去属于俄势力范围的中东欧国家纳入版图，不断挤压俄的战略空间。而后又马不停蹄地直扑俄的"后院"，挖俄的墙脚，在尽可能多的独联体国家建立亲西方政权。西方的最终目标，是要构筑一个北起波罗的海、中经黑海和高加索、南接中亚的"弧形包围圈"，以便死死捆住俄的手脚。在一环环扩张进程中，西方国家无所不用其极，包括通过经济援助和政治接触，扶植各独联体国家的亲西方反对派，找准时机，夺取政权。由于乌克兰贴近俄的腹地，又是独联体范围的第二大国，因此，乌"橙色革命"对俄的损害和威胁远远超过格鲁吉亚的"玫瑰革命"。

在对待乌克兰"橙色革命"的态度上，西方国家显然是"贼喊捉贼"。美欧国家指责说，俄罗斯干预乌总统选举的"深度"已经越过"临界点"，显示了俄要"重建帝国"的野心。普京则针锋相对，他强调西方支持乌"橙色革命"是为了"孤立"俄，他要在今后俄美首脑会晤时向布什问清楚这个问题。尽管俄与西方不会因乌克兰问题而发生对抗，但双方的"裂痕"无疑是扩大了，甚至或多或少可以闻到"冷战"的味道。有学者分析说，乌克兰事件后普京与布什的关系是"同床异梦"。

第二，俄乌关系可能发生逆转。俄罗斯与乌克兰，在历史、文化、宗教、经济、政治等方面都有很深的渊源，两国过去融为一体的时间长达300多年，因此形成一种"唇齿相依"的关系。两国的能源合作尤其重要，俄向欧洲出口的天然气有80％要经过乌克兰，而乌克兰的石油和天然气有80％～90％来自俄罗斯。普京曾坦言，俄乌关系是"不可替代的"。但是，乌克兰革命的"胜利者"尤先科具有强烈的亲西方色彩，他极力主张加入北约和欧盟，使乌克兰全面融入西方。但尤先科不会立即彻底转向西方，他不会不明白，在地理上，俄近而西方远。事实证明，尤先科后来的许多政策在俄与欧美之间游荡徘徊，但始终很难平衡。2010年1月，尤先科在乌克兰大选中落败，而他的对手、亲俄的亚努科维奇上台。这也证明了普京治下的铁的纪律"卧榻之侧，岂容他人鼾睡"，同时警示其他独联体国家"天时不如地利""远亲不如近邻"。

第三，独联体国家可能出现"连锁反应"。在独联体范围内，乌克兰的领土面积、人口数量、经济规模和军事力量仅次于俄罗斯。乌克兰"橙色革命"的发生，说明西方在独联体地区的影响有所加强，而乌一旦倒向西方，独联体甚至有瓦解的危险，俄苦心打造的俄乌白哈四国"统一经济区"也有可能名存实亡。特别是，乌式"橙色革命"还可能在独联体链条的其他薄弱

环节"重演"。美国著名政治家布热津斯基就说，西方希望"民主"能扩展
到比乌克兰更远的地方。西方挤压俄战略空间的既定计划决不会放弃。

总而言之，乌克兰"橙色革命"对俄罗斯国内局势是一次巨大冲击，特
别是在俄罗斯的青年一代引起了广泛共鸣。面对呼啸而至的"革命风暴"，
普京决定本色以对，强硬回击。

普京强硬回击"颜色革命"

自独联体成员国相继发生"颜色革命"以来，有关"俄罗斯橙色革命"
的话题已充斥俄罗斯媒体。发生在邻国的一次次暴动事件，也深深触动着普
京的内心，他只有一个念头，那就是决不允许"颜色革命"在俄罗斯重演。

根据俄罗斯国内局势的特点和所受影响，普京决定采取"釜底抽薪"、
从根源抓起的策略。为此，他实行了以下几项措施：

第一，取缔非法组织，对社会团体赞助人实施监督。2005年11月23日，
俄罗斯国家杜马全体会议正式审议了一项由统一俄罗斯党、俄罗斯共产党、
自由民主党、祖国党团联盟联合提交的法律草案，即关于对非政府、非商业
性社会组织强化国家注册程序的法案。可以说，俄罗斯这一新法律的形成，
就是对乌克兰和格鲁吉亚"颜色革命"所做出的及时回应。

新法律内容包括了对非政府、非商业性社会组织进行国家注册和撤销注
册的程序以及对所有非政府组织必须纳入国家登记的制度。新法律规定，国
家有关机构有权对非政府、非商业性组织的活动和财务进行随机审查，一旦
发现其有违法行为，立即予以注销；上述组织一旦从事与注册章程不相符合
的活动，立即予以取缔。

第二，组织"青年近卫军"阻挡"颜色革命"入侵。为了防止俄罗斯成
为"颜色革命"的下一个受害者，名为"我们"和"欧亚青年联盟"等亲政
府青年组织在总统办公厅副主任苏尔科的支持下建立起来。"我们"组织的
新闻秘书伊万在接受采访时说："在我看来，乌克兰发生的一切动摇了俄罗
斯，年轻人开始讨论和思考俄罗斯的前进方向。'我们'这个组织的主要目

标是现代化、民主体制和爱国主义。"

莫斯科新社会学和实用政治研究中心专门研究青年运动的主任塔拉索夫说："要抵挡'波拉'那样的青年激进组织，你需要拥有同样激进但支持政府的青年团体。'我们'这个组织有着明确的目标，他们明白自己必须抗击那些意欲改变普京政权的人。他们的理念是，凡是反对现政权的人都是祖国的敌人，必须用武力与之斗争。"

据俄罗斯媒体称，"我们"这个组织受到了普京总统的支持，将按照克里姆林宫的计划，将主要以18到22岁的年轻人作为发展对象，重点是大学生等知识分子，从而成为保卫俄罗斯的一支青年近卫军，保卫俄罗斯免受"颜色革命"的威胁。

第三，开展"为了诚实选举"活动。在普京的授意下，俄罗斯杜马也于2005年3月中旬成立了选举监督委员会。委员会多数成员来自统一俄罗斯党，其主席是独立议员尼古拉·贡恰尔。

众所周知，对选举舞弊的抗议成为"颜色革命"的主要借口，普京集中开展"为了诚实选举"的活动，就是要防止舞弊行为的发生，杜绝"颜色革命"。

普京本人在一次强力部门人员参加的会议上说：就算我们选举失利，也不能允许任何人利用对选举舞弊的怀疑使邻国发生的事情在俄罗斯重演。

第四，俄白患难中重新牵手，共同对付"颜色革命"的入侵。白俄罗斯与俄罗斯是战略联盟关系，如果连白俄罗斯也被"橙色风暴"吞没的话，那俄罗斯的地盘离被美国蚕食殆尽就不远了。对俄而言，在战略上也需要白这个重要伙伴。白反对西方兜售"民主价值观"，一直被视为独联体内最积极的"反西方国家"，是俄反对北约东扩的最后一道战略屏障。

2005年4月，普京在南部海滨城市索契会见白俄罗斯总统卢卡申科，这是两位领导人时隔半年以后的首次会晤。普京表示，决不希望这种局面发生在自己的友邦。而卢卡申科也表示，白俄罗斯肯定不会出现战争和"革命"之灾。他坚信他的国家将保持和平与稳定，任何"颜色风暴"都不会刮到白俄罗斯。白俄罗斯将捍卫安宁和稳定，绝不会成为第二个乌克兰。他还要求有关部门加强监控，以应对西方借乌克兰事件的势头来破坏白俄罗斯的国家安全。

让普京感到欣慰的是，在2006年3月举行的白俄罗斯总统选举中，卢卡申科再次当选。尽管反对派宣布不承认选举结果，号召支持者举行示威行动，但事实上，西方媒体鼓噪的"雪花革命"很难在白俄罗斯上演。

第五，独联体联合军演对抗"颜色革命"。为了显示独联体的集体力量，从2005年4月4日起，俄罗斯主导的独联体集体安全条约组织成员国"边界—2005"联合军事演习开始在塔吉克斯坦境内举行。演习方案临时增加了武力对抗"颜色革命"的科目。主要目的是吸取吉尔吉斯斯坦"革命"的教训，提高集体安全条约组织成员国军队对抗"颜色革命"的水平。

第六，以"软实力"应对独联体国家的"颜色革命"。普京在其总统办公厅增设了一个新机构——对外地区及文化合作局。凭借它可以对邻国的文化、人文合作产生深刻的影响，用美国学者约瑟夫的话说，这是一种软实力，文化和教育是俄罗斯能够有效影响独联体国家屈指可数的工具之一。它不会招人嫌怨，也不会被指责为帝国复辟野心。该局实际上真正的任务是打击"颜色革命"，帮助亲莫斯科的势力参加并赢得竞选。

普京政府通过实行以上强硬措施，不仅阻断了"颜色革命"在俄罗斯的"销路"，也扭转了俄罗斯在独联体的颓势，巩固了其核心地位。

"颜色革命"在2005年下半年逐渐沉寂。阿塞拜疆反对派虽然动员了上万人举行示威，但西方并没有伸出"援手"。哈萨克斯坦的总统选举，美国和欧盟更是对选举结果选择了沉默。曾经让几个独联体国家接连"变色"的"革命"风潮，就此似乎走到了路的尽头。

自2003年11月开始，"颜色革命"一口气连下三城，独联体的格鲁吉亚、乌克兰和吉尔吉斯斯坦先后实现"政权更迭"。然而，这些国家却并没有在"革命"后走上经济繁荣、社会和谐之路。相反，新的权力斗争再起，失意者要进行"二次革命"，经济凋敝，民众并没有真正得到实惠。西方推动的"民主化"被打上了大大的问号。

而在这一场回击"颜色革命"的斗争中，普京沉着应对、运筹帷幄，在致力于国内建设和稳定的同时，灵活地与外部势力进行着斗而不破的周旋，并最终击碎了美国及西方企图扼杀俄罗斯于"革命风暴"之中的美梦。

第四章
CHAPTER4

普京8年总统的成绩单

我有一个梦想，希望能有这么一天，俄罗斯人能够说：
"我为生在俄罗斯而感到自豪。"

——弗拉基米尔·普京

让俄罗斯重振雄风

　　这个世界上不缺少梦想，缺少的是伟大的梦想。对于普京来说，在自己的领导下建立一个强大的俄罗斯就是他最大的梦想。

　　普京是有雄心的人，他继承了俄罗斯历史上崇尚强者、争强好胜的纯正民族血统，他渴望俄罗斯在他的领导下能够变得像彼得大帝时期那样强大。而俄罗斯独特的地理位置、厚重的历史积淀，也给普京重振大国雄风的梦想打下了坚实的基础。

　　俄罗斯是横跨欧亚两大洲的国家，版图超过美国，军事实力几乎与美国旗鼓相当，科技潜力深厚，经济水平暂时以较大差距落后。但普京坚信，凭借得天独厚的条件，俄罗斯迟早会与美国这个横跨两大洋的国家并驾齐驱。

　　但自从苏联解体以来，俄罗斯昔日的大国雄风已经荡然无存，其国际地位一落千丈。这让俄罗斯的许多仁人志士痛心疾首。

　　激进的自由主义改革已经失败，重走苏联的老路显然也没有出路。俄罗斯在危机的深渊中挣扎，苦苦地寻求强国之路。衰老的叶利钦已经退出历史舞台，俄罗斯人在普京这位精力充沛、敢作敢为的领航人身上看到了新的希望。

　　重振俄罗斯大国雄风，是普京，也是俄罗斯人的梦想。据普京当年在圣彼得堡工作时的同事讲，在1991年以前，政府官员的办公室里，只悬挂两幅画像，一幅是列宁，另一幅是基洛夫。后来这两幅像都被摘掉了，大多数人都选择挂起了叶利钦的画像，只有普京给自己选择了彼得大帝的画像。今天，人们走进普京的办公室，看到的依然是这幅彼得大帝的肖像。

　　早在1999年12月29日，在被任命为代总统之前，普京就在因特网上发表了一篇意味深长的文章——《千年之交的俄罗斯》。在这篇文章中，普京向俄罗斯的民众，也向全世界阐明了他的强国梦想。他用彼得大帝的光荣军事传统，用俄罗斯历史上不断传承的爱国主义来鼓舞民众。普京欲向世人表达的是这样一个理念：俄罗斯有着强国的传统、强国的历史，俄罗斯将坚持从彼得大帝开始的这种强国传统，俄罗斯必定会重新成为一个世界强国。

在普京看来，想要实现俄罗斯的振兴，首先必须改变经济上的衰弱和落后。因此在当政伊始，普京就大力推进俄罗斯的经济改革。他强调，改革本身并不能确保一个国家的富强和繁荣。每个国家及其所有民众都应在市场和民主改革的范围内独立地寻找属于自己的道路，从而使得国家走向更高水平的经济和社会进步。对于俄罗斯来说，21世纪头十年是一个机遇，俄罗斯应充分利用这一机遇实现振兴。

其次，普京强调要重建强大的俄罗斯军队，在他心目中，只有强大的军事力量，才是国家安全稳定的基础和保证。

此外，普京还铁腕改革政治体制，实行他心目中的民主政治。普京表示，只有强有力的、有效的和民主的国家才能保护公民的政治和经济自由，才能够为人们的幸福生活，为国家的繁荣昌盛创造条件。

在8年的总统任期中，普京时刻践行着他的强国思想。当2008年普京总统任期期满的时候，世人都已相信他的卓越和伟大，因为他把一个曾经一度沉沦的大国再次带上了崛起之路。自2000年以来，俄罗斯经济连续8年实现高速增长，年平均GDP增长率接近7%，股市市值上涨1万亿美元。强有力的经济增长使得普京成为俄罗斯最受欢迎的政治人物，公众支持率超过80%。

2008年5月，普京行将离任之际，他交给了俄罗斯人民一份令人满意的成绩单。可以说，他转身而去，走得十分坦然，同时也带着坚定和无愧于心。

从"国家机器失灵"到"可控民主"

在1992年后的8年里，俄罗斯政治长期陷入混乱局面，政府的行为能力遭到极大削弱。由于民主政治本身仍不完善，加上经济转轨造成的社会动荡，弱化了的政府缺乏足够的能力维持社会稳定和法律秩序。前总统叶利钦曾承认："在俄罗斯有庞大的国家机构、有强大的军队和警察，却存在着如此的无政府状态……这意味着整个国家机器失灵了。"

2000年，普京如愿登临总统宝座，但很快，现实就让他看清了权力的背后是重重的责任。面对叶利钦时代留下的"烂摊子"，普京意识到，强大而理智的政权是社会稳定和经济发展的主要保障，加强国家权威是解决迫切问题的最好方法。因此他毅然高举建立秩序、维护稳定的大旗，进行了一系列大刀阔斧的改革。

普京采取的具体措施是：

第一，调整中央与联邦主体之间的关系。2000年，普京将原来的89个联邦主体重新划分为七大联邦区，并由他亲自任命全权代表管理，以加强中央对地方的掌控；2004年，他通过修改地方领导选举产生办法和确立中央裁决地方领导违法行为的权力，不仅将"诸侯"任免权收归中央，而且形成了中央约束地方的法律干预机制；从2005年起，他开始合并联邦主体，到2008年1月，原来的89个联邦主体已被压缩为84个。通过实行上述"削藩"政策，彻底改变了过去那种地方变相"割据"、中央讨好地方、"四肢管理大脑"的局面，新的中央垂直管理体系得以形成。

第二，整肃寡头。普京上台后，首先清理寡头控制的媒体王国，夺取舆论阵地。接着对"不听招呼"的寡头进行司法调查，迫使古辛斯基、别列佐夫斯基等曾一度叱咤政坛的寡头流亡国外。2003年，又以经济犯罪为名，将仍然企图活跃于政治舞台的霍多尔科夫斯基投入大狱。在普京一套凌厉组合拳的痛击下，试图挑战政权的寡头们的气焰被彻底打压下去。国家不仅终结了寡头政治，而且通过法律、经济渠道进一步控制了更多的资产。

第三，完善政党政治制度。针对叶利钦时期政党活动混乱、政权与主要政党相互对立并导致政府与议会矛盾频发的情况，以2001年通过的《政党法》为依据、以议会为平台，普京开始落实其计划，其中着力打造"政权党"是实现这一蓝图的关键。2001~2002年，在克里姆林宫的全力推动下，三大亲政府的党派联合成统一俄罗斯党，成为杜马中第一大党。而政权的支持和鼓励，促使各级政府官员、大企业家和政治活动人物更加积极地参加到统一俄罗斯党中，使之成为名副其实的"政权党"。2007年产生的第五届杜马，不仅是"政权党"的又一次完胜，更体现出普京心目中政党政治的雏形——以"统一俄罗斯"和"公正俄罗斯"两个亲政权党为核心，政权依靠政党，政党配合政权。

第四，解决车臣问题。车臣问题一直是俄罗斯的"心头之患"。1999年夏秋时节，车臣非法武装频繁发动恐怖袭击，初出茅庐的普京借此发动了第二次车臣战争。他乘坐战机亲临前线，那句"话糙理不糙"的誓言——把恐怖分子赶到茅厕里溺死，让长时间在危机中挣扎的俄罗斯人精神一振，强烈的安全感油然而生。应该说，成功处理车臣危机奠定了普京的社会基础，也促使那些一直在寻找领袖的政治力量迅速集结在其周围。此后数年，普京使用军事围剿和政治重建，使长期动荡不安的车臣开始步入正途，反恐斗争取得阶段性胜利。

普京经过8年不懈的努力，彻底扭转了俄罗斯政治局势紊乱的局面，形成了在多元民主框架下，把议会、政府、司法、主要政党和媒体掌握在手中，政权基本控制各个层面，精英团队相对团结的"可控民主"制度。同时，他还将民族-爱国主义整合为以"爱国主义、强国意识、国家作用和社会团结"为核心的新"俄罗斯思想"，希望强国思想能够动员全体人民的力量复兴俄罗斯并恢复它曾有过的辉煌。

振兴经济，跨入世界前十强

1999年12月30日，普京在《千年之交的俄罗斯》一文中坦陈了对俄经济形势和问题的担忧："俄罗斯近200～300年来首次真正面临沦为世界二流国家，甚至三流国家的危险。"他特别强调，国家在经济发展中扮演着重要角色，其职责是确保市场秩序、为发展创造条件，实现"有秩序、可控制的市场经济"。

为扭转经济颓势、走出危机，普京明确表达了新政府的执政理念：以经济发展为中心，振兴经济是政府关键性的目标，速度是所有经济政策实效性的衡量标准。2003年，普京提出10年内GDP翻番的目标，也就是说，年均增长率必须要达到7.2％。不仅如此，还要保证居民收入水平超前发展，至少要超过GDP增长3个百分点，即10年内增长1.2倍。同时，减少贫困线以下人口规模，到2010年实现贫困人口比例降至10%。

为落实这些目标，普京采取了一系列措施：扩大投资规模，增加内需拉动能力；调整产业结构和增长方式，加大对出口型高科技产业的扶持力度，提高能源和原料生产部门的出口能力；取缔影子经济，严厉打击经济领域中的有组织犯罪；积极发展对外经济联系；推进财政体制、金融体制和税收体制改革。

这些措施充分体现了普京的经济战略眼光，他给俄罗斯开出的是一剂剂因地制宜的"良药"。自助者天助，普京上台以后，国际能源价格逐年飙升，这仿佛是普京为俄罗斯借来的"东风"。此后的俄罗斯经济甩开"翅膀"，快速腾飞。2007年年底，普京十分振奋地宣布，俄罗斯已经重归世界十大经济强国行列，国内生产总值8年来增长了70%，公司资本估值超过30倍。

具体来说，俄罗斯经济的好转表现在以下几个方面：

第一，国民经济持续高速增长。2000～2006年，俄罗斯GDP平均增长率接近7%，2007年约为7.3%，是同一时期世界上经济发展速度最快的国家之一。到2005年底，俄罗斯的国民经济总量重新恢复到19世纪90年代初期的水平。2000年，俄罗斯GDP只有2597亿美元，到2006年已达1.12万亿美元，跨入世界十大经济大国的行列。

第二，金融、财政形势显著改善。2006年8月，俄罗斯政府向巴黎俱乐部成员国提前偿还了230多亿美元的外债，彻底还清了苏联时代遗留的债务，由此俄罗斯外债总额减少了三分之二。截至2007年6月末，俄罗斯外债余额减少到488亿美元。黄金外汇储备持续大幅增加，彻底扭转了外汇短缺的窘境，成为仅次于中国和日本的世界第三大外汇储备国。进入21世纪，卢布汇率一改往昔的颓势，连续多年保持稳定，并且对世界主要货币略有升值。石油源源不断出口带来了大量的财政税收，改变了往日俄罗斯政府捉襟见肘的财政状况，并且出现大量盈余，俄政府为此专门设立了联邦稳定基金。

金融、财政形势的改善，一方面消除了潜在经济隐患，增强了俄罗斯政府抵御金融、财政危机的能力，另一方面也优化了投资环境，改善了企业的经营环境，同时还大大降低了外商的投资风险。

第三，人民生活水平快速提高。宏观经济形势的根本好转最终惠及百姓。由于普京政府实行居民收入超前增长的政策，因而俄罗斯民众生活水平提高的速度连年高于经济增长速度。

第四，贸易总额、贸易顺差双增长。对外贸易持续多年保持增长，贸易总额不断扩大，贸易顺差也不断扩大，实现了贸易总额和贸易顺差的长期双增长。对外贸易总额由2000年的1499亿美元增长为2006年的4684亿美元，外贸在国内生产总值中的比重达到50%。可以说，在俄罗斯近年来的经济增长中，对外贸易起到了不可替代的推动作用，功不可没。

第五，吸引外资和对外投资均实现大幅增长。随着投资环境的改善，俄罗斯对外资的吸引力逐年提高。截至2007年9月底，俄罗斯吸纳的外国投资累计已达1980亿美元。而近年来俄罗斯外汇储备的增加，也为其扩大对外投资奠定了坚实的物质基础。

从这些数字可以看出，普京上台时提出的"GDP翻番"、"消除贫困"两大任务初步结出了果实，俄罗斯已经成为世界上具有活力和前途的新兴市场之一，成为和巴西、中国、印度及南非并驾齐驱的"金砖国家"。正是有了这个增长的基础，普京在卸任之时可以信心满怀地确定，俄罗斯完全有能力在10年内步入世界五大经济强国行列。

强化军事，恢复军事大国形象

北约东扩、车臣战争、"库尔斯克号"核潜艇的沉没、米-26的坠毁……桩桩件件，普京都历历在目，他意识到，必须先强军才能强国。因此，在他执政后加快了军事改革步伐，加大了军队建设的力度。

2000年1月6日，普京就修改《俄罗斯国家安全构想》颁发总统令。他在新的构想中指出，对俄罗斯来说，它所面临的外部不利因素包括联合国和欧安组织的作用有所减弱，导致俄罗斯对世界政治、经济、军事的影响力下降；以北约东扩为代表的军事政治联盟得到加强，使外国军事力量大大逼近了俄罗斯边境等。这些因素可能直接威胁俄罗斯主权和领土完整，包括导致对俄罗斯的直接军事入侵。因此他提出，要确保对21世纪可能出现的国家安全威胁作出相应的反应，俄罗斯应拥有足够的防御能力，必要时可动用各种力量和手段，包括核武器。

普京不仅在宏观战略上提出合理的设想和策略，他还亲自参与军队现代化计划的制定，拍板解决各种困难，督促改革计划的落实。在2003年10月前，改革的基本内容是理顺关系、确立法律基础和继续前一阶段未完成的任务。而以2003年10月国防部高级军官会议为起点，军事建设转向新的方向，即普京所说，俄罗斯武装力量建设已经从急剧性的改革转向着眼未来的发展，目的是要通过深化改革，提高武装力量执行任务的能力，根本改变俄军的面貌。

此外，普京非常清楚，强军建设最突出、最重要的步骤是不断增加军事建设投入，大幅度提高军费开支。从2000年起，俄罗斯的军费开支都在以每年平均30％的速度上涨，已由2000年的1917亿卢布增加到2007年的8200亿卢布，军费总额增长了3倍多。财政投入的增加使军队的改革和发展由"维持型"转变为"发展型"，加快了武器装备更新换代、提升现代化水平的步伐。其中，战略核威慑力量的发展最为引人注目。

2004年2月中旬，俄罗斯举行了20多年来最大规模的战略力量演习——"安全-2004"核条件下首长司令部战略演习。这是一场模拟核战争条件下的军事演习，包括了海基、陆基和空中战略导弹的实弹射击，俄军驻欧洲地区的莫斯科军区、列宁格勒军区、伏尔加河沿岸—乌拉尔军区等6个军区全部参加了演习。演习动用的军兵种涉及陆军、海军、空军、战略导弹部队、边防军和内务部队。

2月16日，普京登上了世界上最大的潜艇——"阿尔汉格尔斯克号"战略核潜艇。根据演习计划，普京在巴伦支海深处度过了整整一个晚上。对此，俄军官兵顿感鼓舞。俄国防部机关报《红星报》指出："军队第一次感受到，在它的背后有一种任何情况下都不可动摇的意志。"

当天是俄罗斯传统的"谢肉节"，按照东正教的传统习惯，这一天家家户户都要吃薄饼，核潜艇上负责后勤的军官也为潜艇上的全体官兵准备了薄饼。普京潜到大海深处与官兵共度了"谢肉节"。

2月17日，根据普京下达的命令，北方舰队所属的"诺沃莫斯科夫斯基号"战略核潜艇发射RSM-54潜射弹道导弹，目标直指堪察加半岛的"库拉"靶场。普京在"阿尔汉格尔斯克号"核潜艇上观看了导弹发射情况。

当晚，在观看完核潜艇导弹发射后，普京前往普列谢茨克。根据演习计划，战略火箭兵在普列谢茨克和拜科努尔航天发射场分别发射"白杨"（SS-25）公路机动发射导弹和SS-19井式发射导弹。演习指挥部规定，这两枚导弹不但要准确击中标靶，而且导弹在飞行阶段还要改变飞行轨道，以显示俄罗斯有突破假想敌反导防御系统的能力。

普京在演习后召开的新闻发布会上透露，俄罗斯演习过程中成功地进行了一系列试验，一批超音速、高精确度的武器能够准确击中洲际目标，而且具有很强的机动性。普京自信地指出，这种先进的武器世界上其他任何国家都没有，俄罗斯在今后相当长的时间内有能力保障本国的战略安全。

同时，普京还指出，要改变以往对常规力量发展重视不够的做法，使武装力量得到均衡全面的发展，因为"没有陆军和海军，俄罗斯将既不会有盟友，也不会有前途"。

2005年后，俄罗斯军事建设和改革的发展方向基本确定：俄罗斯将继续建立一支强大的军队并且继续进行军事改革，重点将不仅放在提供最现代化的武器装备上，而且还要解决他们面临的社会问题。在会见泽列诺格勒市科技人员代表时，普京意味深长地指出："俄罗斯需要一支专业化军队，首先要提高军队的高科技水平。"

根据普京的指示，俄罗斯政府调整了国防预算，把更多的资金用于开发高技术常规武器，武器装备订货拨款总额较2000年增加50%，用于科研开发和试验设计定型工作的资金增加了80%，用于购买武器和军事技术装备的费用亦增加了80%。从2005年开始，一批具有世界领先水平的新式常规武器装备将陆续进入俄军，其中包括图-160战略轰炸机、C-400"凯旋"防空导弹、T-95型主战坦克、卡-52"黑鲨"武装直升机。

针对国防工业面临的诸多问题，普京深感"国防工业综合体在确保俄罗斯国家利益方面有着重要的作用"。为使国防工业摆脱过去的灾难性处境，俄罗斯将加速国防工业结构改革，并加强政府对国防工业的财政支持力度，消除政出多门、重复研究和资金不能按时到位等弊端。在制定武器装备发展长期计划，确保国防工业可持续发展的同时，俄政府将进一步减免所有军工企业的债务，解决企业因长期债务缠身而无法轻装上阵的问题。与此同时，为赚取企业发展急需的外部资金，俄将以更加积极的姿态参与国际军品市场的竞争。

逐步强大的军事实力，让本就强硬的普京展露本色、无所畏惧。2007年2月10日，他抨击美国"无节制"地在世界上滥用武力；5月，他把布什外交喻为纳粹德国外交的翻版；8月，为抗议美国在东欧部署反导系统，他宣布恢复远程战略轰炸机的全球飞行，还准备建造5艘航母……

普京的底气无疑是俄罗斯赋予的，当然也是他自己赋予的。在他的卓越领导下，俄罗斯各项军事改革措施得到有效实施，军事实力不断增强，逐步恢复了军事大国的形象和地位。

多极外交战略，重新获得外交上的独立性

冷战后，俄罗斯处于内外交困时期，外交形势极为被动。尤其到1999年底，俄美关系严重恶化，俄罗斯与北约关系冻结，与西方关系跌到俄罗斯立国以来的最低点。普京上台之后，为摆脱长期以来的外交不利局面，实现富民强国的战略，制定了两项核心外交目标：第一，为国家发展塑造和维护有利的外部环境，特别是周边环境，努力在俄罗斯周边建立睦邻带，并防止出现新的紧张和冲突；第二，在推动建立多边国际控制结构的进程中，确立俄罗斯的权威身份，维护其具有重要影响的大国地位。

为了实现上述外交目标，普京在当政之后，极力推行多极化外交战略，其主要表现在以下几个方面：

首先，普京在上台之初就改变了叶利钦时期"做秀式"的"积极参与"

的外交策略，转而实施收缩战线、构筑防御的战略。他同时强调，国家要集中精力于国内的转轨和发展，把关注点首先集中在俄罗斯的周边地区，"保持克制、减少麻烦"，为国内建设赢得时间。

其次，为确保在独联体的主导地位、维持地缘政治空间优势，普京实行视独联体各国的亲疏程度，分层次、分时间进度的一体化政策。同时，他还在其他邻近地区积极建立"战略关系"、"伙伴关系"和"特殊关系"，努力扩大经济、科技和文化等方面的联系。

第三，普京从没有放弃使俄罗斯成为世界大国的雄心。为了恢复俄罗斯的大国地位，普京政府逐步扩大国际联系，积极参与地区事务。具体表现包括保障联合国体制下的集体安全结构，建立多极化的国际政治新秩序；利用伊拉克、伊朗、朝鲜等国与美国的矛盾，显示俄罗斯在解决世界热点问题中的存在价值；积极恢复和拓展俄罗斯在世界各地的联系，开拓外部市场，如印度、伊朗等国在俄罗斯的对外经济联系中均占有重要位置。

第四，积极开展经济外交。在欧洲方向上，普京致力于加深同欧盟的经济关系；在亚洲方向上，他积极推动能源和其他资源的输出，密切与亚太国家的经济联系。普京的这些做法是为了力争在有利的条件下加入世界贸易组织，破除美欧发达国家对俄罗斯的技术限制和市场限制，消除对俄罗斯企业出口产品的不公正待遇。

普京在当政的8年里，不断地在世界各地奔走，他的身影会出现在任何一个应该出现的地方。在他的不懈努力下，俄罗斯已经走出了最初的外交窘境，并重新获得了外交上的独立性，更多地参与到国际事务当中，真正成为在国际上具有重要话语权和主导能力的大国之一。

整肃官场，从顽疾缠身到办事高效

在普京就任总统的8年里，俄罗斯官场的风气发生了许多积极的变化。从刹住喝酒风，到减少特权车，普京开出的一剂剂猛药，让俄官场的一些顽疾得到了缓解。

首先，连颁限酒令，杜马里的酒精味儿淡了。

俗话说，什么将军带什么兵。普京的前任叶利钦是一个"嗜酒如命"的人，在他的"表率"作用下，国家杜马官员们自然投其所好。时间久了，杜马在人们心中的印象就是一个"散发着浓浓酒精味儿的地方"。

但普京就不一样了。由于他本人对酒精并不感冒，再加上他对官员饮酒误事十分反感，因此他很少在公开场合喝酒。

为了彻底改变政府官员对酒的"溺爱"，重塑政府形象，提高工作效率，普京在2004年和2005年先后两度颁布限制饮酒的法律：一部是2004年颁布的禁止做啤酒广告的法案；另一部则是2005年颁布的禁止在公共场所饮用酒精含量高于12%的饮料的法令。

受普京的影响，俄罗斯高官们在公开场合举杯畅饮的情景越来越少。据俄政治信息中心的资料显示，即使是喝酒，现在俄罗斯的政治家们也很少再喝烈性伏特加了；在国家杜马，好喝两口的议员选择了威士忌；而在政府部门里，较为流行的饮料则是白兰地。

其次，特权车大幅度减少。

一辆挂着蓝色警灯的高级轿车，在马路上横冲直撞，其他车辆必须无条件为其让路，即使逆行、违章掉头也不会有警察来干涉……这样的场景，在2006年以前的莫斯科可谓司空见惯。有媒体称，当时整个俄罗斯大约有7500辆特权车，其中莫斯科就有1600辆。特权车一般都是奔驰、宝马等高级轿车，车顶上有一盏蓝色警灯，坐在这些车里的，大都是议员、部长等高官大员。

特权车的存在严重损害了俄罗斯官员在百姓心目中的形象。于是，普京在2006年对莫斯科的特权车进行了严厉整治。他在当年9月份签署的法令中明确规定：有特殊牌号汽车的总数不得超过1000辆，这些车辆仅限于供从事保护国家安全的人员使用。就这样，在不到一年的时间里，俄罗斯的特权车就逐步减少到了原来的15%。

第三，实行"收权派将"的政策，大大削弱了"地头蛇"势力。

苏联时期，俄罗斯地方官员都是由中央政府来任命的。但叶利钦却是踩着"民主"的鼓点上台的，因此，他极力在各个方面表现民主，最明显的就是把地方官员的产生办法改为由地方选民直接投票选举。然而这一西方式的民主却在俄罗斯"水土不服"，许多在当地有钱有势的"土财主"，通过对选民恩威并施，便轻易地混入政坛，最后堕化成当地的"地头蛇"。

为了消除"地头蛇"势力对人民的危害，防止其权倾中央，2000年普京上任伊始，就采取了各项措施加强中央对地方的统治。

普京的一系列中央干预地方的政策收到了实效，不仅加强了中央对地方的垂直领导，同时也大大削弱了"地头蛇"势力。

最后，办事效率越来越高。

讲到俄罗斯官场风气，办事效率低是让很多外国人包括俄罗斯人头疼的问题。

就拿窗口行业实行的"午休"制度来说，"午休"是雷打不动的，无论有多少人排队，这些窗口行业到时就停止办公。行贿也是俄官场的一大顽疾，人们往往因为"礼数"不到而误了正事。

不过，这些现象自普京出任总统后都得到了明显改善。先拿工作效率来说吧，如果记者在俄罗斯申请采访，即便是政府高层举行的重大活动，都可以在总统新闻局、政府新闻局以及议会、军方的相关网站上报名，并且在报名后能够及时得到反馈。

通过出台各种政策，普京把原来顽疾缠身的俄罗斯官场变成了办事高效的管理和领导团队，这也为他更多治理国家的政策的制定和实施夯实了基础。

第五章
CHAPTER5

普京华丽转身之后

当了8年的总统，他在世界的眼光里，是权力的化身。不论他的成绩多么光鲜，人们总能轻易地揪出他的问题。但不论如何，他将一如既往，谱写属于他的时代之歌。

集权政治：普京施政韬略留给世界的印象

俄罗斯的历史是一部充斥集权的历史，从沙皇俄国到后来的苏联，无不延续着这种政治传统。与之相比，叶利钦时代的所谓民主不过是一个小小插曲罢了。事实上，叶利钦时代的民主同样是一种畸形的或者说不完全的民主。在叶利钦时期，他一面赞扬民主，一面竭力操持大权，然而事与愿违，他所谓的民主政策非但没有获得肯定，反而使他在行使总统权力时处处受制。幕后的寡头的控制、地方势力的干扰、车臣分裂势力的挑战，还有反对派俄罗斯共产党占优势的国家杜马的牵制，使得叶利钦时期的政治体系十分紊乱，成为俄罗斯近代政权史上的一个"怪胎"。

普京涉政之初，便开始思考如何解决国家政局动荡的问题。他十分清楚，没有一个稳定的政治局势，国家的发展就找不到出路。

叶利钦前车之鉴就在眼前，同时，普京身上也自然流淌着俄罗斯强权政治的纯种血液，所以，当普京主政后，立即提出要强化国家政权。在表示反对修改宪法、主张维护"总统集权制"的同时，他还特别强调俄罗斯需要一个强有力的国家政权体系。

于是，被部分西方媒体称为"普京新政"的政治变革隆重登场。"普京新政"有异于其他政策，它实际上体现出普京的一种强硬的姿态。特别是在反恐问题上，普京深刻认识到恐怖势力的本质就是一伙包藏祸心的反复小人，因此，他采取决不谈判、决不妥协、坚决打击的态度，而且准备在必要的情况下，在世界的任何地点对恐怖主义先行攻击。这在很大程度上也是因为反恐问题牵涉到车臣局势，牵涉到俄罗斯复杂的民族问题，牵涉到俄罗斯的国家领土主权完整和政权稳定，是一个决不能妥协的"民族大义"问题。

不仅如此，普京在国内的政体改革中也同样毫不手软。拨开西方世界民主威胁的迷雾，他大刀阔斧地进行政府改革，毅然采取"收权"措施。这些措施包括重新划分联邦行政区、向新的七大联邦管辖区域派遣监督"特使"、把地方领导人的任命权收归总统、重拳出击试图干政的金融寡头、整肃官场、出台规范政体的各项法令等等。

普京的施政韬略首先引起了西方大国的不满和指责，他们说普京加强俄罗斯中央集权是民主体制的倒退，是走向独裁。

强烈的指责和质疑的声音首先来自美国。2004年，美国国务卿鲍威尔在访问莫斯科的时候，就曾站在西方文化的立场上批判俄罗斯政治的诸多弊病。他指出，俄罗斯国内体制的"三权分立"并不充分，政治权力凌驾于法律之上，媒体独立和政党发展等民主要素尚不成熟。普京对此不置可否。美国人的"无知"不管是有意还是无意，他都难以怪罪，也不想和他们继续开辩论会。俄罗斯不同于世界上任何其他国家，它兼具东西文化的双重特征，即叶利钦所说的"双头鹰"——一个头向西看，一个头向东看。或许，这一特征使俄罗斯必须走自己独特的道路，形成自己独有的社会模式，而普京正是这种道路和模式的践行者。

其实，普京每一次"强硬"的动作之后，几乎都曾遭到过类似的指责。2003年10月，俄罗斯首富霍多尔科夫斯基被捕后，俄罗斯工商界人士兔死狐悲、忧心忡忡，很多人认为他的改革时代已经走到了尽头，俄罗斯正在重新走向专制。2004年2月，他在大选前解散政府一事同样遭到国内外的一致反对，西方弥漫着一种对他不信任的气氛，认为他在搞"民主独裁"。2005年2月下旬，美国总统布什在两人会晤时，对他的一些做法表示忧虑，并重点表示了对克里姆林宫操控俄罗斯全国性传媒以及所做出的关于废除直接选举地方长官制度的不满。

不可否认，集权政治肯定会触动国内外一些势力集团的利益。而从另一方面来看，一个大国的复苏，也是西方所不愿看到的。于是乎"集权还是独裁"的争论愈演愈烈，以美国为首的西方国家在一边指责普京的同时，还希望借助俄罗斯人对政治制度和社会福利改革的不满，乘机鼓动他们掀起一场"革命"，以了却一直以来存在的对俄罗斯实行所谓"民主改造"的心愿。但普京没有让西方国家的愿望得逞，而且他的每一步行动都被证明得到了人民的拥护。而且，俄罗斯的特殊历史也让俄罗斯人对于所谓的民主梦想并不是那么的向往。

纵然，普京的施政韬略留给世界的印象是集权政治，甚或独裁霸权，但从他8年当政带给俄罗斯的改变来看，方法已经显得无关紧要，重要的是他让俄罗斯，让俄罗斯人看到了希望。

"普京计划"：普京时代将继续

2007年12月6日，俄罗斯第五届国家杜马选举结果产生，统一俄罗斯党赢得315个席位，超过杜马总数的三分之二，成为名副其实的议会第一大党，同时也真正"晋升"为普京最可依赖的"政权党"。在本次杜马角逐中，作为竞选纲领，"普京计划"对统一俄罗斯党大获全胜起到了重要作用。那么，"普京计划"是如何提出并成为统一俄罗斯党竞选纲领的呢？

2007年4月26日，普京发表《2007年国情咨文》，内容涉及俄罗斯的整体状况和国家内外政策的基本方向。在这篇文章里，普京要向世人传达的一个政治信号是：俄罗斯的发展需要将普京执政8年形成的政策继承并延续下去。

统一俄罗斯党率先对此国情咨文作出积极回应。2007年5月份和10月份格雷兹洛夫分别作了《关于统一俄罗斯党实行"普京计划"》和《"普京计划"——伟大国家的光辉未来》的政治报告。至此，"普京计划"正式成为统一俄罗斯党的竞选纲领。

根据俄罗斯学者编著的《普京计划》一书，"普京计划"的内容可以概括为"1+8+3"公式。"1"是指2007年5月22日格雷兹洛夫《关于统一俄罗斯党实行"普京计划"》的政治报告。"8"是指普京执政8年每年所作的国情咨文。"3"是指普京三个重要的政治文献：1999年12月30日的《千年之交的俄罗斯》；2004年9月13日，别斯兰人质事件后普京在政府扩大会议上的讲话；2007年2月10日，普京在慕尼黑安全会议上的讲话。

普京不仅认可和大力支持"普京计划"，而且还为"普京计划"作出了权威解读。2007年10月18日，他在莫斯科通过电视和电台直播回答民众关心的问题。这是国家杜马选举前普京的一次重要政治活动。在这次对话中，普京明确表示，"普京计划"就是俄罗斯中长期发展的战略计划。

就统一俄罗斯党自身而言，"普京计划"的基础就是统一俄罗斯党七大提出来的在主权民主基础上的国家复兴战略。通过比较分析可以发现，该党的国家复兴战略代表了"普京计划"的核心政治内涵。这主要表现在以下几个方面：

第一，统一俄罗斯党的国家复兴战略的意识形态基础是"主权民主"，即民主的俄罗斯政治体制应当服从于维护和加强主权的要求。"主权民主"的含义包括五个方面：人民有权力根据自己的传统和法律做出自己的选择；有效参与公正的世界秩序形成的可能性；国家的外部和内部安全具有高度一致性；俄罗斯历史竞争力的条件，就是要公开地表达和捍卫自己的民族国家利益的权力；无条件地承认民主的普遍价值，但在实现这些价值时必须考虑到民主模式的多样性。

第二，统一俄罗斯党实行国家复兴战略，本质是要解决对俄罗斯未来发展具有决定意义的一系列任务。国家复兴战略的主要目的是不论每一位俄罗斯公民的社会地位、民族属性、宗教信仰和居住地点有何种区别，国家都要为实现公民自我价值和幸福生活创造条件。

第三，在国家复兴战略的框架内，统一俄罗斯党将承担提高公民生活质量、实行医保制度改革、发扬国家教育制度的优良传统等10项义务。

2008年2月8日，普京在国务委员会上发表《俄罗斯2020年前的发展战略》的重要讲话，将"普京计划"的战略重点具体化。

其内容包括：

1. 大力发展教育、卫生、人力资源，以适应全球竞争的需要，使人口死亡率减少三分之一，人均寿命从目前60岁左右提高到75岁。

2. 提升综合国力和国民的生活质量。

3. 国内生产总产值从目前的1.3万多亿美元增加到5万多亿美元，人均3万~4万美元，为当时美国人均水平的50%，欧洲人均水平的70%。

4. 国民的收入大大提高，生产阶级人数从目前15%~20%提高到60%~70%，贫富收入差距从目前的15倍缩小到适当水平，但不搞平均主义。

5. 主要经济部门的劳动生产率提高4倍。

6.形成国家创新体制，巩固和扩大自然资源优势，发展能源、交通、农业等基础经济部门，同时实现现有产业的大规模现代化。

7.发展具有全球竞争力的经济部门，首先是发展航空航天业、船舶制造业、能源业、信息业等高新技术部门。

8.发展金融基础设施，把俄罗斯建成世界金融中心之一。

9.解决社会领域的"三个关键问题"：为人们创造平等机会；激发创新精神；在提高劳动生产率的基础上提高经济效率。

10.减少税收负担。

11.利用最新技术装备军队。

12.进行行政改革，减少国家对经济不必要的干预，提高国家机关的工作效率。

普京关于俄罗斯发展道路需要继承的根本思想最终在《2007年国情咨文》中被明确下来，并最终催生了"普京计划"。"普京计划"已经成为俄罗斯发展道路上的关键词汇，它标志着普京执政8年的治国理念与战略规划的最终形成，必将对俄罗斯的中长期历史发展产生重要影响。

暗流与荆棘：普京华丽转身后所遗留的问题

2008年，普京从总统的辉煌舞台走下，迈向曾经熟悉的岗位——内阁总理。在他华丽转身之后，留下的除了众多蜚声内外的成就外，也有诸多尚未解决的问题。看似辉煌的下面依然潜藏着暗流，强国道路仍旧布满荆棘。

首先，经济发展的各种难题依然困扰着俄罗斯。总体说来，2000年以后，俄罗斯经济连续8年稳定增长，主要是长期危机后的"反弹"，增长的基础并非牢不可破。其核心问题就是经济结构调整尚未取得实质性的成果。应该说，这8年的高速增长在很大程度上取决于国际能源价格的持续走高，而这不仅使发展具有很大的不确定性，而且使这个大国经济结构和国际分工角色更加不符合世界经济发展的潮流。这包括：保持高速增长与改变发展方式的矛盾；工业制造业增长落后于GDP增速、而能源工业增长又出现乏力的矛盾；改善国际贸易结构与机电、高新技术产品缺乏竞争力的矛盾等。尽管普京政府已经意识到问题的严重性，也做出了努力，但结构调整、新增长点的确立仍需时日。

其次，社会改革问题依然严峻。在普京任上，诸如改善居民生活质量、医疗保险、教育和就业等问题，收效不容乐观。2005年进行的福利货币化改革就曾遭到社会普遍反对，引发全国性抗议浪潮。这也凸显了社会领域矛盾的深刻和稳定的脆弱。

第三，政府改革是仍旧存在的"老大难"问题。建立高效廉洁政府一直是普京的政治改革口号，但历史上形成的人浮于事、官僚主义、文牍主义等问题仍然比较突出，转型时期普遍存在的腐败痼疾仍是俄罗斯社会主要的问题之一。显然，将民主原则与实现国家振兴、社会公正的目标结合起来，在一个具有长期专制主义传统而且正处于社会转型的国家建立起一套完善的反腐法律、机制与文化，决不是短时间能够见效的。

最后，外部环境的挑战依然是没有跳过去的"坎儿"。

从外围空间上看，北约第二轮东扩、欧盟扩大，使得俄罗斯的战略空间被进一步压缩，一道安全、经济、政治等各方面有形无形的篱笆在其西部逐步树立起来。

从地缘战略上看，俄罗斯与独联体一些国家纠纷不断，合作并无实质性进展，依然没有找到能考虑各方利益、为各方接受的一体化道路。

从国际地位看，俄罗斯的实际影响力也无明显改善。在欧洲，俄罗斯几乎被排斥在安全、政治和经济安排之外，西方集团的扩大和"颜色革命"还使其影响范围进一步缩小。在中东政治进程、伊朗和朝核问题等国际热点上，俄罗斯也最多扮演着配角。

也许，对于普京的政治抱负，一个8年的时间实在太过短暂、太过仓促，他兴许还有许多计划没有展开，还有很多措施没有实行，但以复兴俄罗斯为己任的他绝不会就此止步。"天将降大任于斯人也"，就在2008年这个幸运之年，历史再一次垂青于他，又赋予他4年的时间。

Part 6

蛰伏的智慧：
4 年总理能否换来 12 年总统

　　俄罗斯政治史有着浓重的集权色彩，从彼得大帝
到叶卡捷琳娜女皇再到沙皇亚历山大，俄罗斯人对强
势君主情有独钟。无论是执政能力还是个人魅力，普
京完全具有了强势领袖的特质。4年总理意味着"普
京时代"的终结？不，它只是普京曲线执政的一种表
达。

第一章
CHAPTER1

权力漂移：
"梅普组合" 横空出世

"梅普组合"在关系到俄罗斯未来十几年甚至几十年发展的关键问题上，并没有出怪招、奇招，而是按着早已预定好的方案按部就班地一步步实施着。

角色转换：从总统到总理

自1999年末普京从叶利钦手上接任代总统、带领俄罗斯迈进新千年以来，这位"圣彼得堡的帅哥"、"克格勃出身的冷面总统"几乎是一帆风顺地赢得了两次大选，度过了两个总统任期。然而，时间的车轮转到了2008年，普京8年任满，新一届总统选举不期而至，"普京时代"似乎就要终结，普京即将在人们的注视下谢幕退场。然而，事情的发展，并不总是这样简单。

2007年底，普京的第二个总统任期即将结束，此时的他面临着一个重大的抉择：是功成身退，还是在克里姆林宫里鞠躬尽瘁？如果选择前者，剩下的事情十分简单，像戈尔巴乔夫和叶利钦那样回家侍花弄草、颐养天年即可。但如果一定要继续自己政治生涯的话，如何才能办到？俄罗斯宪法对总统任期有两届的限制，如果普京为谋求连任而修改宪法的话，虽然支持者众多，但是难免会背上破坏国家民主法治的骂名。因此，普京曾明确地向外界表示："我会遵守宪法，不再寻求第三任期。当然，我并无意离开政治生活，因为自己还年轻并且精力充沛，还想继续为国家效力，还想实现执政20年的誓言。因此我将尽力帮助继任者，否则我最近几年取得的成就可能很快被人遗忘。"字里行间，流露出普京对权力的无比恋眷。

办法总是会有的，睿智的普京选择了一条"曲线执政"的道路。普京提名了眉目清秀、神态腼腆、缺乏权力根基的亲信梅德韦杰夫出任他的接班人，并表示自己会以总理的身份继续为俄罗斯服务，构建俄罗斯政治上的"梅普组合"；同时，普京还暗示并不排除等梅德韦杰夫当完一届总统后自己再出来竞选总统的可能。这样以来，普京既没有违背宪法，又能够实现自己连任的夙愿。

对于这样的惊世之举，有俄罗斯媒体这样评论："俄罗斯2008年的总统选举因'梅普组合'已经变得没有看头、无足轻重了。普京变成了自己的接班人，何人取代他出任总统也就无关紧要了。"一位俄罗斯网友则评论道："我们已经不需要去投票了。我们投不投票都一样，因为一切都已确定。"

有了普京的大力支持，俄罗斯2008年的总统大选变得没有悬念，梅德韦杰夫高票当选，成为俄罗斯独立后的第三位总统。而梅德韦杰夫也投桃报李地在正式就任总统后的第二天，宣布普京为俄罗斯政府总理候选人。随后，俄罗斯国家杜马以392票赞成、56票反对、0票弃权通过了普京的总理提名。一切都按照普京事先写好的剧本运行，没有丝毫意外，普京顺利完成了从总统到总理的角色转换。

在就任总理的同时，普京还宣布接受统一俄罗斯党的邀请，出任该党的党主席。要知道，统一俄罗斯党是国家杜马中的第一大党，能够借助议会的力量挟制总统。无疑，在"梅普组合"中，名义上的普京总理拥有让克里姆林宫边缘化的能力，在他巨大的政治能量之下，梅德韦杰夫成了傀儡总统，而普京则成为实质上的国家领袖。

由于突出的政绩和"曲线执政"的惊人之举，普京获选《时代》周刊2007年的年度人物。同时，《时代》周刊也送给普京一个"新沙皇"的大帽子。按照《时代》周刊的传统，年度人物不一定是一项荣耀，也不意味着《时代》周刊支持这位年度人物，只是表明此人在本年度对世界的影响力最大（无论这种影响力是好是坏），因此希特勒和斯大林都曾当选过《时代》的年度人物。《时代》周刊在《沙皇诞生了》一文中还提到普京淡蓝色的、缺乏热情的冷酷目光，其中只传达一个信号："我，掌控着一切。"

梅德韦杰夫：一个新"普京"

总统大选只是一台事先写好剧本的大戏，俄罗斯1.09亿选民只是戏中的配角，而主角则是普京和他一手调教出来的新"普京"——梅德韦杰夫。

德米特里·阿纳托利耶维奇·梅德韦杰夫，1965年9月14日生于列宁格勒的一个书香世家。他的父母均是大学老师，父亲在列宁格勒工艺学院教书，母亲也曾经在当地一家师范学院教书，后来改行在博物馆工作。据梅德韦杰夫当年的邻居们回忆，这是一个非常典型的知识分子家庭，待人彬彬有礼，生活俭朴低调。

"梅普组合"在记者会上向支持他们的民众致意，在普京的陪伴和提携下，梅德韦杰夫的政治生涯发生了翻天地覆的变化。

1987年，梅德韦杰夫从同为普京母校的列宁格勒大学法律系毕业，是普京真正的校友和老乡。1991年至1996年，他在圣彼得堡大学担任教师工作，还同时兼任圣彼得堡市政府对外关系委员会顾问职务。而当时，该委员会是由普京直接领导的。1999年，普京上调到克里姆林宫工作之后，梅德韦杰夫也跟随普京进入俄罗斯总统办公厅。2000年初，梅德韦杰夫亲自领导普京竞选俄罗斯总统选举委员会的工作，并协助普京成功竞选，高票当选俄罗斯总统。普京上台后，他正式担任总统办公厅第一副主任，并担任一些国有大公司的重要职务，包括俄罗斯天然气工业股份公司董事局主席。2003年10月，梅德韦杰夫正式走马上任，成为普京总统的大管家——总统办公厅主任。2005年11月14日，梅德韦杰夫被普京任命为俄罗斯第一副总理，具体负责普京格外看重的"国家项目"工作。

2007年12月10日，普京公开表态，"完全赞同"统一俄罗斯党等四党派推举现任第一副总理梅德韦杰夫为下届总统候选人。特立独行的普京出人意料地把自己心仪的接班人推到了聚光灯下。而梅德韦杰夫对此的第一反应是召开记者招待会，宣称："我当选总统后将继续执行普京的政策，并且希望普京能够出任政府总理。"

梅德韦杰夫上任后，果然沿着普京路线继续在前行，或者可以说，俄罗斯只是在经历一个没有普京的"普京时代"。梅德韦杰夫本人，实质上就是一个新的普京。因此，有西方媒体评论说："这是一个普京，两张面孔。"而普京显然也对自己的正确选择十分满意："我可以完全负责任地说，梅德韦杰夫生活中最优先考虑的事就是国家和他的公民的利益。将管理国家、俄罗斯命运的主要杠杆交到这样的人手中是无愧的和没有危险的。"

除了在政治领域延续普京的旧有政策，梅德韦杰夫在生活方面也和普京十分相像，或者说极力效仿。

从身材方面来看，普京身高1.74米，在俄罗斯人中并不算高大，然而梅德韦杰夫身材却更加矮小，只有1.62米。一名俄罗斯记者曾说："在克里姆林宫里，官员会要求记者稍稍蹲下，从较低角度为梅德韦杰夫拍照，令他看来高大一点。"克里姆林宫的幕僚也曾建议梅德韦杰夫，在和众人拍照时不妨踏前一步，以凸显他的重要地位。

普京热衷于运动，拥有健壮的体魄，而梅德韦杰夫是个典型的书生，朋友都说他温文尔雅，不爱做运动，体形略胖。他自己也承认："我常常坐着不动，现在要多点运动。"为了和普京靠拢，梅德韦杰夫开始锻炼自己，每晚都坚持游泳和举重，有时也做做瑜伽，同时还剪了一个爽朗的发型，让整个人看起来更有朝气一些。

不仅如此，梅德韦杰夫的语言艺术也是向普京学习的结果。梅德韦杰夫曾形容自己说话乏味枯燥，后来模仿普京的尖锐用语和语调，形成了现在的腔调。他还常常刻意穿上深色HugoBoss西装和紧身黑运动衫，俄罗斯设计师苏斯尼雅说："那可是普京的最爱。"更为有趣的是，梅德韦杰夫和普京一样，是个工作狂，不喝伏特加，爱喝矿泉水和绿茶。

虽然普京从宝座上退下，然而他的继任者梅德韦杰夫仍在推行着他的相关政策和执政理念，甚至在个人生活上也向普京极力靠拢。无疑，梅德韦杰夫就是一个"新普京"，他发出的依然是普京的声音。

"梅普组合"：究竟能走多远

自2008年"梅普组合"诞生以来，梅德维杰夫一直在"普京阴影"下执政，俄罗斯实际上的领导人还是普京。纵观整个总统任期，梅德维杰夫和普京在"梅主外，普主内"的权力分工下开展自己的工作，整个权力框架运作良好，两人之间的配合十分默契，俄罗斯也在两人的共同领导下抵御住了金融风暴的冲击，经济逐渐复苏。

"梅普组合"对俄罗斯来说，到底意味着什么？首先，由于梅德韦杰夫和普京一直具有良好合作的基础和相互高度信任的关系，二人的合作表明俄国家领导层在政治路线上高度一致。其次，梅德韦杰夫和普京联袂执政，还意味着他们领导下的政权能够继续拥有广泛的社会基础和较高支持率。此外，"梅普组合"还意味着"普京时代"并没有结束，而是以另一种形式在继续。

"梅普组合"所实施的是普京所制定的治国战略，也可以说这个时期俄罗斯实行的治国思想实际上是普京8年思想的延续，这是"梅普组合"的政治基础。

然而，我们在承认"梅普组合"具有高度思想统一的同时，也要看到梅德韦杰夫总统有自己独特的政治内涵，而这种政治内涵并不是以排斥"普京计划"为前提的。他最独特的治国思想表现在以下两个方面：一是上台伊始就发誓要与俄罗斯的高度腐败作斗争。为此，他从组织上、法律上和舆论上实施行动，旨在有所建树，其力度比普京时期要大得多。二是提出了"俄罗斯现代化"的思想。梅德韦杰夫多次强调俄罗斯现代化思想，而且越来越使其系统化并上升为战略的高度。

显然，普京保持强势，是为了给信奉威权的俄罗斯民众以信心；而普京让梅德韦杰夫保持强势，则是在国际社会中维护俄罗斯民主的形象、在俄罗斯社会中维护宪法尊严的必然选择。

随着2012年大选的临近，越来越多的媒体和民众开始对"梅普组合"发出疑问：2012年谁将会是新总统？是梅德韦杰夫连任，还是普京"王者归来"？

这种疑问的背后透露出世人对"梅普组合"过渡性的预判。在2011年之前，梅普两人就像协商好了似的，面对记者纷至沓来的提问，他们避而不谈，环顾左右而言他，给人们留下充分的政治想象空间。进入2011年以后，面对这类提问，梅普两人也像商量好了似的，先后分别明里暗里地传递信息：2012年他们都有可能参选总统。

普京在回答美国俄罗斯问题专家相关问题时曾明确表示，这个问题讨论起来尚早，他和梅德韦杰夫目前的主要任务就是专心治国，待日后再讨论这个问题。但他话锋一转，举了美国总统罗斯福曾经连任四届总统的例子。

普京的这个例子立刻引发全世界的高度关注。因为普京已经任满两届俄罗斯总统，若他2012年再次回归总统宝座，按照俄罗斯宪法所允许的限度，他还可以再连任两届。这样算来，他也有可能像罗斯福那样担任四届总统。所不同的是，罗斯福是连任四届，而普京则有间歇。

随后不久，梅德韦杰夫的助手指出，梅德韦杰夫总统提出的"现代化计划"内容丰富，不是一届总统任期所能完成的。言外之意，梅德韦杰夫若需完成其大业，需谋求更长的总统任期。2011年9月25日，梅德韦杰夫再次借与匹兹堡的美国大学生见面的机会公开表示："如果我工作会很好，如果我的一切会成功，如果俄罗斯人民还会相信我，为什么我不参选呢？这绝对正常。我和他（普京总理）是不同的人，在我看来，他不久前也谈到了这一题目，作为负责的政治家，现在至少还都是俄罗斯人民信任的政治家，我们可以共同讨论这一问题。但这并不意味着，我们会替某人做出决定。"

然而，事情的后续发展，向世人证明梅德韦杰夫的言辞不过是放给政治对手的烟雾弹。2011年11月4日，梅德韦杰夫接受了普京的邀请，率领统一俄罗斯党征战国家杜马选举，以明确的姿态支持普京参加2012年3月的总统大选。而普京在大选胜出后，也按照事前的约定，任命梅德韦杰夫为政府总理，从而延续了"梅普组合"的政治格局。

"梅普组合"旨在使俄罗斯走向复兴。事实证明，"梅普组合"还是非常牢固的。比如，在面对全球经济危机的时候，他们配合比较默契，没有相互推卸责任，没有借此危机相互拆台，这是难能可贵的。现在他们又完成了角色和权力的再次转换，恢复了更为稳定的组合状态。相信他们这对世界政坛上的黄金搭档会带领俄罗斯走得更远。

第二章
CHAPTER2

普京的权力曲线

　　普京为自己的未来规划了一条权力曲线，不管路线如何曲折迂回，通向权力是惟一的决策选择；不管普京未来的政治命运如何，他在俄罗斯未来相当长的一段时期内仍将起到决定性的影响作用，这是确定无疑的。

非常总理：普京离他的俄罗斯梦更近了

2008年，普京从总统的光辉舞台走下，转身二度出任俄罗斯政府总理，他潇洒地完成这一轮回，似乎回到了原先的起点。但这一次，他离他的俄罗斯梦更近了。

5月，普京平静地从克里姆林宫搬出，"只拿走了一枝笔"。但无官一身轻的时间仅有27个小时。杜马高票通过了对他的总理提名，他又马不停蹄地踏入莫斯科河畔白宫中的总理办公室。

仰望天空的普京似乎正思考着俄罗斯的未来，墨镜挡住了他的眼部轮廓，却无法挡住他那伟大的俄罗斯梦想。

普京的年薪仅7.4万美元，比起新加坡总理李显龙逾200万美元的高收入，显得相当寒酸，但他却认为自己不仅是欧洲，而且是全世界最富有的人。在2008年初的记者招待会上，他深情告白："我的财富是俄罗斯人民两度让我领导这个国家。"

金融海啸来袭，以油气出口为经济引擎的俄罗斯遭遇重创，但2008年11月的权威民调显示，80%的俄罗斯人仍然坚信自己国家的发展方向，仍然坚信不论担任总统还是总理，普京都是百年来该国最英明睿智的领导人。

当年，垂垂老矣的叶利钦将风雨飘摇的俄罗斯交给普京，很多人都说，普京笃定只是个傀儡，但事实证明，他们错了。8年后，梅德韦杰夫拖着普京长长的影子，走上了国家权力之巅，人们又难免生疑：普京难道肯听命于这个比他小14岁的学弟？梅德韦杰夫会不会在上位后将普京抛弃？

如今，一切疑虑烟消云散。

普京是总理，是梅德韦杰夫当选总统的第一功臣，他担任主席的统一俄罗斯党，在杜马450个议席中占315席，如果他是恋权之人，完全可以借助该党操控议会、修改宪法，甚至弹劾总统，但他并没有这样做。他的表态掷地有声："我不会在2012年以前出任总统。"

每次与梅德韦杰夫同时出现在公众面前，普京都显得非常低调，从不抢风头，处处尊重梅德韦杰夫的总统权威。

车臣总统卡德罗夫为祝贺普京的生日，将格罗兹尼的胜利大街改名为普京大街，他马上请发言人回应，称他虽然无权影响地方决策，但并不希望类似情况再发生。

而他慧眼挑中的梅德韦杰夫，也不负众望。他与普京在内政外交上的配合相当默契，"梅普组合"经受住了北约东扩、美国在欧部署导弹防御系统、南高加索战事等考验，政府运作勤勉而成熟。

梅德韦杰夫经常强调，他与普京合作得很好，各司其职，非但不会形成双重政权，更会展现高效率。

将帅易位，但普京的威望丝毫不减，在国际上亦是如此。布什称赞普京是"强有力的领导人"，"从不害怕说出自己想说的话"。

挥别克里姆林宫，重返白宫，总理生涯对普京而言并非全然陌生。2000年，他就是从这里走入克里姆林宫、由总理变身总统的。然而，重返故地，已是今非昔比。当初，俄罗斯人觉得不苟言笑、默默无名的他是个谜，如今，他已在很大程度上被塑成了一尊神。他重振了俄罗斯经济，还清了巨额外债，重建了军队，恢复了国人的自豪感，寻回了俄罗斯的国际影响力……

人们都相信，2012年他会卷土重来，回归神位。因为大家对他当年的豪言壮语仍记忆犹新："给我20年，还你一个奇迹般的俄罗斯。"

罢免总理比总统更难

总统的权力大，还是总理的权力大？总统受制于总理，还是总理受制于总统？在俄罗斯，这是一个复杂的问题。

2008年4月15日，俄罗斯最大政党、统一俄罗斯党第九次代表大会一致选举俄罗斯总理普京从5月7日起担任该党主席，任期4年。

统一俄罗斯党目前在国家杜马中占据多数席位，担任统一俄罗斯党主席后，普京在今后担任政府总理的同时，能有效控制杜马，足以弹劾总统，修改宪法。此外，他还将控制同样由统一俄罗斯党控制的地区立法机构。

成为统一俄罗斯党主席后，普京实际上成为无法罢免的总理。叶利钦和普京当总统时常常罢免总理，这些职位不稳的总理，其任期通常是不愉快且短暂的。

俄宪法规定，总统有权罢免总理，但必须获得国家杜马批准。这意味着，新任总统梅德韦杰夫若要罢免同时掌控国家杜马的新总理，几乎是个不可能的任务。只要普京不同意，梅德韦杰夫就无法罢免总理。反过来，国家杜马也可以启动弹劾总统的程序，只需要获得三分之二多数通过。统一俄罗斯党凭借在国家杜马450席中占据315席的绝对优势地位，可以说，把总统拉下马是轻而易举的事情。

俄罗斯《观点报》指出："普京获得了额外的权力杠杆。这个杠杆将首先使他能够对地方精英施加影响，后者或多或少受制于政党。某种程度上，地方控制中心正在从总统办公厅向统一俄罗斯党转移。总理实际上获得了任命地方行政长官的权力。普京在统一俄罗斯党内取得的超级权力，实际上使他可以左右该党在地方立法会议党团的行动，进而影响对行政长官任命的批准。而这种影响力是总理职务最初所不能赋予的。普京自然也将控制议会，有了315票的宪法多数，任何法律都能获得通过。"

综合普京以往的政治势力和民意支持度，可以说，普京的4年总理生涯大可不必为被免职而担忧，相反，总统梅德韦杰夫反倒要谨慎小心。这种现象在世界各国历史上都是十分少见的，必将成为21世纪初期俄罗斯政坛的一大特色。

总统任期由4年改为6年的玄机

2008年11月5日，时任俄罗斯总统的梅德韦杰夫在克里姆林宫发表了其任内的第一份国情咨文，正是在这份国情咨文中，梅德韦杰夫语气平静地说出了一句让俄罗斯民众和国际社会都吃惊不小的话："我建议将总统和国家杜马的职权期限分别延长至6年和5年。"

"有关改变总统任期和国家杜马职权的问题在上个世纪90年代就曾讨论过。"梅德韦杰夫说，"历史上曾有过很多民主国家改变国家权力机构职权期限的情况。我想直说，这里不是指宪法改革。对总统任期做出更改是很有必要的事，因为总统制对国家发展至关重要，保持总统制的稳定对持续改革也同样至关重要。在总统和国家杜马具有高度权威的情况下，俄罗斯开展的民主改革才能顺利发展。总统的工作不应该只建立在选前的承诺上，更应该建立在实际工作结果上。延长总统任期能够使国家领导人更好地落实选前承诺。"

梅德韦杰夫的话音刚落，会场上便响起了热烈的掌声，而带头鼓掌的就是坐在台下第一排正中央的普京。虽然普京出任总统时，俄罗斯国内就有延长总统任期的呼声，普京自己也承认："对于俄罗斯来说，4年的总统任期的确是太短了。在4年的任期中，政治人物第一年需要适应角色，第四年又不得不为选举和自己的政治前途奔忙，从而对所承担工作造成负面影响。"事实也正是如此，经过15年的政治实践，特别是普京执政8年后，俄罗斯社会意识到国家政治稳定和有效治理的重要性，四年一度的总统和议会选举并不利于政治稳定，而会造成政治成本上升和政治不稳定因素增加。在普京任内，尤其是随着第二任期临近结束，俄政坛上关于修改宪法让普京连任或延长总统任期的呼声不断，普京经过三思虽拒绝通过修宪连任，但也认为适当延长总统任期确有必要。

　　普京在任内并没有接受延长总统任期的各种建议，而是毅然决然地走出了克里姆林宫的总统办公室。在总统任期问题上，普京保持了沉默，而梅德韦杰夫却出人意料地提出了"延长总统任期"的建议。

　　毫无疑问，梅德韦杰夫的这一提议肯定是在认真征求过普京意见后才正式提出的，甚至很可能这就是普京本人郑重提出的建议。自从2008年5月梅德韦杰夫就任俄罗斯第三任总统后，"梅普组合"运转顺利，两人各就各位、各司其职，确保了俄罗斯政权交接的稳定，确保了俄罗斯沿着"普京路线"走下去。在这种情况下，延长总统任期的条件已经相对成熟，梅德韦杰夫，或者说是普京选择此时将修改任期的建议抛出，可以让国家的经济工作更为稳定。

　　2008年12月22日，俄罗斯联邦委员会通过了宪法修正案，正式将总统任期由4年延长至6年。对此，加拿大《环球邮报》评论道："俄罗斯的这次宪法修正案，将使总统梅德韦杰夫和总理普京在未来20年内继续担任俄罗斯的合法领导人，而不会遇到什么挑战。"而许多俄罗斯国内的反对派也称此举"如同发动政变"。2004年2月被普京免去总理职务的卡西亚诺夫言辞激烈地抗议："这是反宪法、反民主的改革，这意味着现在掌权的这些人准备继续保持他们的权力。"俄罗斯《生意人》报等媒体甚至做出预测，2009年梅德韦杰夫可能提前辞职并安排大选，让普京返回克里姆林宫。

　　事实证明，梅德韦杰夫并没有提前辞职，那么修改总统任期的意图何在？不妨让我们从另一个角度进行思考。普京在2000年正式当选总统之后，曾提出"给我20年时间，还你一个奇迹般的俄罗斯"的美好愿望。在经历了8年两个总统任期后，普京退入幕后，以总理身份协助梅德韦杰夫，此时梅德韦杰夫提出修宪，而后普京在2012年的总统大选中胜出，如果不出意外的话将能连任两届，正好实现其执政20年的誓言。

　　或许，一切不全是巧合。

第三章
CHAPTER3

大国博弈：
利益决定一切

　　大国博弈，绝非一朝一夕的游戏。如今的俄罗斯已经不是10年前的俄罗斯，经济实力大增后，外交便成为国家利益较量的战场。普京在强硬和妥协之间的摇摆，主要还是源于利益的权衡。

拔出马刀，出兵格鲁吉亚

说起格鲁吉亚，一个人的名字不得不提，那就是斯大林。他曾领导过包括俄罗斯人和格鲁吉亚人在内的全体苏联人民战胜疯狂的法西斯魔鬼希特勒，取得过伟大的卫国战争的辉煌胜利，并建设出了一个强大的超级国家，这是一段苏联人民共同书写的光辉历史。

然而，在斯大林去世55年后的2008年，格鲁吉亚和俄罗斯这两个曾经同为苏维埃加盟共和国的兄弟国家刀兵相向，一场后来被称为"五日战争"的军事冲突在北京奥运会的同一天爆发，北极巨熊在忍无可忍的情况下，拔出马刀，扑向了格鲁吉亚。

格鲁吉亚境内俄罗斯族裔占多数的南奥赛梯自治州一直以来都有着和俄罗斯境内的北奥赛梯共和国合并的政治诉求，因此一直和格鲁吉亚冲突不断。1992年，经过会谈，俄罗斯、格鲁吉亚和南北奥塞梯成立了解决格奥冲突的四方混合监督委员会，由俄、格和南奥塞梯三方组成混合维和部队，负责在冲突地区执行维和使命。十几年来，南奥塞梯当局一直不改初衷，相关各方在这一地区的摩擦也时有发生。

在北京奥运会之前的几天，南奥塞梯和格鲁吉亚之间已经有了小规模的矛盾。在2008年8月6号，格鲁吉亚总统萨卡什维利照会俄罗斯大使和南奥塞梯、阿布哈兹两地的官员，亲口向他们承诺不会在象征和平的奥运会期间开战。

2008年8月8日，北京乃至世界绝大多数地区的人们都沉浸在奥运会即将开幕的浓郁气氛之中。由于萨卡什维利的承诺，俄罗斯人放松了警惕，总理普京也前往北京，参加奥运会的开幕式。然而，格鲁吉亚出尔反尔，在奥运会当天，兵锋直指南奥塞梯。

在最初的20个小时战斗中，格鲁吉亚军队一直占据着主动，击败了南奥塞梯军队，并一度攻占南奥塞梯首府茨欣瓦利。或许是因为胜利来得太快，又或许是过于相信美国的承诺，格军开始袭击驻格俄罗斯维和部队，全然不把强大的俄罗斯军队放在眼里。

当时，格鲁吉亚官兵人数在两万上下，军事装备只有128辆坦克和9架战斗机，在数量上远不是俄罗斯军队的对手。格军武器装备都是俄系的老式装备，重型装备水平远低于俄军，再加上个位数级的空军和海军装备，三军基本不具备起码的联合作战能力。因此，战局未启而胜负已定。

8月8日14时，在出席奥运国宴之后，时任俄罗斯总理的普京在人民大会堂会见了哈萨克斯坦总统纳扎尔巴耶夫。在会谈中，普京公开评论了战情并且说俄方会采取报复行动。

15时，俄罗斯总统梅德韦杰夫结束假期，从伏尔加河返回克里姆林宫，召集国家安全会议紧急会议，做出将格鲁吉亚军队逐出南奥塞梯的决定，随后俄军的军事行动令世界瞠目。

15时20分，俄罗斯军队装甲输送车队进入南奥塞梯境内。

15时50分，俄罗斯装甲部队开进南奥塞梯首府茨欣瓦利。

16时，俄罗斯国防部宣布将向驻扎在茨欣瓦利的俄罗斯维和部队增援。

17时20分，俄罗斯国防部第58集团军赶往茨欣瓦利，增援驻扎在那里的维和部队。

俄罗斯凭借强大的军力以及快速有效的军事行动，完成了对格鲁吉亚的东西两线的对进攻击，基本上用锋利的马刀将格鲁吉亚的版图一分为二，格首都第比利斯也成了俄军案板上的一块肉。

面对俄军强大的正面攻击行动，格军开始从占领的各处地区沿公路后撤，公路上的格军装甲目标成了俄罗斯空军的活靶子。从茨欣瓦利通向第比利斯的多条道路，成了格军的死亡之路。被摧毁的坦克、步兵战车、装甲输送车和汽车随处可见，被遗弃的D-30式122毫米榴弹炮和迫击炮遍布城区。在俄空军强大的空中火力打击下，格军的后撤行动只能用溃败来形容。面对曾经让希特勒绝望的钢铁洪流，萨卡什维利除了频繁的抗议与呼吁外，没有丝毫办法。

等到8月9日，普京从北京直飞北奥赛梯意图指挥作战时，格方已经承受不了俄罗斯军队的迅猛攻势，单方面宣布停火。零星交火时有发生，直到8月13日，双方宣布全面停火。

俄罗斯拔出马刀回击格鲁吉亚的挑衅。普京强硬的背后是继承于苏联的强大军事实力，这也向世界重申了一句老话："瘦死的骆驼比马大。"

在和普京的较量中，萨卡什维利可以说是完败。格鲁吉亚不仅失去了南奥塞梯和阿布哈兹两个地区，它更是将自己加入北约的门牢牢地关死了。显然，萨卡什维利的算盘打错了，他没有考虑到俄罗斯会如此强烈的反击，也没有想到俄罗斯军队的组织能力在苏联解体后，还能保持如此效率。格鲁吉亚军队以卵击石，流出的自然是鲜血。而俄罗斯政府毫不犹豫，普京强硬而干脆，立刻出兵对抗，对格鲁吉亚狂轰滥炸，格鲁吉亚等不来美国以及北约欧洲国家的支持，只能撤退。萨卡什维利忽视了欧洲国家，特别是欧洲有影响力的大国，如德国、法国、意大利等跟俄罗斯的关系。用普京的话说，没有俄罗斯的能源，欧洲将无法生存，因此欧洲国家不可能因为格鲁吉亚而激怒俄罗斯。

这是大国博弈的舞台，小国往往只能成为牺牲品和炮灰。

最终放弃卡扎菲

利比亚，北非沙漠上的明珠，由于战略位置重要，并为世界第八大产油国，曾经是欧洲各国重要的贸易伙伴。但因该国领导人卡扎菲和西方矛盾重重，其在政治上一直被西方国家排斥和制裁。卡扎菲在国内长期实行独裁统治，在邻国埃及、突尼斯相继发生巨变后，许多利比亚民众要求利比亚政治变革的呼声更加强烈。

2011年2月联合国通过决议制裁利比亚。3月19日晚，欧盟及美国等与会各方决定对利比亚进行军事干预；峰会后，英、法、美等多国出动战机、巡航导弹对利比亚政府军地面军事目标进行轰炸。利比亚本地反对派武装乘机武装反抗卡扎菲政权，战事一度胶着。

对于联合国授权对利比亚采取军事行动的决议，普京一度坚决反对。他在视察国内一家生产导弹的工厂时，对工人们说："联合国安理会的决议无疑是有缺陷和不足的，它让我想起了欧洲中世纪十字军东征。对利比亚采取军事行动没有道理，而且也违背了良知。"这是普京多年来针对西方最尖刻的言论之一，他的话意味着俄罗斯在西方对利比亚采取军事行动问题上的态度变得急剧强硬起来。

联系到利比亚从苏联和俄罗斯购买了大量的战机、坦克、防空导弹等先进武器，不难理解普京政府为何对西方武力干涉利比亚内政极度不满。

由于利比亚战事迟迟未能取得预想效果，西方用武力迫使卡扎菲迅速下台的愿望一直未能实现，而欧洲债务危机也有愈演愈烈的趋势，许多西方国家开始自顾不暇。内外交困下，西方诸国开始积极拉拢、游说俄罗斯，希望俄罗斯利用它与卡扎菲之间的关系劝说后者下台，尽快结束利比亚战争，从而让西方尽早从利比亚问题上抽身。但卡扎菲态度十分强硬，一点没有给普京面子，坚持决不放弃利比亚。

在此背景下，普京政府的态度开始发生巨大转变，从力挺卡扎菲转而支持利反对派，先是宣布对卡扎菲政权实施制裁，接着宣布卡扎菲政权失去合法性、卡扎菲必须下台，然后宣布利反对派为合法谈判方。

继欧盟决定扩大对卡扎菲政府的制裁后，普京政府也开始增加对利比亚的制裁措施，其中包括冻结卡扎菲亲属、亲信资产并禁止其中部分人员进入俄境内等。不难看出，普京政府也不希望利比亚陷入长期内战，开始通过表明对卡扎菲的反对立场向西方示好。

这样的表态让人转瞬之间有沧海桑田之感。到底是什么原因，让普京从开始的抗议西方武力干涉利比亚，转为最终放弃卡扎菲呢？

毋庸置疑，普京政府对待卡扎菲的态度转变，最根本的原因是俄罗斯自己的利益。在世界大国中，俄罗斯是个特殊的国家，它既是将要取代八国集团的二十国集团的成员、上合组织成员、金砖国家成员，又是代表西方列强的八国集团的成员。俄罗斯这个国家，特别是其领导人普京从来就没有放弃加入西方阵营的梦，而西方列强也没有断了收拢俄国的梦想。在美英法等西方大国为了利比亚局势，跟普京政府说好话、表好感后，普京也不会无动于衷。

当然，单说好话还不行，还得有具体的甜头。在八国峰会上，美国总统奥巴马在与梅德韦杰夫的双边会谈中通过了一系列共同文件，内容包括美国悬赏500万美元捉拿高加索恐怖主义头子乌马罗夫、两国就反导系统问题继续磋商等。法国也与俄国敲定卖给俄国"西北风"攻击舰，而这项买卖过去一波三折，就是因为美国对此持反对态度，认为这是把尖端军火卖给战略对手。现在终于敲定买卖，表明法国把俄罗斯当成了"自己人"。成为西方的一员，这是普京政府梦寐以求的。

同时，普京也已经看到，在西方狂轰滥炸，以及越来越多的西方国家开始承认利比亚反对派组织的情况下，卡扎菲政权来日无多。普京并不愿意等到卡扎菲下台后再放弃他，而要争取一点把他搞下台的"功劳"。

当然，归根结底，普京政府态度转变是基于维护俄罗斯经济利益的考量。在利比亚战事发生前，俄国在利比亚有着重大的经济利益，其中包括上百亿美元的军火买卖合同。为了在反对派上台后能够继续承认这些合同有效，或者是能够重新签订类似合同，普京政府不惜放下面子，转而讨好反对派，否则一旦双方关系僵持，这些合同很有可能鸡飞蛋打，让俄罗斯蒙受巨额损失。

在国际舞台上，没有永远的朋友，也没有永远的敌人，只有永远的利益，这是亘古不变的真理。普京是一个擅长"柔道外交"的老练政治家，在国家利益面前，向世人展现了他非凡的政治家气度。可以预见，在普京第三个总统任期内，为了实现俄罗斯民族的全面复兴，为了换取俄罗斯国家的最大政治经济利益，普京还会做出类似的态度转变，放弃卡扎菲只是一个前奏。当然，叙利亚这个俄罗斯利益链条中的关键一环，并不在这个范围。

力保叙利亚

2011年，是中东和北非的多事之秋。利比亚战火刚刚平息，被称为"中东和平最敏感神经"的叙利亚又陷入内乱危机之中。有人说，一个中东，整个世界。中东问题历来是国际关注度最高、影响最大、牵涉最广的问题，这和其地理位置、能源结构是密切相关的。同样，叙利亚危机的背后也牵涉多国利益的博弈，阿拉伯国家联盟就调停叙利亚内乱发出最后通牒，美国派出"布什号"航母，西方多国撤出外交官，法国宣称要在叙利亚建立"人道主义走廊"。西方军事干预一触即发，叙利亚政权还能坚持多久？在此危急时刻，有一个国家对叙利亚的声援显然不一般，那就是俄罗斯。

叙利亚危机是对俄罗斯的考验，更是对普京和梅德韦杰夫的考验。以强硬而著称的普京绝不会放任以美国为首的西方国家在自家门口欺负最忠诚也是最重要的小弟。于是，普京政府多次在国际场合强调："任何对叙利亚的军事干涉，都将打破中东格局，引发地区暴乱。"然而美国并不吃普京那一套，继续我行我素。这一回，铁腕普京被激怒了，他开始指责一些人企图改变叙利亚，并说这对俄罗斯来说是个非常敏感的问题——叙利亚离俄罗斯很近。

普京话音未落，俄罗斯最新型的T-90主战坦克已运抵叙利亚，并部署到位；俄罗斯的数艘战舰进入叙利亚领海；俄罗斯惟一的航母"库兹涅佐夫号"也抵达叙利亚。普京在叙利亚已完全拉出了不惜与美对垒一战的架势，力保叙利亚的国家安全。显然，普京这回要动真格的了。

叙利亚自从苏联时期以来，一直是俄罗斯传统意义上"铁一般的盟友"，叙利亚军队的武器装备也几乎清一色是俄国制式，同时，叙利亚的塔尔图斯港是俄罗斯在独联体国家之外惟一的海外军事基地。站在普京的立场，当然希望叙利亚保持稳定。

北约在收拾完卡扎菲之后，迅速发起复制"利比亚模式"的"倒叙"运动，遭到了中俄两大国在安理会的否决。如今俄罗斯航母驶抵叙利亚，更是用行动警告西方，要想在叙利亚复制"利比亚模式"，是断然行不通的，普京决不会袖手旁观，俄罗斯的庞大舰队同样会搞"炮艇外交"。

"库兹涅佐夫号"航母驶抵叙利亚，时间长短并不重要，重要的是向西方展示了俄罗斯继承于苏联的强大军事实力。普京多次通过媒体展示其强健的体魄、雄壮的肌肉，而这回，他向世界展示的是俄罗斯的军事肌肉。他还在国际场合不止一次地说过"俄罗斯要敢于将导弹竖起来"，没有半点装模作样，没有半点韬光养晦。很明显，叙利亚已经触及普京政府的利益底线。俄罗斯科学院专家维克托说："莫斯科已没有多少盟友可以抛弃，尤其在俄面临选举、民族情绪上升时，丢掉盟友将被视为投降。"

叙利亚地处地中海东岸，北接土耳其，南邻以色列、约旦，东踞伊拉克，战略位置非常重要，自古以来就是兵家必争之地，一旦叙利亚出现危机，会波及整个中东地区的安危。在叙利亚面临内忧外患之际，俄罗斯力保叙利亚也是出于国家利益考虑，一旦叙利亚发生"颜色革命"，俄罗斯在中东的势力必将遭到毁灭性打击。而一旦叙利亚出现变革，伊朗将在中东完全被孤立，那么，俄罗斯的中东战略将面临瓦解，甚至可能完全退出中东的政治舞台。普京非常明白这一点，所以俄罗斯力保叙利亚。

俄罗斯人在叙利亚枕戈待旦，美国是否敢真的因为叙利亚与俄罗斯这头北极巨熊彻底撕破脸皮？答案自然是否定的。奥巴马并不傻，在面对国内巨大的选举压力时，他没有勇气掀起一次全新的世界大战。既然叙利亚在普京力挺之下不容易得手，美国很自然地将目光转向了伊朗——而这一回，普京会让美国人如愿以偿吗？

与伊朗既有矛盾，又互为唇齿

在普京所倡导和制定的俄罗斯对外战略方面，伊朗有着举足轻重的地位。冷战结束之后，随着俄罗斯西向政策的失败与美国的日益骄横，俄罗斯与伊朗之间的共同利益随之凸显。在美国轻而易举地赢得了阿富汗与伊拉克两场战争之后，俄罗斯与伊朗抵御美国的共同利益更显重要。但纵观俄伊两国的外交历史及各自地缘政治环境特点，便能发现俄罗斯与伊朗之间存在着历史矛盾与唇齿相依的复杂关系。

19世纪初，俄国的版图已推进至外高加索地区，并在此后一个世纪的时间内，伙同英国操控着伊朗的政局和经济命脉。十月革命后，苏俄与伊朗政府签订友好条约，然而，苏伊关系的发展并不是一帆风顺，两国曾因里海捕鱼权和伊朗共产党受到镇压等问题而时有纷争。出于对苏联的疑虑和不信任，冷战开始后伊朗倒入反苏的西方阵营。

1979年伊朗伊斯兰革命后，霍梅尼政权提出了"不要西方，也不要东方"的口号，伊朗外交实行"两个拳头打人"，称美国为"大撒旦"，称苏联为"小撒旦"。直至两伊战争爆发，伊朗在面临各种巨大困难的情况下不得不依赖苏联，而苏联也不希望伊朗在顶不住压力的情况再度回到美国的怀抱，苏伊双边关系才有改观。

历史上，俄罗斯与伊朗之间怨恨交加。沙俄和苏联对伊朗的恃强凌弱在现在的伊朗人心中，仍然是难以抹平的伤痛。

苏联解体之后，俄罗斯急于恢复大国地位，重返中东，而伊朗重要的地缘战略位置和雄厚的能源潜力无疑是俄罗斯恢复影响、捞取利益的重要渠道。在这种背景下，俄伊政治交往逐渐展开。

2011年11月，国际原子能机构公布伊朗核问题报告，美英等西方国家声称准备军事打击伊朗。正当伊朗局势日趋紧张之时，俄罗斯总理普京强人本色尽显，"单刀赴会"冒死访伊，在与伊朗领导人会谈时，再一次向世界表明了俄罗斯对伊朗局势的关注，表明了俄罗斯力挺伊朗的态度，告诉西方不要欺人太甚，不得对伊朗动武，不要听不到俄罗斯和中国的警告。2011年11月7日，土耳其《自由报》等多家媒体发表了普京的讲话：欢迎伊朗、巴基斯坦加入上合组织，谴责对独立国家的任何军事打击威胁。

说到上合组织（上海合作组织），就不得不提到中国政府。一直以来，中国政府为了确保国内的经济腾飞和改革开放的稳定开展，在国际政治舞台上保持着较为谨慎的态度，然而在伊朗问题上，中国政府和普京站在了同一战线上。据俄罗斯外交部称，俄副外长与中国外交部西亚北非司司长就伊朗局势深入交换了意见。双方强调，必须通过广泛对话、非外部干涉的途径化解危机，该地区人民可以并应当自己决定自身命运。双方确信，对伊朗追加新一轮制裁将不会达到预期的效果。

普京曾说："中国的立场与我的完全一样。"由于俄中的放行，北约得到军事干预利比亚的通行证，最终颠覆了卡扎菲政权。普京显然希望让外界明白，俄罗斯这回不会容忍类似情况在伊朗重演。言外之意，普京想和中国领导人一起担当起"以战止战"的伟大历史使命，让世界人民过一段安宁日子，享受一个时期的和平生活。毋庸置疑，普京强硬的外交风格，对中国政府产生了积极的影响。

普京外交的一大特色是"敢说敢干"，他的态度一直被当成解决伊朗核危机的最大变量之一，而伊朗人也将普京重返总统宝座视为强大俄罗斯盟友的回归。在伊朗新闻台的官方网站上，有网民留言说："我希望普京先生回归，像苏联领导人让那些试图欺负弱小国家的傲慢大国有所感觉。祝您的回归一切顺利……早日实现！"

强硬的普京回来了，他是否能像苏联领导人那样让西方胆寒？是否能力保伊朗抵御外敌的入侵？一切都还是未知数，惟一确定的是，普京政府会为了俄罗斯的国家利益，在大国博弈的舞台上或妥协或变脸，或拔刀或同盟，这就是国际政治丛林中的生存法则。

Part 7

无可替代：
普京掌控俄罗斯的四大权力支柱

普京甫任总统，就开始构建自己的四大权力支柱：西罗维基、联邦安全局、统一俄罗斯党及油气资源。通过联邦安全局，普京控制了俄罗斯的"强力部门"；通过"西罗维基"，普京控制了克里姆林宫；通过统一俄罗斯党，俄罗斯议会——国家杜马变成了普京的助手；通过油气资源，普京得以推进其经济改革。可以说，凭借这四大权力支柱，普京清除了政治强敌，巩固了政治地位，形成了异常牢固的政治权力架构，让他真正意义上无可替代。

第一章
CHAPTER1

普京手中最大的筹码：
统一俄罗斯党

这是一个自诞生之日起就效忠普京的"普京党"。凭借普京的大力扶持，该党已成为俄国家杜马第一大党，但普京对其还有更大的期望：使之成长为俄单一的执政党，从而开辟俄罗斯的一党统治时代。

统一俄罗斯党的组建

说起"普京王朝"，就不得不提到它背后倚重的政治力量——统一俄罗斯党，正是由于该党的大力支持和不断努力，普京创造了一个又一个的政治奇迹。

统一俄罗斯党由团结党、"祖国运动"和"全俄罗斯运动"合并而成。

团结党的前身是1999年9月底由俄罗斯紧急情况部部长绍伊古牵头，纳兹德拉坚科、普拉托夫、鲁茨科伊等30余名时任地方行政长官倡议成立的竞选联盟"团结运动"。在1999年12月举行的俄国家杜马选举中，"团结运动"表现不俗，在议会中占据70多席，并占有1个副议长、7个委员会主席的位置，成为仅次于俄罗斯共产党的第二大议员团。2000年2月，"团结运动"由竞选联盟改组为社会政治运动，表示全力支持普京竞选总统，同年5月，"团结运动"召开代表大会正式宣布改组为政党。

"祖国运动"由莫斯科市前任市长卢日科夫（由于曾公开批评时任俄罗斯总统的梅德韦杰夫，表示俄罗斯需要在2012年大选中选出一个更强的领导，后被解除相关职务）亲自挂帅组建，1998年12月正式成立。该组织网罗了一大批曾在叶利钦总统班子和政府机构中担任要职的人物及现任地方行政长官。1999年8月，该组织与"全俄罗斯"运动联盟组成"祖国—全俄罗斯"竞选联盟，共同参加1999年12月议会大选。前总理普里马科夫的加入使该联盟的影响迅速扩大。叶利钦将其视为仅次于俄罗斯共产党的"第二号敌人"。由于执政的叶利钦政府全力打压，"祖国—全俄罗斯"在1999年的国家杜马选举中只获得13.33%的选票，在议会中共占66席。

"全俄罗斯"运动由俄鞑靼斯坦共和国总统沙米耶夫、圣彼得堡市前市长雅科夫列夫等于1999年4月倡议组建。该运动的基本成分是一些拥有实权的各地方行政长官。1999年8月与"祖国运动"结成竞选联盟。

2001年4月，团结党和"祖国运动"决定联合成统一政党，建立协调委员会，由卢日科夫负责联合事宜。同年7月11日，召开"团结和祖国"联盟协调委员会会议，会上通过了党章、确定了大会日期和联盟机构。12日，在联盟大楼的十月大厅成立了"团结和祖国"联盟，两主席分别为卢日科夫和绍伊古。10月13日，在莫斯科联盟大楼召开"祖国"社会政治运动第三次代表大会，会上将该运动改变为政党，以便进一步与绍伊古领导的团结党联合。27日，团结党在莫斯科召开第三次代表大会，其目的在于将团结党、"祖国运动"和"全俄罗斯运动"联合成统一的政党。当年12月1日，三大亲总统的中派组织成功地合并为"全俄罗斯统一和祖国党"，即统一俄罗斯党（简称为统俄党），会上通过了党纲。12月18日，统一俄罗斯党在俄罗斯司法部登记注册。

统一俄罗斯党党章规定，代表大会是该党的最高领导机构，党内设最高委员会，三组织的领导人绍伊古、卢日科夫和沙米耶夫当选为党的联席主席。2002年11月，统一俄罗斯党举行会议，重新组建最高委员会，增加俄罗斯前内务部部长格雷兹洛夫为最高委员会成员，并成为该最高委员会惟一主席。该党最高委员会的主要任务是促进全面执行党纲、决定党的发展战略、加强党在全俄罗斯的威信和影响。最高委员会成员由代表大会成员以公开、简单多数票选出，任期4年，该职务一般由俄罗斯有名的政治和社会活动家担任。尽管最高委员会领导人有义务为统一俄罗斯党的事业摇旗呐喊，但他们并不是统一俄罗斯党的党员。

统一俄罗斯党的成立是普京总统撮合的结果。2003年9月21日，统一俄罗斯党举行第三次代表大会，普京亲自到会祝贺并讲话，希望统一俄罗斯党"能够运用其在杜马选举过程中独一无二的资源，真正成为联合社会的工具"。

统一俄罗斯党属于中派政党，该党明确支持普京总统的方针，强调强大的总统政权是政治稳定的保障和法制建设的牢固基石，主张实施行政改革，提高公民对国家的信任度；深化经济和司法等领域改革，实现国民生产总值翻一番的宏伟目标；提高国防能力，形成社会保障的有效机制；组成职业化军队；完善执法机构的工作；支持旨在提升俄国际地位与作用的对外政策。

2008年4月15日，普京接受统一俄罗斯党邀请，在第二个总统任期结束后出任该党党主席。由于俄罗斯宪法规定，总统必须由无党派人士担任，因此，普京在参加2012年大选前退出了统一俄罗斯党，将党主席一职让给了前总统梅德韦杰夫。

2011年12月4日，俄罗斯举行第六届国家杜马选举。前总统梅德韦杰夫领导的统一俄罗斯党获得了49.54％的支持率，获得了国家杜马中的238个席位，形成了支持普京参加总统选举的多数，为普京顺利当选提供了重要保障。

统一俄罗斯党的领导人

统一俄罗斯党从建立到现在的历任领导人分别是：鲍里斯·维亚切斯拉沃维奇·格雷兹洛夫、弗拉基米尔·弗拉基米罗维奇·普京、德米特里·阿纳托利耶维奇·梅德韦杰夫。关于普京我们就不在这里作介绍了，现主要介绍另外两位领导人。

最高委员会主席 鲍里斯·维亚切斯拉沃维奇·格雷兹洛夫

鲍里斯·维亚切斯拉沃维奇·格雷兹洛夫1950年生于前苏联的符拉迪沃斯托克（海参崴），在列宁格勒（圣彼得堡）长大，以优异成绩毕业于列宁格勒物理数学中学，后在列宁格勒邦奇布鲁耶维奇电工技术学院学习。

格雷兹洛夫不愧是俄罗斯第一大政党的领导者，其犀利的眼神让人望而生畏。

1977年，格雷兹洛夫调到列宁格勒"电子仪器"联合生产企业工作。1985年，他开始从事工会工作。1996到1999年里，格雷兹洛夫一直从事的是教育工作。1999年秋，出任列宁格勒州行政长官候选人祖布科夫的竞选委员会主席，后任圣彼得堡"团结运动"地方组织竞选委员会主席。

1999年12月，格雷兹洛夫作为"团结运动"成员当选为国家杜马议员，2000年1月被推选为"团结运动"在杜马的议员团领袖。2001年3月格雷兹洛夫被总统普京委任为内务部长，任内以打击恐怖主义和贪污腐败为首要任务。"团结运动"等政党合并成亲普京的统一俄罗斯党后，格雷兹洛夫在2002年11月成为该党最高委员会主席。

2003年12月格雷兹洛夫当选国家杜马主席，连任两届，于2011年12月14日发表声明，辞去这一职务。在声明中，格雷兹洛夫表示："尽管俄罗斯法律对国家杜马主席的连任次数没有限制，但我认为超过连续两次担任这一职务是不对的，因此决定不再谋求国家杜马主席一职。我在担任杜马主席的8年时间里落实了很多既定设想，这就足够了。"

现任党主席　德米特里·阿纳托利耶维奇·梅德韦杰夫

德米特里·阿纳托利耶维奇·梅德韦杰夫，俄罗斯联邦前任总统。梅德韦杰夫1965年9月14日生于圣彼得堡一个典型的知识分子家庭，1987年在国立列宁格勒州立大学获得法律学位。此后到列宁格勒大学研究生院进修，1990年毕业，获得法学副博士学位①，成为圣彼得堡大学法学院高级讲师，后来从讲坛走向政坛。

大学期间，梅德韦杰夫结识了圣彼得堡前市长索布恰克。当时的索布恰克只是一名法学讲师。当他决定竞选市议员时，梅德韦杰夫是同事中惟一的支持者。梅德韦杰夫自愿为索布恰克的竞选班子工作，散发传单、争取选民。

索布恰克在1990年当选圣彼得堡市委员会主席时，顺理成章地任命梅德

---

① 学制三年的大学后教育，相当于我国博士学位。

韦杰夫为自己的顾问。初涉政坛之时，梅德韦杰夫仍继续在圣彼得堡大学讲课。

1991年，索布恰克当选圣彼得堡市长，梅德韦杰夫在市外联委员会负责法律事务，还兼管市长形象。在为索布恰克工作期间，梅德韦杰夫结识了他一生中的贵人——普京。

索布恰克在1996年竞选连任失败，梅德韦杰夫因此退出政治。他专心在圣彼得堡执教，不久就晋升为副教授。直到3年后的1999年，普京被前总统叶利钦任命为俄罗斯总理，梅德韦杰夫才复出政坛。一个月后，随着普京被宣布代行总统职务，梅德韦杰夫也升至总统办公厅副主任。

2000年俄罗斯总统选举时，梅德韦杰夫直接领导普京的竞选小组。普京当选总统后，在2000年6月任命梅德韦杰夫为总统办公厅主任。

普京对梅德韦杰夫深信不疑，曾委任他身兼数个国家部门和企业职位，如俄天然气工业公司董事委员会主席，代表国家监控俄最大的天然气企业。俄罗斯成立由普京亲自挂帅的国家重点项目委员会之后，梅德韦杰夫出任该委员会副主席。

2005年11月15日，普京提升梅德韦杰夫为俄罗斯第一副总理，分管社会问题和市场改革，2006年又让他主持与解决民生问题最为密切的医疗、教育、住房和农业四大国家项目工程。普京有一次接见媒体代表，梅德韦杰夫在旁边的角落里喝饮料，普京见状，亲切地直呼梅德韦杰夫的小名"季玛，离我再近些"。普京对梅德韦杰夫的高度信任由此可见一斑。

2007年12月10日，时任俄罗斯总统的普京公开表态，"完全赞同"统一俄罗斯党、公正俄罗斯党、俄罗斯农业党和公民力量党等四党派推举第一副总理德米特里·梅德韦杰夫为新一届总统的候选人。普京说："让梅德韦杰夫当总统候选人是最理想的选择。把国家交给这样的人，我毫无愧色，毫无顾虑。"这时，坐在主席台上的梅德韦杰夫腼腆地低头看着鞋尖。随后普京说出了卸任后的去向："我准备作为总理继续我们共同的事业，而且总统与总理的权限不重新分配。"

2008年5月7日，梅德韦杰夫成为俄罗斯独立后的第三位总统。就任总统后，他便任命普京为新一任俄罗斯政府总理。在位期间，他通过修改宪法的方式，将总统的任期从4年改为6年。

2011年12月4日，梅德韦杰夫接受普京推荐，成为统一俄罗斯党新任党主席，率领该党参加俄罗斯国家杜马选举。

普京控制议会的工具

2008年5月7日，刚被新总统梅德韦杰夫任命为俄罗斯政府总理的普京接受了俄罗斯最大政党统一俄罗斯党的邀请，担任该党党主席一职。此时的统一俄罗斯党在国家杜马占有450席中的315席，比例高于三分之二。西方媒体纷纷对此消息做出评价，称普京出任统一俄罗斯党党主席能够有效控制俄罗斯国家杜马，继续拥有弹劾总统，修改宪法的能力。

按照俄罗斯宪法规定，国家杜马拥有下列职权：

1. 以简单多数方式通过法律，获得联邦委员会（上院）通过，由总统签署生效；

2. 以三分之二多数方式通过修改宪法；

3. 以三分之二多数推翻联邦委员会对法案的否决；

4. 会同联邦委员会四分之三，以三分之二多数推翻总统对法案的否决；

5. 通过或否决总统对总理的提名；

6. 委任副审计长及一半审计官；

7. 以三分之二多数通过弹劾总统议案。

在叶利钦时代，总统与国家杜马的关系一直是激烈对抗的。在1995年底的国家杜马选举中，以俄罗斯共产党为首的左翼反对派政党获得胜利，在国家杜马中占据了绝大多数议席，事实上控制了国家杜马，使叶利钦签署的许多政令和法律议案无法通过。1998年叶利钦对基里延科的总理提名两次遭到国家杜马否决，国家杜马还屡次以弹劾总统相要挟。

1999年末普京执政前夕的议会选举使形势完全改观，尽管俄罗斯共产党仍为国家杜马中的第一大党，占据了225个议席中的67个议席，但是位居第二的坚决支持普京的"团结运动"紧随其后，获得64个议席，如果加上也是普京重要盟友的基里延科和涅姆佐夫领导的右翼力量联盟的支持，俄罗斯共产党就失去了左右议会局面的机会。有一个很明显的例子，叶利钦用了7年时间都没能使国家杜马通过第二阶段削减进攻性战略武器条约，而普京当选总统后只用了几天时间就顺利解决了，克里姆林宫和议会之间呈现出前所未有的合作关系。

2003年12月7日，俄罗斯国家杜马选举，共有23个政党及竞选团体的候选人参加角逐，新成立的统一俄罗斯党取得了37.1％的选票，稳坐杜马第一大党的席位，俄罗斯共产党仅获得了12.7％的选票，统一俄罗斯党与其他忠实于总统和政府的力量获得了超过三分之二的议席。俄罗斯《消息报》为此刊登一篇评论，题为《国家杜马的控股权掌握在总统手中》，认为今后的国家杜马将成为一个更加容易控制的"生产法律的工具"。总统和议会之间新型关系的形成使普京推行的任何方针政策都能顺利获得通过。

2008年总统大选后，失去了总统宝座的普京却成为统一俄罗斯党的党主席，继续拥有在国家杜马中超过三分之二的席位，进而能够以总理身份反制总统梅德韦杰夫，成为"梅普组合"的绝对核心，依然能够在俄罗斯政治舞台上发出拥有绝对权威的声音。

然而情况在2011年12月4日的第六届国家杜马选举中发生了变化，统一俄罗斯党仍然凭借49.29％的得票率取得了选举的胜利，维持了其国家杜马第一大党的地位，然而相比2007年的国家杜马选举，统一俄罗斯党的得票率下跌接近15％，丧失了在国家杜马中的绝对多数地位，虽然还是可以独立通过许多法案，但像过去一样随意修改宪法和弹劾总统的权力则不复存在，在一些重大议题上，统一俄罗斯党需要与其他政党分享权力。也就是说，虽然普京在2012年的总统大选中顺利胜出，但是在开口之前，需要开始考虑别人的意见了。否则，很有可能像前总统叶利钦那样，失去对国家杜马的完全控制。

第二章
CHAPTER2

沙皇秘密警察的继承者：
联邦安全局

在普京崛起的同时，俄罗斯联邦安全局也成功摆脱了克格勃没落时代的悲凉，逐步成长为普京权力体系中重要的一环，协助普京勾连着俄罗斯政治、经济生活的几乎全部重要领域。现在除了普京，没人敢对联邦安全局说不，曾经的意识形态早已远去，但沙皇秘密警察的思维和影响却留存了下来。

——克格勃将军　孔道罗夫

由克格勃演绎而来的联邦安全局

不少中国观众可能都看过被称为"俄版007"的反恐动作大片《生死倒计时》，著名俄罗斯影星马卡罗夫在影片中扮演的男主角就是一位与恐怖分子斗志斗勇的"联邦安全局"特工。这部由时任总统的普京亲自下令拍摄的间谍动作片使人们对前身为克格勃第二总局的俄罗斯联邦安全局（FSB）印象更为深刻。

苏联解体后，叶利钦登上俄罗斯的总统宝座。为巩固自己的权力，叶利钦将当时极为强大的克格勃拆分为数个相对独立的情报机构，其中便包括由克格勃第二总局演化而来的、负责国内情报工作的联邦安全局。叶利钦的这一举措让克格勃元气大伤，盛极一时的克格勃总部卢比扬卡大楼（这栋大楼后来成为联邦安全局的总部）一下子变得人去楼空，而原克格勃人员的地位更是一落千丈，成为人们避之不及的对象。

由于克格勃的改组和裁员，大批原克格勃官员投身商界，他们或利用特长创办私人保安公司，或为西方财团、公司和科研组织效力，公开搜集俄罗斯的政治、经济、军事情报。由于这些人原来长期在克格勃工作，大多掌握娴熟的侦察与反侦察技术，个个都是窃听等领域的专家，联邦安全局很难真正控制他们，对俄罗斯社会造成极大危害。

同时，克格勃在国外的情报网受到了极大打击，一些长期为俄罗斯服务的隐藏很深的情报人员纷纷落网。与此同时，俄罗斯情报部门的人才流失现象极为严重，甚至影响到这一部门职能的发挥。一些私立公司和企业肯出大价钱吸引俄情报系统的人员，使成千上万的克格勃干部另谋高就。同时，危险系数大、待遇水平低又无法吸引优秀人才补充干部队伍，俄罗斯情报部门面临着青黄不接的窘境。

然而，两次车臣战争和频发不断的恐怖事件，让接替叶利钦成为俄罗斯最高领导人的普京清醒地意识到国内的安全问题已面临着严峻威胁。为防止恐怖分子对国家重要的军民设施和公民进行袭击，俄联邦安全局时刻经受着严峻考验。普通平民被劫、自杀式炸弹爆炸，甚至是车臣首任总统卡德罗夫也未逃过被炸死的命运。最让人们震惊的，莫过于2004年9月1日至3日在别斯兰市发生的人质劫持事件，事件共造成331人遇难，这也让克格勃出身的普京脸面无光。鉴于国家安全问题出现的许多新问题和俄罗斯情报部门的形同虚设，时任俄罗斯总统的普京痛下决心，对联邦安全局进行了全面彻底的改组。

2004年11月，俄罗斯联邦安全局改组完成，普京将俄罗斯联邦边防局和联邦信息通信局的一部分职能划归联邦安全局管辖，至此，联邦安全局恢复了苏联克格勃时期的大部分功能。

改组后的俄罗斯联邦安全局，内部含有一个政府单位，可以专门进行国外的电子监控，而且，他们可以自行调整行动内容。例如联邦安全局可以透过总统直接下令，进行全世界的反恐怖军事行动，而且在必要的时候，与其他俄国情报单位合作，例如在车臣共和国内，联邦安全局就曾与俄罗斯内政部所属的内部小组和俄罗斯特种部队合作。联邦安全局必须为俄罗斯内部事务负责，例如反情报、与黑社会、恐怖分子或毒枭对抗。对此，有西方媒体认为："联邦安全局不过只是重新担起了克格勃的担子，对内镇压异教分子、保护俄罗斯全体人民安全和影响政治局势，而为了要达成这个目的，联邦安全局极有可能采取大众监控、透过大众传媒宣传或是假情报散播、蓄意挑衅、政客迫害、调查报道、除去反对者等极端手段。"

在普京的大力支持下，俄罗斯联邦安全局现已成为一个相当庞大的组织，论功能或影响力与美国联邦调查局、联邦保护局、密勤局、国土安全局、海岸防卫队相似。联邦安全局可以指挥国内军队、俄罗斯特种部队的分遣队或是大规模的市民情报网。联邦安全局的人事预算完全属于国家机密，据俄罗斯相关媒体报道，联邦安全局在2006年时的预算就占了俄罗斯所有情报部门的40%左右。

在普京的两个总统任期和一个总理任期之内，联邦安全局的情报工作人员巩固了自己的政治力量，并逐步把俄罗斯建成了一个新型的"企业式国家"。联邦安全局和它的兄弟单位控制了克里姆林宫、政府、媒体、大部分经济部门、军队和安全部队。

根据俄罗斯科学院社会学家库留西塔诺夫斯卡娅的研究，俄罗斯政府四分之一的高级官僚全都来自武装部队和包括联邦安全局在内的安全部门的高层。如果把跟安全部门有关系的人员也算上，这一比例将会达到四分之三。这些人组成的政治团体大多拥有源自契卡（沙皇秘密警察）的忠诚。当然，对于这一点普京是坚决否认的，他曾多次对外宣称："根本就没有什么所谓的前契卡分子。"但是明眼人都明白，这不过是普京的又一个政治烟雾弹。

克格勃曾是一个负责监视敌对分子、维持社会稳定和保护国家安全的重要部门，是苏联的"国中之国"。而如今，它的继任者——联邦安全局，已完全成为俄罗斯这个国家势力最大的情报机构。原克格勃将军孔道罗夫一针见血地评论："现在除了普京，没人敢对联邦安全局说不，曾经的意识形态早已远去，但沙皇秘密警察的思维和影响却留存了下来。"

联邦安全局的组织结构

俄罗斯联邦安全总局为部级单位。根据《俄罗斯联邦安全总局条例》的相关规定，联邦安全局机构形成了一个统一集中的体系，包括：俄罗斯联邦安全总局；按俄罗斯联邦地区和主体设俄罗斯联邦安全管理局（处）（地方安全机构）；在俄罗斯联邦武装力量、部队和其他军事组织中，以及在它们的管理机构中设俄罗斯联邦安全局管理局（处）。

俄罗斯联邦安全局的中央机关由俄罗斯联邦安全总局的领导班子和直属机构组成。最高决策层是由一名局长、两名第一副局长（其中一名兼任边防局局长）、两名副局长等5人组成的局务委员会。

俄罗斯联邦总统依法领导联邦安全局的工作，批准联邦安全局条例、联邦安全局机构组成，任命联邦安全局局长。联邦安全局局长的职务具有与军队将军相应的军衔。政府依照法律及总统的命令和指示，协调联邦安全局与联邦国家权力机关的工作。联邦安全局的活动必须遵循遵守法律、尊重公民的权力和自由、保守秘密、公开与秘密活动方式相结合等基本原则。局务委员会对有关联邦安全局机关活动的重要问题进行讨论并作出决定，局务委员会的决议由多数成员表决通过。当局长和局务委员会发生分歧时，局长在执行决议的同时，将分歧报告给总统。局务委员会成员同样可将自己的意见向总统报告。目前，联邦安全局拥有司、独立局及其他分支机构，包括地方、军队的安全机关，专业培训中心，特殊机关，企业和组织。联邦安全局是法人，拥有真名、化名、印章、刊物，在银行和其他信用机构中有账户（含外汇账户）。联邦安全局的内设机构有十几个司局级单位，主要是反间谍局，反恐怖局，经济安全局，分析、预测和战略规划局，军事反间谍局，宪法保卫局，侦察局，本部安全局，行动保障局，总务局，条约法律局，组织人事局，军事动员局。联邦安全局工作人员既有军人（现役编制4000人），又有文职人员。

根据一些西方媒体的报道，俄罗斯联邦安全局的总编制为30万人，其组织规模和地位都直逼昔日克格勃，特别是其下辖的"阿尔法"和"信号旗"特种部队在一些反恐作战中屡建奇功，更使联邦安全局声名鹊起。

2005年1月16日清晨，多名被俄罗斯警员追捕的恐怖分子占领了达吉斯坦首府马哈奇卡拉市内的一栋房屋。他们让房主离开前声称自己是"伊斯兰的斗士"，劫持了一名7岁女孩，进行顽强抵抗，并首先开火打死了俄罗斯军方的两名特种兵。

傍晚，联邦安全局最精锐的特种部队"阿尔法"投入战斗，在装甲车的配合下，"阿尔法"特种部队焚烧了这座房屋，但藏身其中的武装分子一直到当天晚间才停止开火。经过数小时的激烈对射，"阿尔法"特种部队摧毁了民宅，而恐怖武装转入地下室继续抵抗，随着夜幕的降临，清剿行动变得极为困难。此时，"阿尔法"特种部队获得了总统普京的授权，对恐怖分子窝藏的地下室发射了燃烧穿甲弹和破甲强力弹，将部分恐怖组织成员直接击毙，被击毙的恐怖分子中包括被俄罗斯反恐机构列为甲类恐怖组织首脑之一的阿卡耶夫。

在普京的鼎力支持下，俄罗斯联邦安全总局收编了俄罗斯联邦边防总局，原联邦边防总局的六个边防军区（西北边防区、高加索特区边防区、后贝加尔边防区、远东边防区、太平洋边防区、东北边防区）、三个边防军集群（驻地分别为沃罗涅日市、加里宁格勒市、塔吉克斯坦）、北极独立边防支队、"莫斯科"边防监督独立支队和数个战役集群等全部改由联邦安全局管辖。这样，联邦安全局在履行保卫俄罗斯国家边界职责的同时，其打击间谍活动、跨国犯罪、非法移民、毒品和军火走私等方面的能力也获得了极大提升。

打击持不同政见者

普京掌控下的联邦安全局，其主要职能之一就是打击持不同政见者，维护政府和社会的稳定。1999年，时任俄罗斯代总统的普京如此告诫昔日的同僚："几年前，我们错误地认为自己并没有什么敌人，为此我们付出了惨重的代价。"大多数联邦安全局的官员们都赞同前局长普京的观点："最大的危险来自西方国家，它们通过俄罗斯国内的持不同政见者，削弱俄罗斯的实力，制造骚乱。"

在刚刚掌握俄罗斯最高权力的普京看来，他的首要任务是恢复国家管理，巩固政治地位，削弱其他势力——其中包括反对党和持不同政见者的影响力，而他的联邦安全局兄弟们则帮他完成了这个任务。

俄罗斯政坛曾经最活跃的两大寡头——曾经帮助普京掌权的别列佐夫斯基以及古辛斯基，后来都因不同政见被普京驱逐出了俄罗斯，他们的电视台也被收归国有。俄罗斯最富有的寡头霍多尔科夫斯基则相对顽固，尽管当局再三警告，但他仍坚持支持反对派和非政府组织，并拒绝离开俄罗斯。2003年，联邦安全局将他逮捕，经过审判后他被判入狱服刑。

为应对持有不同政见的地方官员，普京任命了大量拥有监督及财政权力的特使，他们中大多数人都是联邦安全局的特工，于是那些不守规矩的地方官员从此失去了灰色收入和在国家杜马中的席位。

站在普京的角度上来看，在俄罗斯国内，但凡讨好西方国家、与现有政府持有不同政见的人，都可以被认为是国家的敌人。要知道，面对敌人普京可从未手软过，而俄罗斯联邦安全局也从来不曾有向敌人妥协的历史。这些敌人包括秉持自由思想的记者、接受西方国家赞助的非政府组织和现在仍持有西方价值观的几个自由派政治家。

联合公民阵线组织是俄罗斯的反对派之一，由国际象棋界传奇人物加里·卡斯帕罗夫领导。卡斯帕罗夫曾经是世界上最年轻的国际象棋冠军，曾经因为与大型电子计算机"深蓝"对弈而名噪一时。20世纪90年代，卡斯帕罗夫开始转向政治领域，支持一些小党派和政治运动。21世纪最初的几年中，卡斯帕罗夫尝试建立一个不受普京的克里姆林宫控制的反对党。他的党派"另一个俄罗斯"，采取了草根组织方式；2006年到2009年，俄罗斯各大城市举行一系列游行，但多数都被执法机构镇压。克里姆林宫恐惧异常，担心这些示威游行会促成被称为"颜色革命"的和平抗议运动。这样的革命在2000年到2005年间，已经成功推翻了许多集权统治，如塞尔维亚、格鲁吉亚、乌克兰和吉尔吉斯斯坦。克里姆林宫坚信，这些抗议运动有西方机构的推手。卡斯帕罗夫只有几千名追随者，但他却成功地以一位对克里姆林宫毫不讳言的批评者角色出现在西方媒体上：他不断接受采访，在《华尔街日报》《金融时报》《纽约时报》上发表专栏文章。对联邦安全局来说，这些评论就是卡斯帕罗夫最大的罪行。在普京政府眼中，卡斯帕罗夫就是西方国家的代理人，他迟早有一天会被敌对的外国势力用来推翻莫斯科的政权。

在普京为持不同政见的卡斯帕罗夫和他的"另一个俄罗斯"党犯愁的时候，俄罗斯联邦安全局开始发挥它的作用，在卡斯帕罗夫的政治团体中安插了特工，搜集关于卡斯帕罗夫的一切情报。在证据确凿之后，联邦安全局于2007年4月15日逮捕了正参加反普京总统的示威游行的卡斯帕罗夫，并以违反公共秩序的罪名对他罚款1000卢布。在律师帮助下，卡斯帕罗夫不久后获释，然而在同年11月份，他再次因为参与反政府、反对普京的示威游行而被联邦安全局逮捕。

对此，卡斯帕罗夫政党中的一名负责人丹尼斯·比卢诺夫表示："我从来不曾怀疑，在我们的组织和其他反对派的组织当中有一些人将关于我们活动的机密情报提供给情报机构，而这些无疑是联邦安全局的特工们所为。"

虽然法律或宪法并没有正式规定联邦安全局有这样的权力，但他们认为自己执行的是重建国家权力、防止国家分裂、挫败敌对势力的特殊任务。对此，普京曾经做出过这样的评价："这种理想化的情绪中包含着一种愤世嫉俗的、带有机会主义色彩的、把握个人和国家命运的热忱。"虽然联邦安全局的行为方式并不合法，他们的民族主义带有对人权的蔑视，但是他们忠诚于老上司普京，忠诚于祖国俄罗斯，也同样忠诚于他们曾经的誓言。

应对极端主义

2004年9月1日，一伙武装分子制造了别斯兰事件，导致326名人质死亡，这也成为俄罗斯历史上最为严重的极端主义袭击事件。

2010年3月29日，在拥挤的莫斯科地铁上，两名女子几乎同时引爆了身上的炸弹，酿成40人丧生的悲剧；

2011年1月24日，俄罗斯首都莫斯科的多莫杰多沃机场发生了一起极端主义袭击事件，极端分子在机场国际航班抵达大厅的行李领取区内引爆了威力相当于5到10公斤TNT当量的炸弹，爆炸声在机场外清晰可闻。爆炸最终导致36人死亡，180人受伤。

俄罗斯长期受极端主义、民族主义问题困扰，严重阻碍了社会发展。2011年7月29日，俄罗斯总统梅德韦杰夫签署命令，成立打击极端主义跨部门委员会，主要实施打击极端主义的九大任务。毋庸置疑，应对极端主义的重任又落到了俄罗斯联邦安全局的身上。

根据俄罗斯法律，任何煽动种族、社会和其他形式的仇恨行为，都被看做极端主义的表现形式。2006年到2007年，还是在普京治下，"极端主义"已经被扩大到媒体对政府官员的批评——这一变化相应地又导致媒体按照政府的要求，将任何被政府视为极端主义者的组织贴上极端主义的标签。

俄罗斯国内的极端主义以"光头党"为代表，他们以种族作为区分标准，对于所有非俄罗斯族的民族一律采取仇视和敌对的态度，采用暴力和极端的手段侵害其合法生存与发展的权力，在国际社会中造成了相当恶劣的影响。

……

　　极端主义分子的暴行不仅危害了俄罗斯人的生命财产安全，也在整个社会范围内制造了一种恐怖和不安定的氛围。因此，普京政府和联邦安全局一直十分重视对极端主义的防范和打击。前内务部长努尔加利耶夫曾经表态："反极端主义部门的职能首先是行动和招募，旨在发现和打击犯罪，同时也负责预防和监控在极端主义活动领域内将要发生的一切。"

　　在努尔加利耶夫讲话后没多久，联邦安全局就在普京的授意下，列出了一份极端主义分子名单，被列在名单之首的是"披着伊斯兰外衣的宗教极端主义"。第二位是异教徒，第三位便是"民族极端主义"。这个名单还包括"非正式青年组织的参与者"，还有一些极端的反对党和政治势力。同时，联邦安全局还向普京政府提交了如何对付目标团体的具体建议，其手段包括监控和刑事诉讼。这些工作中的一个最重要的领域是"分化和瓦解具有极端主义倾向的组织"。

　　早在2005年，普京就曾下令，让联邦安全局创建一个"超级"数据库，试图将联邦和地方所有警方数据输入一个系统，而且所有地方分支机构都可以联网使用。这个系统于2011年建成，成功地将全国各地成百上千个安全情报机构连接起来。据一些参与该网络建设的人士透露，被授权进入该数据库的人并不多，而所有的被授权者都可以从数据库中获取目标人物的详尽信息，包括声音、图像、图片、指纹、身体状况和文本等，而关于他们个人生活中的细节自然都是来自于无孔不入的联邦安全局情报人员。

　　2011年9月21日，前任联邦安全局局长、俄罗斯联邦安全秘书帕特鲁舍夫在叶卡捷琳堡召开的讨论安全问题的全球高级代表会议上，提出必须建立极端主义组织及其积极分子的信息库以及组织对极端主义威胁的全球监控。联系到他此前的背景，不难看出俄罗斯联邦安全局正在不遗余力地应对新形势下极端主义对国家安全的威胁。

第三章
CHAPTER3

能源大国的资源：
普京手中的超级润滑剂

大国能源战略暗潮激荡，全球政治风云波澜迭起，谁能在能源博弈中取胜，谁就能在未来格局中占据主动。关于这一点，显然普京做得很好。

石油价格升了，普京笑了

　　俄罗斯为世界重要的石油资源国，石油产量居世界第二位，石油储量居世界第八位。然而，在普京执政之前，其领导人并没有很好地利用这种优势。苏联时，其外债从1981年的150亿卢布增加到1991年的322亿卢布，仅1991年连本带息就需要支付约100亿卢布，中央财政离破产、中止支付外债仅有数周时间。苏联政府在万分无奈的情况下，未经储户同意就强行提取了机关团体和公民个人在银行的60亿美元存款，其中甚至包括了戈尔巴乔夫本人在国外出版著作所得的版税。叶利钦上台以后，由于改革的失败，俄罗斯的情况更为糟糕。到2000年普京上台的时候，可以说俄罗斯已经处在崩溃的边缘了。

　　当普京这位之前主要在民主德国活动的克格勃官员踏入克里姆林宫的时候，他的复兴计划其实早就胸有成竹。在俄罗斯广袤的土地上，蕴藏着多得难以想象的石油和天然气资源，而这些地下宝藏就是普京手中的秘密武器。

　　现在的俄罗斯是世界上最大的天然气出口国，同时也是仅次于沙特的第二大石油出口国。此外，俄罗斯还拥有着比现有的欧洲、美洲和亚洲的石油供应更多的油气储备。普京在前两个总统任期内，正是靠着油气贸易，特别是在油价高涨的时候，俄罗斯经济以年平均6.9%的速度增长，远远超过世界平均4.7%的增长速度，一扫之前十年的颓势。"世界十大经济体"、"金砖四国"等头衔接踵而来。

　　丰富的油气资源不仅帮助俄罗斯迅速走向经济复兴，更是在普京领导下的俄罗斯在国际政治舞台上重新确立自己强国地位的利剑。一个大多数欧洲国家都不敢公开表述的事实是，俄罗斯已经成为欧洲最大的能源供应商，在北欧天然气输气管道（从俄罗斯沿波罗的海海底，通过德国和荷兰，然后沿着北海海底抵达英国）于2010年建成运行后，欧洲绝大部分的天然气和近三分之一的石油供应都来自于俄罗斯。其中奥地利、斯洛伐克和波罗的海各国更是几乎完全依赖俄罗斯的天然气。

随着俄罗斯油气管道不断在欧洲延伸，俄罗斯电视台曾经做过这样的评论："俄罗斯不仅本质上在保证欧洲的能源安全，也在保证欧洲的经济发展。"

除了布局欧洲，普京也将油气管道从俄罗斯一直向东延伸到远东的太平洋，并从那里再建设供应中国、日本、韩国等东亚国家的石油管道分支。为了这条管道的终点选址，中国和日本曾经展开过激烈的外交竞争。

同时，普京还将目光投向了北美市场，俄罗斯最大的天然气公司俄罗斯天然气工业股份开始了进军美国的计划，并在2010年实现了占领美国液化天然气10％市场份额的前期目标。

从一个公认的弱国走向公认的强国，俄罗斯只用了短短8年多的时间，而这恰恰是普京担任总统的8年。2008年普京卸任时，给后任梅德韦杰夫留下了一个不可超越的传奇：8年间，俄罗斯国内生产总值增长了68％，工业生产增长了73％，投资增加了123％，全社会都实现了财富的迅速增长。然而，俄罗斯的经济学家们对普京的评价却并不高："在经济上，普京除了卖油气资源，几乎什么也没做。"

受全球金融风暴影响，2009年俄罗斯国内生产总值下跌了8.7％，大量资金外流，以汽车生产为代表的制造业下跌超过40％。由于利比亚战争、伊朗核危机等政治事件，中东产油大国开始缩减石油产量，国际油价在2011年突破100美元大关，这也帮助俄罗斯经济在2011年取得了较好的发展，年均增长率超过了4％，正式登记的失业人数缩减至40万，实际工资增长达3.4％，实际国民收入增加0.5％。

如果说，统一俄罗斯党是普京在政坛上长袖善舞的政治保证，那么石油、天然气等能源无疑是普京在大选后再次创造俄罗斯经济奇迹的物质保证。或许可以这么说，石油价格上涨，普京将在克里姆林宫里过得舒心惬意；石油价格下跌，普京那本已不太牢靠的支持率还有进一步下降的可能。

俄罗斯与乌克兰的天然气争端

普京善于用"能源牌"来制约独联体各国。从2005年末开始，俄罗斯逐步调整对数个独联体国家供应能源的价格，以此来确立自身在独联体中的核心地位。而在这场"独联体保卫战"中，普京亲手打造的天然气"航母"，是他用来牵制独联体各国的"王牌"，其中最为典型的代表便是持续多年的俄乌天然气之争。

乌克兰的天然气储量匮乏，而每年的消费量却相当大，年均大约为800亿立方米，其中约四分之三需要从俄罗斯进口，因此对俄罗斯有极大的能源依赖。另外，欧盟大多数国家都需要从俄罗斯进口天然气，其中的80%需要经过乌克兰的管道输送。在普京2000年正式成为俄罗斯总统之后，延续之前叶利钦政府的政策，以远远低于国际市场行情的价格向当时的盟友乌克兰提供天然气。2004年乌克兰"橙色革命"后，乌克兰转变政治取向，开始偏向西方，俄乌关系随之恶化，于是普京政府开始要求乌克兰以市场价格从俄罗斯购买天然气。

2005年12月，俄罗斯与乌克兰就俄向乌提供的天然气涨价问题出现较大争议。在双方谈判陷入僵局后，普京政府于2006年1月1日单方面降低了通向乌克兰天然气管道的送气压力，因此影响了一些欧洲国家的天然气供应。后经谈判，俄乌两国暂时达成妥协。但此后俄乌双方在天然气价格和债务偿还问题上依然争执不断。

2008年3月3日和4日，俄罗斯与乌克兰就乌偿还天然气债务问题的谈判再次陷入僵局。在普京的授意下，俄罗斯天然气工业股份公司先后两次减少对乌克兰的供气量，削减总幅高达50%。经过多轮谈判，乌俄就解决债务等问题达成一致，并签署了2008年的供气合同。

2008年12月，俄乌两国关于天然气价格和天然气债务问题的争端再起。12月31日，俄罗斯天然气工业股份公司与乌克兰石油天然气公司就2009年天然气供应问题进行谈判。乌克兰坚持2009年俄出售给乌的天然气价格应该是每千立方米201美元，过境费率则不应低于每千立方米每百公里2美元；俄方则要求把天然气价格从2008年的每千立方米179.5美元提高到250美元，过境费率则维持不变，仍为每千立方米每百公里1.7美元。由于双方各持己见，谈判无果而终。

2009年1月1日，时任俄罗斯政府总理的普京下令彻底中断对乌克兰的天然气供应。此后俄方又以乌方无法足量保障天然气输往欧洲为由，中断了经乌向欧洲的供气。此事引起了欧盟的极大不满，召集俄罗斯和乌克兰的相关代表进行紧急斡旋，乌俄欧三方最终在1月12日签署恢复供气协议，俄罗斯同意于13日上午恢复向欧洲输送天然气。1月18日，普京对媒体说："俄罗斯与乌克兰双方已就2009年天然气供应价格和过境输气费率问题达成一致意见。"乌方则表示恢复对欧洲用户过境输气。1月19日，俄乌签署2009年至2019年天然气购销合同，为俄罗斯恢复过境乌克兰对欧洲输送天然气创造了条件。20日，俄罗斯宣布恢复向乌克兰境内输送天然气。

2009年3月23日，乌克兰、欧盟委员会以及世界银行、欧洲投资银行和欧洲复兴开发银行，在布鲁塞尔签署了关于乌输气系统现代化改造问题的联合宣言，希望不要再发生像2008年冬天那样的天然气危机。11月19日，乌克兰前总理季莫申科（这位美女总理，后来正是因为越权签署俄乌天然气合同而入狱）和俄罗斯总理普京举行会谈，双方同意修改2009年初签署的天然气协议中的一些条款。11月25日，俄罗斯天然气工业股份公司发言人谢尔盖·库普里亚诺夫召集记者招待会，宣布："2010年，俄罗斯将按欧洲价格对乌克兰出口天然气，全年平均价格预计约为每千立方米280美元。"12月29日，俄罗斯和乌克兰石油企业在莫斯科就俄罗斯石油过境乌克兰输往东欧国家事宜达成协议，从而减缓了人们对2010年俄罗斯经过乌克兰向欧洲国家输送石油受阻的担忧。

2010年4月21日，乌克兰总统亚努科维奇和俄罗斯总统梅德韦杰夫在乌东部城市哈尔科夫举行会谈，双方在天然气价格和黑海舰队驻扎等一系列问题上达成重要协议。俄方免除了对乌天然气出口关税，并以此换得了黑海舰队驻留塞瓦斯托波尔港期限的延长，但这次会谈没有涉及合同中的天然气价格。

2011年，国际天然气价格连续上涨（从一季度的每千立方米264美元上涨到四季度的约400美元），乌克兰要求俄罗斯降低合同价格，最高不能超过250美元。普京乘机提出，由俄罗斯天然气工业公司兼并乌克兰国家油气公司。这种赤裸裸的"经济侵略"，自然遭到了乌方的拒绝。谈判日益紧张，双方都在盘点自己的筹码，以准备下一轮博弈。

天然气能源是普京手中赖以制敌的重量级武器，如果不能为俄罗斯换来相应的政治经济利益，想必普京不会轻易让步。事态的进一步发展，则要看再次当选总统的普京是否能够承受住欧盟和国际舆论的压力，按普京自己的话说，这是关系到"俄罗斯国家利益和民族复兴的大问题"。

俄罗斯与中国的能源贸易

一直以来，中俄战略协作伙伴关系中最为重要的领域就是能源，这也是普京与中国政府外交往来的重点之一。在能源合作，特别是油气合作方面，中俄围绕着输油气管道的铺设问题进行着马拉松式的博弈。

中国是世界第二大石油进口国，一直努力从非洲等地争取石油供应，以维持工业发展的需要，而俄罗斯是位居沙特阿拉伯之后的世界第二大石油输出国，正试图将石油出口多元化，不再仅仅局限于供应西方国家。中俄双方各取所需，一拍即合。

早在1994年的叶利钦执政时期，俄罗斯石油企业就向中方提出修建从西伯利亚到中国东北地区石油管道的建议，并于1996年建议落实《中俄共同开展能源领域合作的政府间协定》，同时敲定了中俄石油合作的第一个管道项目，即西起俄罗斯伊尔库茨克州的安加尔斯克油田，向南进入布里亚特共和国，绕贝加尔湖后一路向东，经过赤塔州进入中国，直达大庆的中俄"安大线"方案。

然而，"安大线"的后期落实却因为半路杀出的日本出现了曲折。2002年底，日本政府提出修建一条从东西伯利亚经过远东地区到太平洋港口的石油管道，即"安纳线"（安加尔斯克至纳霍德卡输油管线），以"解渴"日本同样旺盛的原油需求，并通过太平洋港口向北美等国输出，安大线就此出现危机。时任俄罗斯总统的普京召开记者发布会，对外宣称，由于安大线离贝加尔湖太近，对环保和安全不利，从而倾向日本提出的"安纳线"。

这样一来中国政府自然不干，经过多方协调，普京政府最终出台了一个折衷的方案：将"安大线"和"安纳线"两条线合并为一条线，也就是"泰纳线"（西起泰舍特，东至太平洋沿岸的纳霍德卡），全线都在俄国境内，在安加尔斯克至纳霍德卡干线上建设一条到中国大庆的支线，至此，中俄石油合作的管道问题才算解决。"泰纳线"中国境内支线也于2011年1月正式开通，而这距离中俄当初确定石油管道合作意向，已过去了近18年。对于普京来说，中俄在能源合作领域突破性的进展，肯定有助于夯实俄罗斯和中国的经济合作基础，进一步巩固两国之间的政治关系，从而将中国和俄罗斯牢牢地捆绑起来，在国际舞台上发出共同的声音。

天然气也是中俄能源合作的重要领域之一。2004年，普京曾和中国政府签署了天然气合作的最初协议，然而，中俄天然气合作仍未就此踏上坦途，价格成为其中的最大障碍。普京一直希望根据其向欧洲销售石油/柴油价格的公式确定对中国天然气出口的市场价格，但中方显然无法接受。围绕价格问题，中俄之间进行了多次谈判，但大多陷入了僵局，至今没有妥善解决。

为了向中国方面施压，普京政府在2011年9月中旬，分别和韩国天然气公司及朝鲜石油工业部代表举行了讨论落实铺设从俄通向韩国输气管道建设项目的会晤并签署了一份工作路线图。这份方案的提出，很明显地表露出普京政府希望中国方面能够接受从俄购买能源面临的更苛刻条件和更高价格。当然，这只是普京单方面的想法。

除了石油和天然气，中俄之间的煤炭合作也是两国能源贸易的重要组成部分。2010年8月底，普京政府与中国方面签署了中俄双方开展煤炭合作备忘录。双方公司就萨哈林煤田、埃列格斯特煤田及其配套交通设施等具体合作项目进行协商。为此，中国向俄提供60亿美元贷款，用于煤矿开发及保障煤炭出口的相关基础设施建设。按双方约定，贷款将具体用于俄境内煤炭产地的勘探开采，修建公路、铁路、桥梁、港口及其他基础设施，以及从中国向俄引进采煤设备，包括煤炭加工和提炼设备、矿渣回收处理设备等。与此同时，俄应保证对中国长期稳定的煤炭供应，未来5年，俄每年向中国供煤1500万吨，此后，每年供应将提高至2000万吨。

无疑，能源合作对中国和俄罗斯两国本来是一件"互利共赢"的事情，然而事情上升到政治层面就有了利益纠葛。在普京眼中，能源是一件十分重要的武器，用能源为俄罗斯换来最大的政治经济利益是普京能源外交的重点。对于强硬的普京来说，没有达到目的，绝不会在能源合作问题上向中国政府轻易妥协。

然而，由于加入了WTO，俄罗斯的能源定价需要逐渐与国际市场挂钩，这就让普京很大程度上失去了用能源定价挟制他国的可能性。未来俄罗斯的能源外交之路会朝哪个方向发展，让我们拭目以待。

第四章
CHAPTER4

西罗维基：
普京背后的精英集团

随着有16年克格勃经历的普京成为俄罗斯政坛第一人，许多原克格勃人员被提拔重用，形成了一股新的政治势力，并随之出现了一个全新的名词——"西罗维基"。有西方媒体如此感叹：克格勃又杀回来了！

西罗维基：来自克格勃的新"大家族"

在叶利钦时代，左右俄罗斯政坛的是"大家庭"——一个以叶利钦为名义领袖的政治集团。其成员不是寡头，就是亲寡头的高层人员。在"大家庭"的权力巅峰时期，成员中的7到10人就足以左右叶利钦政府，他们可以随意撤换总理，推行任何一项他们想要的政策。

2000年，俄罗斯政坛发生了天翻地覆的变化。原有的"大家庭"势力，在普京发起"寡头战争"后，逐渐退出了俄罗斯政治舞台，取而代之的是一个几乎从不为外人所知的神秘权力集团：西罗维基，这也是普京清除"大家庭"势力的主力军。

西罗维基，俄语意为强力集团，这是一个忠于普京的政治集团，组成核心是原克格勃成员。俄罗斯女社会学家奥尔加·库留西塔诺夫斯卡娅曾采访过数以百计的"西罗维基"成员，并出版了《普京先生的精兵强将》一书。她在书中说："作为苏联最有权势的强力部门，克格勃是苏联解体的最大失意者：1991年至1993年间，克格勃近半成员、约30万人被迫下岗，其中约2万人受雇于寡头；更多的克格勃则陷入贫穷，丧失尊严。但同僚总统——普京的上台让原克格勃们找到了自信，他们团结起来，全力支持普京，同时重建昔日的权势。"

相关数据表明，从1988年戈尔巴乔夫时代到2012年普京再次当选总统，"西罗维基"在俄罗斯政坛的权势增长了12倍，其人员在俄政坛最高层的比例从1988年的4.8%上升到了2011年底的58.3%。这种惊人的增长主要发生在普京执政期内，而且主要依靠普京的扶持。

俄罗斯现政府中四分之一的"精英"都是"西罗维基"，有超过2000个最具影响力的政府和行业机构被"西罗维基"成员牢牢掌控着。在联邦安全委员会中，绝大多数成员都是"西罗维基"；前总统梅德韦杰夫所任命的总统特使中，有4个属于"西罗维基"集团；普京内阁12个部长中，也有三分之一属于"西罗维基"。

实际上，早在俄罗斯和西方媒体将他们称为"西罗维基"之前，这个野心勃勃的团体就已开始悄悄建立起一个由上至下、等级分明，遍及整个俄罗斯的权力金字塔。

位于"西罗维基"权力金字塔顶端的是三大"领袖"：总统办公厅原副主任、现任政府副总理的伊戈尔·谢钦，联邦安全局原局长、现任联邦安全会议秘书的尼古拉·波拉丹诺维奇·帕特鲁舍夫以及原国防部长、现任总统办公厅主任的谢尔盖·伊万诺夫。在他们的斡旋下，诸多以前的同事或新的"归顺者"占据了多数俄罗斯联邦政府部门的关键职位，从而形成了这个权力金字塔的中间阶层。比如，曾是叶利钦"大家族"成员的俄罗斯前总检察长弗拉季米尔·乌斯基诺夫，也投诚了"西罗维基"。

在权力金字塔的底部，"西罗维基"通过总统特使、州长或地区执法部门首脑的职务便利，实现了对地方事务的直接或间接控制。与飞扬跋扈、不可一世的俄罗斯寡头相比，西罗维基明显低调得多，这是昔日的克格勃操守留给他们的终身印记。比方说，"西罗维基"的主要领袖之一、现任俄罗斯副总理的伊戈尔·谢钦，竟然连照片都难得一见。

从清除叶利钦"大家族"的势力到整治俄罗斯金融寡头，"西罗维基"都是普京决策的忠实执行者。如今，这些昔日的"克格勃"们一步步地恢复了他们以前的地位与权势，成为普京时代的"大家庭"，一个新的既得利益团体。

与叶利钦的"大家庭"不同的是，尽管"西罗维基"势力强大，但他们绝不会从普京那里争权，库留西塔诺夫斯卡娅在《普京先生的精兵强将》中说道："'西罗维基'的影响力不只在于其数量，更在于其精神。'西罗维基'成员性质单一、非常团结……他们自认为代表着国家利益，对普京高度忠诚，绝少有人贪污。他们往往是权力的工具，而不是权力的争夺者。"让我们来看看俄罗斯媒体曾经刊登的一则相当有趣的故事："1991年8月，100多名民主人士突然冲进了卢比扬科广场克格勃总部院内，七手八脚地将克格勃创始人的雕像放倒了。总部里有2000名克格勃特工，他们都有武器，都有保护雕像的权力，但他们只是眼睁睁地看着雕像被推倒，没有一个走出办公室。为什么？就因为没有人命令他们干什么！"

当然，万事都没有绝对，曾有俄罗斯媒体评论说："克里姆林宫的党派斗争，为普京提供了权力空间。当普京对'大家庭'和'西罗维基'一视同仁时，他是这两个集团的领袖，但一旦有一个集团被摧毁后，他就会逐渐沦为另外一个集团的傀儡。"这或许有些危言耸听，至少现在看来，"西罗维基"仍然忠于普京，并在他的绝对控制之下。

一些俄罗斯学者也相信，普京有能力在他认为合适的时候遏制"西罗维基"，因为普京并不想当一个傀儡，而只是把他们当做自己的工具。可以肯定的是，普京也注意到了"西罗维基"的权势，并已采取了平衡措施。俄罗斯政治分析家帕洛夫基斯一语中的地说："普京是一个下棋高手，他能同时下几盘棋，统观全局，平衡力量。"

"西罗维基"的实际领袖

俄罗斯政府副总理　伊戈尔·伊万诺维奇·谢钦

俄罗斯政府副总理、"俄罗斯石油"公司经理委员会主席伊戈尔·伊万诺维奇·谢钦被媒体普遍认为是普京的"左膀右臂"，是俄罗斯政坛上仅次于普京和梅德韦杰夫的"第三号人物"，甚至有媒体将其与法国历史上的红衣主教黎塞留相提并论。尽管谢钦此前一直保持"低调"，但英国《金融时报》却发文指出："这位习惯在幕后活动的原克格勃特工正逐渐走向前台。"

谢钦的履历表上，存在很多模糊不清的地方，这与他曾经的克格勃生涯有关，他也因此被认为是俄罗斯最有影响力的权力集团"西罗维基"的实际领袖之一。

1960年9月7日，谢钦出生在列宁格勒，毕业于列宁格勒国立大学，这也是普京的母校；1988年至1991年，谢钦在列宁格勒苏维埃执行委员会工作。1991年至1996年，他供职于圣彼得堡市政府。1996年至1998年，谢钦供职于俄罗斯联邦总统事务局、俄罗斯联邦总统主要控制管理局。1999年8月，谢钦被任命为俄罗斯联邦政府总理秘书处负责人，一年后，他被任命为俄罗斯总统办公厅副主任。2004年3月，谢钦出任俄罗斯联邦总统办公厅副主任兼总统助理。2008年5月12日，谢钦出任俄罗斯联邦政府副总理。

谢钦极其忠于普京，他曾经对媒体表示："对任何敢不尊敬普京的人，我都毫不客气。"

总统办公厅主任　谢尔盖·鲍里索维奇·伊万诺夫

伊万诺夫是普京的老相识，和普京建立起深厚的友谊，被称为普京最亲密的战友、"普京的影子"。由于其作风强悍，媒体给他起了一个外号："北方的鲨鱼"。普京曾经说过，他对伊万诺夫有着"无限的信任"，两人之间是一种"互助"的关系。

1953年1月31日，伊万诺夫出生在圣彼得堡市一个普通职员家庭。很小的时候，他的父母就分居了。当他上大学时，他的父亲去世，母亲没有再嫁，一心一意将伊万诺夫培养成人。

大学毕业后一年，学业优秀、沉着精明的伊万诺夫被苏联情报部门克格勃看中，送往明斯克的克格勃高级训练班接受培训，后又上了克格勃第一总局的101学校。

毕业后，伊万诺夫被分配到了对外情报局，在那里工作了18年，先后被派往芬兰、英国以及非洲一些国家。

伊万诺夫与普京真正意义上的密切合作，始于1998年7月普京被叶利钦任命为联邦安全局长之后，当时伊万诺夫在对外情报局担任欧洲司副司长。普京上任一个月后，即把同乡加同事的伊万诺夫调到联邦安全局任副局长，并兼任负责向总统提供战略情报的"分析、预测和战略计划局"局长。从此，伊万诺夫成了普京的得力助手。

1999年8月，普京出任俄罗斯政府总理。11月，在普京的力荐下，伊万诺夫升任联邦安全委员会秘书。

2001年3月，62岁的国防部长谢尔盖耶夫已过退休年龄即将卸任，普京力排众议，委任身穿便服的伊万诺夫担任国防部长，打破了只有职业军人才能担任俄罗斯国防部长的传统。然而，伊万诺夫的国防部长并不是那么好当。他花了整整4年才站稳脚跟，其间不乏他可能被请出国防部大楼的传闻。

2004年，普京连任总统后提拔伊万诺夫为主管军队、执法机构和特别勤务的副总理，同时宣布由伊万诺夫直接负责核工业中的国防核工业部分，直到2011年12月22日，他被梅德韦杰夫调任为总统办公厅主任。

在政坛上，伊万诺夫是俄罗斯举足轻重的大人物，而在生活上，他却希望能享受普通人的乐趣。伊万诺夫的妻子是莫斯科人，伊万诺夫还在列宁格勒工作时经人介绍与她相识。这对分居两地的恋人只能在周末约会，一年后喜结连理。当时，两人都只有23岁。在伊万诺夫驻外工作的日子里，妻子始终陪伴在他身边，两个儿子也相继出生。

伊万诺夫的妻子是一名经济学家，在她工作的地方，没人知道她是总统办公厅主任的夫人。两个儿子学的都是经济，学校里没人知道他们的家庭背景。伊万诺夫曾经笑称他的家人能保持低调生活，多亏了他们的姓氏，因为伊万诺夫这个姓在俄罗斯实在太普遍了。

联邦安全会议秘书　尼古拉·波拉丹诺维奇·帕特鲁舍夫

1951年7月11日，尼古拉·波拉丹诺维奇·帕特鲁舍夫生于列宁格勒；1974年毕业于列宁格勒船舶制造学院，毕业后在本学院的一个教研室任工程师。

1974年开始，帕特鲁舍夫从克格勃高等学校培训班毕业后，在苏联国家安全委员会列宁格勒州管理局反间谍部门工作。据说，他正是在此时结识了普京。

1992年，帕特鲁舍夫被任命为苏联卡累利阿自治共和国安全部部长，然后到莫斯科担任联邦安全局组织和干部工作局组织和监察处处长。

1998年，帕特鲁舍夫开始急剧晋升，普京成为总统办公厅第一副主任后，推荐帕特鲁舍夫担任普京曾经担任的总统监察总局局长职务。

由于普京完全和充分地信任帕特鲁舍夫，两个月后，当普京成为俄罗斯联邦安全局局长后，就把帕特鲁舍夫调到联邦安全局当副局长并兼任经济安全局局长。

1999年初，帕特鲁舍夫成为联邦安全局第一副局长，实际上担负领导整个联邦安全局的工作，因为普京把更多的时间用于联邦安全会议的职责上。叶利钦授权普京领导政府后，普京便把自己在卢比扬卡（联邦安全局总部）的位置留给了帕特鲁舍夫。

2008年5月12日，俄罗斯总统梅德韦杰夫签署总统令，任命联邦安全局原副局长巴尔特尼科夫为联邦安全局局长，联邦安全局原局长帕特鲁舍夫改任联邦安全会议秘书。

"西罗维基"崛起的秘密

"西罗维基"这个强大的权力集团能让无法无天的金融寡头们屈膝投降，会使想说就说的媒体学会什么时候闭嘴，能把国际资本商务集团对俄罗斯的控制减少到最小的程度。有分析家认为，"西罗维基"可能是普京2012年重新当选最大的幕后动力。当然，克格勃之所以能够在俄罗斯重新崛起，并形成"西罗维基"，与普京的鼎力支持绝对密不可分。

1999年的最后一天，普京临危受命，接替叶利钦成为俄罗斯的代总统，并在不久后的大选中成为俄罗斯总统。为了维护自己的统治，普京急需建立自己的权力基础，需要有自己的执政班底。普京有16年的克格勃经历，所以不难理解他为何钟情于从原克格勃成员中搜罗人才，并把他们引进政权高层。于是，"西罗维基"逐渐成形。

为了重新在国际上树立俄罗斯的大国地位，普京只能依靠其行政权力的支撑，即内务部、联邦安全局、国防部和紧急状况事务部来保证中央的法令畅通。俄罗斯属于联邦制国家，83个联邦主体的行政长官都是民选产生，一向拥有较强的自主权。强力部门则是中央维护法令统一的主要支柱。普京出任总统后，俄罗斯的地方主义越来越严重，有些地方甚至出现了独立的倾向，在这种形势下，普京必须借助原克格勃的力量，来维护国家的统一和社会的稳定。

在苏联解体后，社会财富高度集中。全俄罗斯80％的财富由4％的"新俄罗斯人"掌握着，贫富两极分化现象极为严重，普通民众对"新俄罗斯人"的不满情绪越来越强烈。在这种情况下，被动荡和腐败困扰的俄罗斯人民需要一个清白的强力部门。一位克格勃出身的莫斯科商人说，"以克格勃为背景的'西罗维基'成为惟一一块没有被腐败触及的领域"，这也是俄罗斯百姓们支持他们的原因。同时，"西罗维基"最大的任务就是跟寡头政治进行斗争，这也恰好符合民众的需要，顺理成章地从幕后走向台前。比方说，原"克格勃"少将维克托·马斯洛夫正是因为当地人民需要清白的长官，才得以当上斯摩棱斯克州州长。

马斯洛夫曾经是俄罗斯联邦安全局的安全情报人员，也曾为联邦安全局的前身克格勃工作，负责在斯摩棱斯克核电站附近抓捕敌对分子。由于治安混乱、犯罪频发，斯摩棱斯克州在20世纪90年代被称为俄罗斯的"犯罪中心"。斯摩棱斯克的50万居民早已厌倦了层出不穷的有组织犯罪、职业杀手和白日凶杀，而这恰恰为特工出身的马斯洛夫创造了政治机会。

2002年5月，斯摩棱斯克州州长大选，马斯洛夫是候选者之一。在选战中，马斯洛夫的特工经历，包括情报掌握能力和管理能力，为他赢得了不少企盼治安好转的当地居民的好感，而他以前的同事、斯摩棱斯克所在中央联邦区总统全权代表也公开表示对他的支持。最终，马斯洛夫以40％的选票成功当选。

当选后，马斯洛夫指派了一批被他称做"我能信任的人"掌握州政府各个关键部门。其中掌握财政的维克托·赫罗尔说："很多人和我一样离开情报部门追随我的将军。他需要他能够信任的自己人的支持。"当地媒体也很快发生了变化。一些媒体的编辑被迫出走，旧报社被查封，一份新报纸——《斯摩棱斯克报》出现在当地居民面前。当年5月，这份报纸在一期中刊登了马斯洛夫32幅照片。

他们的政治手法充满了攻击性：对政府旧班底大换血，将原克格勃官员提拔到各个关键职位，控制地方媒体，向犯罪宣战，一举改变了斯摩棱斯克州的治安状况，赢得了当地民众的一致好评。

当然，克格勃能够在俄罗斯东山再起，有其内在的必然原因。在苏联解体前，克格勃里聚集了当时苏联国内各方面的顶级人才，在经历了特工生涯的历练之后，这批人才中的佼佼者拥有了强硬的从政手腕和难以磨灭的克格勃烙印，这两点都是普京所看重的。

为了扭转俄罗斯当时的经济颓势和政治被动的局面，普京急需一批这样集务实、权谋与忠诚为一体的人才。据普京自己说："我当选后，各种各样的分析报告需求量一夜剧增，而这时候我发现俄罗斯除了克格勃外的其他地方根本没有真正的分析家！"一夜之间，原克格勃成员成了政治上抢手的香饽饽，只有克格勃的人才知道如何处理和分析情况，如何守口如瓶，而这正是政治家们竞选所需要的，于是，"西罗维基"的强势崛起便成为顺理成章的事情。而事实证明，"西罗维基"们并没有辜负普京的重托，在打击寡头和民族分裂势力方面，为普京政府立下了赫赫战功。

参考书目

1. 《普京——克里姆林宫四年时光》

【俄】罗伊·麦德维杰夫著，王晓玉等译，社会科学文献出版社，2005 年

2. 《通向克里姆林宫之路——普京》

何文著，中央文献出版社，2000 年

3. 《普京：能使俄罗斯振兴吗》

俞邃等著，江苏人民出版社，2001 年

4. 《走出列宁格勒：普京的 35 个人生瞬间》

【俄】奥列格·布洛茨基著，许凤才译，浙江人民出版社，2003 年

5. 《走近普京》

吕平著，北方妇女儿童出版社，2002 年

6. 《再看普京》

周志淳编著，世界知识出版社，2005 年

7. 《弗拉基米尔·普京》

【德】拉尔著，吴齐林译，经济管理出版社，2009 年

8. 《谁在掌控俄罗斯：普京与俄联邦安全局的权贵之路》

【俄】安德烈·索尔达托夫、伊琳娜·博罗甘著，臧博、吴俊译，中信出版社，
2011 年

9. 《普京时代——给我 20 年，还你一个奇迹般的俄罗斯（2000 ~ 2008）》

郑羽主编，经济管理出版社，2008 年

10. 《普京大传》

丁志可著，中国友谊出版公司，2009 年

11. 《权力漂移：梅普组合与普京韬略》

黄誌编著，人民日报出版社，2009 年

12.《通往权力之路——普京：从克格勃到总统》

【俄】奥列格·布洛茨基著，汪吉译，浙江人民出版社，2003 年

13.《普京时代：世纪之交的俄罗斯》

【俄】罗伊·麦德维杰夫著，王桂香等译，世界知识出版社，2001 年

14.《俄国新总统普京传——从克格勃到叶利钦的接班人》

何亮亮著，明镜出版社，2000 年

15.《像普京那样做男人》

林葳编著，内蒙文化出版社，2010 年

16.《权力"深喉"》

黄誌编著，人民日报出版社，2008 年

17.《一个人的振兴——直面普京》

张豫著，世界知识出版社，2003 年

18.《重振俄罗斯——普京的对外战略与外交政策》

左凤荣著，商务印书馆，2008 年

19.《普京：从克格勃中校到俄联邦总统》

李景龙著，当代世界出版社，2000 年

20.《普京之谜：普京和普京的俄罗斯》

闻一著，江西人民出版社，2008 年

21.《普京：克宫新主人》

祝寿臣、范伟国编著，新华出版社，2000 年

（声明：本书为更加生动形象地描述普京，参考使用了一些图片资料。限于客观条件，笔者无法与图片作者一一取得联系，在此深表歉意，并请相关图片作者与笔者联系，以便支付相应报酬。联系邮箱：wjh868@sina.com。）

领袖政要系列图书

02 《奥巴马传：无畏的新征程》

上市即不断加印，销量迅速突破 50 000 册！

一个斗士？一个绅士？
一个最富理想气质
与传奇色彩的总统！
一个真实的奥巴马！

一流的头脑，高度的
热情，出色的辩才，鲜明
的个性；一部感动亿万美
国人的励志经典；一个现
实版的美国梦！

　　本书是超级畅销书《普京传：他为俄罗斯而生》的作者郑文阳先生与新锐政评家王睿昕合力打造的又一力作。

　　2012 年 11 月 7 日，奥巴马击败罗姆尼，成为美国历史上第一位获得连任的黑人总统。无疑，他是当今世界政坛的耀眼明星，更成为所有奋斗者学习的不朽传奇。作为一本全新的奥巴马传记，本书不仅详细介绍了奥巴马艰难的奋斗历程与从政之路，还揭露了许多鲜为人知的选举内幕和政治真相，以及全球重大政治经济事件背后的种种玄机……

　　毋庸置疑，属于奥巴马的时代已然来临！他将如何引领美国，他将如何影响世界，相信每个读者都能在本书中找到答案！

北京鸿蒙诚品文化发展有限公司 出品　「鸿蒙诚品　必属精品」

领袖政要系列图书

03 《朴槿惠传：在绝望中寻找希望》

最全面、最详实、最客观的朴槿惠传记

柔弱，透着刚强！
内敛，却又锋芒！

政治是她的宿命，
传奇是她的人生，

一个木槿花般的女子，
一个真实的朴槿惠。

在绝望中坚强，在希望中前行！读懂朴槿慧就读懂了韩国。

从青瓦台第一千金到无依无靠的平民孤儿，从落难公主到韩国第一位女总统，她的人生不仅是**一部跌宕起伏的奋斗逆袭史**，更是一部韩国近代史，清晰地记录着**韩国的过去、现在和未来**。本书是超级畅销书《普京传：他为俄罗斯而生》作者郑文阳携手独立政评人郝火炬博士联袂推出的最新力作，是目前国内朴槿惠传记作品中**最全面、最详实、最客观的传记作品**。

北京鸿蒙诚品文化发展有限公司 出品 「鸿蒙诚品 必属精品」

领袖政要系列图书

04 《曼德拉传：不可征服的灵魂》

谨以此书缅怀世纪伟人曼德拉！

自由、平等，
宽恕、博爱，
一个不屈的斗士！
一个不可征服的灵魂！
一个拥有海一样
胸襟的男人！
一个真实的曼德拉！

伟人已逝，但他的人性光辉，将永远照耀世界！

　　本书是曼德拉这位"世纪伟人"陨落后最全面、客观、忠实地记录其一生的第一本书，它将带你深入走进这个伟大而传奇人物的内心世界和恢弘人生。他的自由、平等、宽恕、博爱、反战等思想，无疑是人类始终追求的最高理想和普世价值！从这个意义上来说，曼德拉已成为一种价值符号，一种人类理想的精神象征。

　　伟人已逝，但他所追寻的崇高精神、他身上闪耀的人性之光，将永远照耀世界！

北京鸿蒙诚品文化发展有限公司 出品　「鸿蒙诚品　必属精品」